Creciendo en Cristo

Una conversación sobre teología espiritual

EUGENE H. PETERSON

EDITORIAL PATMOS

Creciendo en Cristo

Publicado por Editorial Patmos,
Miami, FL EUA 33169

Publicado originalmente en inglés por Wm. B. Eerdmans Publishing Co., 2140 Oak Industrial Drive N.E., Grand Rapids, Michigan 49505 con el título *Practice Resurrection: A Conversation on Growing Up in Christ*

Traducido por Silvia Cudich
Diseño de portada: Jonas Lemos Almeida

ISBN 13: 978-158802-628-6

Categoría: Vida Cristiana

Impreso en Brasil
Printed in Brazil

CONTENIDO

IV. La congregación en acción

10. La santidad y el Espíritu Santo: Efesios 4.17-32

    Stalamus Chief

    Espacio negativo

    El miembro tímido de la Trinidad

11. El amor y la adoración: Efesios 5.1-20

    "Las cosas se derrumban; el centro no se puede sostener…"

    El lenguaje del amor

    "Despiértate, tú que duermes"

12. El hogar y el lugar de trabajo: Efesios 5.21-6.9

    Borrioboola-Gha

    "Ala a ala y remo a remo"

    Entremedio

    El arca y la tumba

13. Las artimañas del diablo y la armadura de Dios: Efesios 6.10-17

    "Manténganse firmes"

    "Las artimañas del diablo"

    "Toda la armadura de Dios"

    "Oren en el Espíritu en todo momento"

    "Tíquico les contará todo"

Reconocimientos

La primera vez que enseñé Efesios fue en 1965 en una clase para adultos en mi congregación recién formada en Bel Air, Maryland. La clase tenía tres miembros: Catherine Crouch, Betty Croasdale y Lucille McCann. Yo tenía treinta y tres años; ellas tenían todas alrededor de cincuenta. Catherine y Betty no habían hecho más que el colegio secundario; Lucille, la viuda de un granjero, nunca había pasado del octavo grado. Muchos eruditos sostienen que Efesios es la carta más difícil de Pablo. Yo emprendí la tarea de probar que estaban equivocados. No necesitamos un título universitario para aprender cómo madurar en la vida de la resurrección; no necesitamos toda una vida de logros en el mundo profesional para crecer en Cristo. Me pasé todo un año con estas tres mujeres estudiando el texto de Efesios y cuando terminó el año, me di cuenta de que había descubierto el texto que formaría integralmente mi identidad como pastor encargado de una congregación en la que el Espíritu Santo estaba desarrollando una comunidad de santos: de hombres y mujeres que estaban creciendo para alcanzar "una humanidad perfecta que se conforme a la plena estatura de Cristo".

Durante los siguientes veintiséis años, enseñé Efesios muchas veces en mi iglesia. Luego fui invitado a ser profesor de Teología Espiritual en Regent College en Vancouver, B.C. El primer curso que diseñé fue formado tomando como base el texto de Efesios. Lo denominé: "Arte del alma: La formación de una vida madura en Cristo". Enseñé este curso todos los años durante seis años. Esos treinta y dos años de conversaciones sobre Efesios (veintiséis años con mi congregación y otros seis años en el aula de clase) se han reunido ahora en este libro. No lo escribí a solas. Esas tres mujeres que he nombrado: Catherine, Betty y Lucille, lo comenzaron, pero ellas fueron seguidas por los comentarios y preguntas, los escritos y oraciones de literalmente cientos de cristianos anónimos en congregaciones y aulas de clase, la "buena tierra" donde se desarrollaron las páginas de *Creciendo en Cristo.*

Hay otras personas importantes que debo nombrar: Jonathan Stine, un firme compañero de conversaciones desde el principio hasta el fin; mis editores Jon Pott y Jennifer Hoffman de Eerdmans Publishing; mi agente Rick Christian, presidente de Alive Communications; la Dra. Joyce Peasgood, ayudante de cátedra (Regent College); el Dr. Steven Trotter, ayudante de cátedra (Seminario Fuller) y los pastores Michael Crowe, Miles Finch, Linda Nepsted, Eric Peterson, Ken Peterson, Wayne Pris y David Woods.

Introducción

Ésta es una conversación sobre cómo convertirnos en cristianos maduros, sobre la formación cristiana, y cómo crecer para alcanzar la estatura de Cristo.

Todos nacemos. No hay excepciones. El nacimiento nos trajo a la vida, pateando y llorando, a un mundo que es vasto, complejo, dañado y exigente… y hermoso. En incrementos, día a día, comenzamos a aprender a usarlo. Tomamos leche del pecho de nuestra madre, vamos a dormir y nos despertamos. Un día, al despertarnos, nos ponemos de pie y sorprendemos a todos con nuestras acrobacias peatonales. Al poco tiempo nos convertimos en expertos del lenguaje y usamos sustantivos y verbos como los mejores. Estamos creciendo.

Jesús usó el evento del nacimiento para otra clase de nacimiento: el tomar consciencia de Dios. Conscientes del Dios vivo. La vida vasta, compleja, dañada, exigente… y hermosa. Conscientes de la santidad de Dios, la voluntad de Dios, el reino, el poder y la gloria de Dios. En la vida después del nacimiento hay más que la leche materna, el dormir y despertarse. Está Dios.

Una noche en Jerusalén, Jesús introdujo la metáfora del nacimiento en una conversación con el rabino Nicodemo. Le dijo: "Tienes que nacer de nuevo" (Juan 3.7). Nicodemo no comprendió la metáfora, no la supo captar. Los que entienden las cosas literalmente, en especial quizás los religiosos que así lo hacen, tienen dificultades con las metáforas. Una metáfora es una palabra que realiza una conexión orgánica desde lo que podemos ver a lo que no podemos ver. En cualquier conversación en la que Dios, a quien no podemos ver, esté implicado, las metáforas son extremadamente valiosas para lograr mantener el lenguaje vivo e inmediato. Sin las metáforas, nos quedamos con abstracciones descoloridas y generalizaciones vagas.

A Jesús le gustaban las metáforas y las usaba con frecuencia. "Nacer de nuevo" es una de sus metáforas más memorables. Pero a la vez que Jesús elaboraba su metáfora de nacer de nuevo (Juan 3.5-21), podemos estar bastante seguros de que Nicodemo terminó a la larga por entenderlo, ya que la siguiente vez que es mencionado, teniendo un papel importante junto con José de Arimatea en la sepultura del cuerpo crucificado de Jesús (Juan 19.38-40), tenemos la fuerte impresión de que ha decidido participar en el camino de Jesús. A pesar, o muy posiblemente debido a la metáfora, Nicodemo nació de nuevo. Y no sólo nació, sino que creció. Su presencia en el lugar de la sepultura es evidencia de que desde el momento de su conversación con Jesús, él había estado creciendo: creciendo en su comprensión y participación, en su trayecto hacia la madurez en el mundo del Dios vivo.

Así que, nacimiento. Luego crecimiento. El crecimiento más importante que puede llevar a cabo una persona es crecer como cristiano. Todos los demás crecimientos son una preparación para este crecimiento o están subordinados a él. El crecimiento biológico y social, mental y emocional queda finalmente absorbido en el crecimiento en Cristo. O no. La tarea humana es madurar, no sólo física y emocional y mentalmente, sino también en nuestra relación con Dios y los demás.

El crecimiento implica la obra del Espíritu Santo que da forma a nuestros espíritus nacidos de nuevo en la imagen de Cristo. Es la obra anticipada por la oración de San Lucas sobre Juan el Bautista. Después de la historia de su nacimiento, leemos: "El niño crecía y se fortalecía en espíritu; y vivió en el desierto hasta el día en que se presentó públicamente al pueblo de Israel" (Lucas 1.80). Una página o dos después le sigue esta oración sobre Jesús, después de la historia de su nacimiento: "Jesús siguió creciendo en sabiduría y estatura, y cada vez más gozaba del favor de Dios y de toda la gente" (Lucas 2.52)[1]. San Pablo usa un vocabulario similar al describir la agenda que propone para los cristianos en la carta a los efesios: "De este modo, todos llegaremos a la unidad de la fe y del conocimiento del Hijo de Dios, a una humanidad perfecta que se conforme a la plena estatura de Cristo... Más bien, al vivir la verdad con amor, creceremos hasta ser en todo como aquel que es la cabeza, es decir, Cristo" (Efesios 4.13, 15). O, como yo lo he traducido: "Dios quiere que crezcamos, para conocer toda la verdad y decirla en amor: como Cristo en todo... de manera que crezcamos sanos en Dios, robustos en el amor" (*The Message*).

Juan creció.

Jesús creció.

Pablo nos dice: "Crezcan".

* * *

Primero el nacimiento y luego el crecimiento. Ninguno de los dos tiene sentido por sí mismo. El nacimiento supone crecimiento, pero el crecimiento proviene del nacimiento. ¿Sería acaso una exageración decir que el nacimiento ha recibido mucha más atención en la iglesia de los Estados Unidos que el crecimiento? No lo creo. Es verdad que se usa la metáfora del crecimiento con frecuencia, como en el caso del "crecimiento de la iglesia" y las "iglesias crecientes". Pero es también obvio que la metáfora ha sido extraída de sus orígenes en biología y emasculada hasta convertirla en un objeto abstracto y sin alma de la aritmética, el uso más alejado del suelo bíblico que podamos imaginar: una perversión absurda de la metáfora y responsable por una enorme distorsión de la imaginación cristiana en cuanto a lo que implica vivir en el reino de Dios.

Para los padres, el nacimiento está marcado por la alegría y asombro y está acompañado por anuncios y regalos. Los detalles, por escuetos que sean —peso: 3 kilos; estatura: 53 centímetros; nombre:

---

1 Lucas adapta su breve oración sobre Juan y Jesús de 1 Samuel 2.26: "Por su parte, el niño Samuel seguía creciendo y ganándose el aprecio del Señor y de la gente".

Ana Verónica; fecha de nacimiento: 6 de mayo— se reciben con total reverencia. La euforia del nacimiento dura unas pocas semanas, bastante más que el orgasmo que acompañó su concepción, pero nunca indefinidamente. Para estos padres, que hasta hace poco tiempo estaban eufóricos, el crecimiento está marcado por el cansancio, la ansiedad, las llamadas con pánico al médico en la mitad de la noche, las decisiones relacionadas con la disciplina, las conferencias llenas de preocupación con los maestros, las preguntas y dudas sobre la conducta, o falta de ella, de la adolescencia. El nacimiento es rápido y fácil (o al menos eso es lo que piensan los padres, ya que las madres lo ven de otra manera). El crecimiento es complejo y no tiene fin.

* * *

Tengo una buena amiga que, poco después de conocerla —tenía alrededor de cuarenta años en ese tiempo— me contó que se había criado en la pobreza en Arkansas en una dura atmósfera fundamentalista en circunstancias de abuso. Se escapó de su familia y su pueblo para irse a California, y cuando tenía dieciocho años quedó embarazada. Me contó cómo se sentía: completamente feliz, con esa vida que crecía en ella. Jamás se había sentido tan "ella misma". Ella tenía ahora significado, tenía alegría, cargando en su vientre esta vida nueva, inocente, sin mácula: este misterio. Ella ya no era religiosa en el sentido convencional de la palabra, pero estaba absolutamente convencida, sin sombra alguna de duda, de que Dios había creado y le había dado esta vida que estaba ahora dentro de su ser.

Nació su bebé. Puro éxtasis, belleza, bondad. Jamás se había sentido tan viva, tan verdaderamente íntegra. Y luego, después de unas pocas semanas, se derrumbó. No comprendía nada de la vida. No sabía qué hacer, estaba confundida, desconcertada, desorientada. No sabía qué hacer con el bebé. Comenzó a beber y se convirtió en una alcohólica. Luego comenzó a usar cocaína y se convirtió en una adicta a las drogas. No tardó en convertirse en una prostituta. Los veinte años siguientes los pasó en las calles de San Francisco tratando de mantenerse viva ella y su bebé.

Y luego un día entró en una iglesia. La iglesia estaba vacía. Se convirtió al cristianismo. No sabe exactamente cómo fue que ocurrió, sólo sabe que ocurrió. Otro embarazo. Fue un acto casi tan casual y no intencionado como cuando había quedado embarazada con su bebé. No sabía lo que significaba, pero sabía que *eso* era lo que ella era. Ella era cristiana.

Esta vez, ella supo que no sabía nada de la vida, pero también sabía que no habría drogas y alcohol y sexo. Después de hurgar un poco, descubrió y aceptó la fe cristiana y se consagró a crecer en Cristo, lo cual ha estado haciendo desde entonces.

¿Pero saben qué fue lo que más le costó? Las iglesias de los Estados Unidos. No fue porque no le dieran la bienvenida. No. Al contrario, ella era algo así como un premio, un "tizón rescatado del fuego": ¡una cristiana! Pero ella también descubrió que estas iglesias de los Estados Unidos parecían saber todo lo relacionado con el nacimiento en el nombre de Jesús pero no parecían interesadas ni competentes en los asuntos relacionados con el crecimiento para alcanzar "una humanidad perfecta que se conforme a la plena estatura de Cristo".

Ella miró a su alrededor y vio que sus nuevos amigos estaban haciendo lo mismo que ella solía hacer antes, aunque no de manera tan obvia. Estas iglesias le daban a ella la impresión de estar llenas de ideas y proyectos que usaban de la misma manera en que ella había usado alguna vez el alcohol, las drogas y el sexo: para evitar a Dios, para evitar estar presentes a la vida, para evitar estar presentes al prójimo. Estaban haciendo todo lo religioso, excepto seguir a Jesús. Alimentaban sus impulsos más pueriles y adolescentes y se negaban a cargar la cruz de Jesús. No estaban creciendo en Cristo. Mucha doctrina, mucho estudio bíblico, mucha preocupación por la moral y la ética, muchos proyectos. Pero a ella le sabía como una sopa insulsa. Estaba alarmada por los parecidos con su vida anterior y ella decidió que viviría de una manera más sana como cristiana que como había vivido como pagana.

Tardó algún tiempo en lograrlo, pero a la larga encontró nuevos amigos, un maestro, un pastor. Ahora tenía compañeros para toda una vida de crecimiento para alcanzar la plena estatura de Cristo, para madurar.

* * *

De modo que debemos crecer "sanos en Dios, robustos en el amor". Ése es mi tema: el encontrar y vivir hasta tener la forma de lo que una traducción de un salmo denomina "la belleza de la santidad" (Salmo 29.2). La formación de nuestra mente y espíritu, nuestra alma, nuestra vida: nuestras vidas transformadas, creciendo con fortaleza en Dios, creciendo en madurez, para alcanzar la plena estatura de Cristo.

No podemos enfatizar demasiado la importancia de llevar a hombres y mujeres hacia un nuevo nacimiento en Cristo. La evangelización es esencial, fundamentalmente esencial. ¿Pero no es acaso obvio que el crecimiento en Cristo es igualmente esencial? Sin embargo, la iglesia de los Estados Unidos no lo ha tratado con la misma urgencia. La iglesia de los Estados Unidos se alimenta de la euforia y adrenalina del nuevo nacimiento, haciendo que la gente venga a la iglesia, que entre al reino, que emprenda causas, que concurra a las cruzadas y programas. Los asuntos pertinentes al crecimiento los ponemos en las manos de los maestros de la escuela dominical, los especialistas en educación cristiana, los comités que revisan los programas educativos, los centros de retiro espiritual y las conferencias para aprender a tener una vida más profunda, encargando el trabajo a grupos paraeclesiásticos que brindan ayuda compensatoria. Por lo general, yo no encuentro a pastores y profesores que estén demasiado interesados en los asuntos de formación en santidad. Tienen otras cosas de más alto perfil de las que encargarse.

Los americanos en general tienen poca tolerancia para la clase centrada de vida que se somete a las condiciones en las que se lleva a cabo el crecimiento. Esa vida es calma, oscura, paciente, no sujeta al control y manejo de los seres humanos. La iglesia de los Estados Unidos se siente incómoda en estas condiciones. Por lo usual, en el nombre de la "importancia", ella se adapta a la cultura americana preponderante y pronto ya no es posible distinguirla de ella. Es charlatana, ruidosa, ajetreada, controladora, consciente de su imagen.

Entretanto, lo que ha sido una gran preocupación de la comunidad cristiana en siglos anteriores y otras culturas, el convertirse en hombres y mujeres que viven para "la alabanza de la gloria de Dios", se ha convertido en una mera nota al pie de página dentro de una iglesia que ha decidido llevar a cabo la agenda de la sociedad secular: sus metas educativas, los objetivos de sus actividades y sus metas psicológicas. Al delegar la formación del carácter, la vida de oración, la belleza de la santidad

—el crecer en Cristo— a ministerios o grupos especializados, la quitamos del centro de la vida de la iglesia. Desconectamos el crecimiento del nacimiento y, por cierto, lo colocamos en el banco de suplentes al margen de la vida de la iglesia. Wendell Berry, uno de los profetas más perceptivo de la cultura y espiritualidad contemporánea, escribió: "Nosotros pensamos que es común gastar doce o dieciséis o veinte años de la vida de una persona y muchos miles de dólares públicos en "educación", y ni siquiera un centavo o un solo pensamiento en su carácter"[2].

Platón enunció lo que él llamaba los elementos "universales" como la Verdad, la Bondad y la Belleza. Él sostenía que si hemos de vivir una vida íntegra y madura, los tres tienen que funcionar armoniosamente en nosotros. La iglesia de los Estados Unidos ha eliminado la Belleza de estos tres elementos. Ponemos mucho esfuerzo en luchar por la Verdad, en pensar correctamente acerca de Dios. Insistimos con energía en la Bondad, comportándonos correctamente delante de Dios. Pero la Belleza, las formas mediante las cuales toman cuerpo la Verdad y la Bondad en la vida humana, es algo que solemos ignorar. La Belleza queda relegada a los decoradores de interiores y los que hacen arreglos florales. Platón, y mucho de los sabios maestros que le siguieron, insistían que las tres —la Verdad, la Bondad y la Belleza— están orgánicamente conectadas. Sin la Belleza, la Verdad y la Bondad no tienen contención, no tienen forma, no tienen manera alguna de expresarse en la vida humana. La Verdad divorciada de la Belleza se convierte en algo abstracto y sin vida. La Bondad divorciada de la Belleza se convierte en algo sin gracia ni amor.

Si necesitamos un término formal para esto, pienso que "estética teológica" sería el adecuado.

* * *

Durante la mayor parte de mi vida adulta, he protestado contra esta marginalización de los asuntos de la madurez, de la formación espiritual, de la estética teológica, del crecer en Cristo, "sanos en Dios, robustos en el amor". He intentado dar testimonio a todo lo que está involucrado en esta práctica. Pero debo decir que sin demasiado éxito.

---

[2] Wendell Berry: *What Are People For?* (San Francisco: North Point Press, 1990), p. 26.

No he sido exactamente ignorado. De hecho, me han tratado con mucho aprecio. Pero, por lo general, me da la sensación de que no es más que una amable condescendencia. Los pastores me dicen que ellos no pueden lograrlo con una agenda como ésta: *¿estética* teológica? La gente no lo tolera; las congregaciones tampoco. No hace mucho tiempo, un pastor que ha convertido en un arte el saltar de una iglesia a otra, me dijo que yo estaba perdiendo el tiempo con esto, que no había ningún desafío en ello, que era tan excitante como quedarse parado mirando cómo se seca la pintura.

Le sugerí que la mayoría de nuestros antepasados tanto en Israel como en la iglesia había pasado la mayor parte de su tiempo mirando cómo se seca la pintura. Que la obra perseverante, paciente y sin apuro del crecimiento en Cristo había ocupado el centro de la vida de la iglesia durante siglos, y que esta marginalización americana es, bueno, americana. Él no me prestó atención. Me dijo que él necesitaba un desafío. Por su tono y gestos me di cuenta de que un desafío era por definición algo que se podía alcanzar y lograr en cuarenta días. Al final de cuentas, ése fue todo el tiempo que le llevó a Jesús.

* * *

Durante demasiado tiempo, con todo el respaldo de nuestra cultura, hemos permitido que los caprichos de nuestras necesidades emocionales sean los que controlan la situación. Durante demasiado tiempo nos hemos mantenido al margen sin protestar mientras los que se denominan a sí mismos expertos en los asuntos de la vida cristiana han reemplazado la "plena estatura de Cristo" con desecados muñecos de palotes.

Por lo tanto, lo que yo deseo hacer aquí es ingresar en una conversación seria y extensa con mis hermanas y hermanos cristianos sobre lo que significa "crecer en Cristo". Y deseo traer una voz antigua y sabia y confiable a la conversación, la voz de San Pablo, el hombre que acuñó la metáfora de "crecer". Las palabras que él escribió en una carta a una congregación de cristianos en Éfeso dos mil años atrás son tan modernas como todo lo que probablemente escuchemos en estos días y estratégicamente crucial para lo que nos enfrenta. Deseo que él tenga una voz preponderante en la conversación[3].

* * *

La resurrección de Jesús establece las condiciones en las que vivimos y maduramos en la vida cristiana y llevamos adelante esta conversación: Jesús vivo y presente. Un sentido activo de la resurrección de Jesús, que se llevó a cabo sin ninguna ayuda ni comentario de nuestra parte, evita que intentemos hacernos cargo de nuestro propio desarrollo y crecimiento. La meditación frecuente en la resurrección de Jesús —su enorme misterio, las energías sin precedentes que emanan de ello— impide que reduzcamos el lenguaje de nuestra conversación a algo que podemos definir o controlar. En este libro tomo la frase de Wendell Berry[4], "La práctica de la resurrección, como una metáfora de cómo vivir nuestra vida practicando lo que no hemos engendrado ni podemos anticipar. Cuando practicamos la resurrección, continuamente ingresamos en algo que es más de lo que somos. Cuando practicamos la resurrección, estamos en la compañía de Jesús, vivo y presente, que sabe mejor que nosotros a dónde nos dirigimos, que es siempre "de gloria en gloria".

---

3 No todos están de acuerdo en que Pablo sea el autor de la carta a los efesios, y yo no lo insisto. Pero para evitar la confusión de demasiadas calificaciones, usaré el tradicional "Pablo" cuando me refiera al autor. Una encuesta exhaustiva y completamente justa de todas las consideraciones involucradas la encontramos en Ernest Best: *A Critical and Exegetical Commentary on Ephesians* (Edinburgh: T. & T. Clark, 1998), pp. 6-35.

4 Wendell Berry: "Manifesto: The Mad Farmer Liberation Front," en *Collected Poems* (San Francisco: North Point Press, 1985), pp. 151-52.

PARTE I

ÉFESO Y LOS EFESIOS

El que lea este libro corre el riesgo de perder para siempre toda pertenencia que pensó que lo definía.

MARGARET AVISON: *Always Now*

Capítulo 1

La iglesia de Éfeso: Efesios 1.1-2

Pablo, apóstol de Cristo Jesús por la voluntad de Dios, a los santos y fieles en Cristo Jesús que están en Éfeso: Que Dios nuestro Padre y el Señor Jesucristo les concedan gracia y paz.

EFESIOS 1.1-2

La iglesia no es un ideal por el que debemos luchar para alcanzarlo; ella existe y ellos están dentro de ella.

GEORGE BERNANOS: *Diario de un cura rural* (traducción libre del traductor)

La iglesia es el contexto texturizado en el que crecemos en Cristo para alcanzar la madurez. Pero la iglesia es difícil. Sin embargo, si queremos realmente crecer en Cristo, tendremos que tarde o temprano lidiar con la iglesia. Digo temprano. Deseo comenzar con la iglesia. Muchos cristianos piensan que la iglesia es el aspecto más difícil de ser cristiano. Y muchos la abandonan. Es probable que haya más cristianos que no van a la iglesia o que sólo van de vez en cuando que cristianos que la aceptan con todos sus defectos. Y por cierto, los defectos son muchos. A los pastores no les resulta más fácil. La tasa de atrición entre los pastores que dejan sus congregaciones es alarmante.

De modo que ¿por qué la iglesia? La respuesta más breve es que la razón es que el Espíritu Santo la formó para que fuera una colonia del cielo en el país de la muerte, el país que William Blake nombró, en su nueva imaginación exhaustiva de la vida espiritual, la "tierra de Ulro". La iglesia es el elemento principal en la estrategia del Espíritu Santo para proporcionar testimonio humano y presencia física al reino de Dios en este mundo que inauguró Jesús. No es ese reino completo, sino que proporciona evidencia de la verdad de ese reino.

Pero requiere un esfuerzo constante y una resuelta imaginación comprender y aceptar la iglesia en su totalidad. La experiencia casual y superficial con la iglesia nos deja a menudo con la impresión de peleas sangrientas, discusiones enconadas y facciones antagónicas. Éstas son más que lamentables; son escandalosas. Pero no definen a la iglesia. Hay profundas continuidades que sostienen a la iglesia en todo momento y en todo lugar (*ubique et ab omnibus*, como dice el latín) como principal y fundamentalmente la obra de Dios. Sin embargo, los cristianos y otros pueden profanarla y abusarla. C. S. Lewis introdujo el término "iglesia profunda" para expresar las profundidades oceánicas de tradición que continuamente volvemos a experimentar "en todo momento y en todo lugar"[1]. Me gusta eso: la iglesia profunda.

La iglesia es una reunión establecida de personas identificadas en lugares particulares que practican una vida de resurrección en un mundo en el que la muerte obtiene los principales titulares: muerte de naciones, muerte de civilizaciones, muerte de matrimonios, muerte de carreras, obituarios sin fin. Muerte por guerra, muerte por asesinato, muerte por inyección letal, muerte por accidente, muerte por inanición. Muerte por silla eléctrica, inyección letal y horca. Crecer en Cristo es una decisión intencionada y deliberada de creer y participar en la vida de la resurrección, la vida que emerge de la muerte, la vida que triunfa sobre la muerte, la vida que es la última palabra, la vida de Jesús. Está práctica no es un vago deseo ascendente, sino que consta de una cantidad de acciones discretas pero conectadas entre sí que

---

[1] La frase de Lewis apareció por primera vez en una carta que le escribió al *Church Times* 135 (8 de febrero de 1952): 95.

mantienen una clase de vida creíble y fiel, la Vida Real, en un mundo preocupado con la muerte y el diablo.

Estas prácticas incluyen la adoración de Dios en todas las operaciones de la Trinidad; la aceptación de una resurrección, una identidad (en el bautismo) que proviene de lo alto; la conformidad de la formación de la resurrección comiendo y bebiendo el cuerpo y la sangre de la resurrección de Cristo (en la Cena del Señor); una lectura atenta y obediencia a la revelación de Dios en las Escrituras; una oración que cultiva la intimidad con las realidades que son inaccesibles a nuestros sentidos; la confesión y perdón de los pecados; la bienvenida a los extraños y marginados; trabajar y hablar para conseguir paz y justicia, sanidad y verdad, santidad y belleza; cuidado de todas las cosas propias de la creación. La práctica de la resurrección alienta la improvisación de la historia básica de la resurrección que nos dan las Escrituras, revelada en Jesús. Miles de detalles derivados y no anticipados de la resurrección proliferan por todas partes. La compañía de personas que practican la resurrección reproduce el camino de Jesús en los senderos y vericuetos de todos los mapas del mundo.

Ésa es la iglesia.

La práctica de la resurrección no es un ataque contra el mundo de la muerte; es un aceptación sin violencia de la vida en el país de la muerte. Es una invitación abierta a vivir la eternidad en el tiempo.

Pero la práctica de la resurrección, por su misma naturaleza, no es algo que sepamos hacer demasiado bien. Los de afuera (¡y muchos de los de adentro también!) nos miran y ven qué mal lo hacemos. Ellos observan que nuestra práctica deja mucho librado al azar.

Es fácil rechazar la iglesia como algo ineficaz e irrelevante. Y muchos la rechazan. Es fácil tratar a la iglesia con condescendencia dado que muchos de sus miembros son personas insignificantes y mediocres. La condescendencia se extiende por doquier. Es común que la iglesia nos desilusione porque las expectativas formadas en el país de la muerte y las mentiras del diablo son decepciones. La desilusión es, por norma, algo común.

A la luz de todos los fáciles rechazos, la condescendencia generalizada y la desilusión epidémica, ¿cómo vamos a mantener la práctica de la resurrección en compañía de los hombres y mujeres en la iglesia?

Esto requiere una seria conversación, porque si la intención es que la iglesia sea la propaganda de Dios al mundo, una comunidad utópica puesta en exhibición para que la gente acuda a ella pidiendo a gritos entrar, obviamente la estrategia ha fallado. Y si queremos que la iglesia sea una compañía disciplinada de hombres y mujeres encargados de deshacerse de la corrupción en el gobierno, de limpiar la moralidad del mundo, de convencer a la gente de que viva con castidad y honestamente, de enseñarles a tratar los bosques, los ríos y el aire con reverencia, y a los niños, los ancianos, los pobres y los hambrientos con dignidad y compasión, esto no ha sucedido. Hemos estado dedicados a esto durante dos mil años ya y la gente no pide a gritos unirse a nosotros. Hemos estado dedicados a esto durante dos mil años y acabamos de pasar el siglo más sangriento y violento de la historia reciente, y el siglo presente, que le sigue de cerca, parece decidido, pase lo que pase, a superarlo. Obviamente, la iglesia no es una comunidad ideal para el que le echa una mirada y pregunta: "¿Cómo puedo entrar?" Claramente, la iglesia no progresa demasiado en la eliminación de lo que anda mal en el mundo. Tampoco en corregirlo. De modo que, ¿qué resta?

Esto es lo que resta: miramos lo que se nos ha dado en las Escrituras y en Jesús y tratamos de entender por qué tenemos para empezar una iglesia y qué es la iglesia que se nos ha dado. No somos una comunidad utópica. No somos ángeles vengadores de Dios. Deseo mirar lo que tenemos, lo que la iglesia es en este mismo momento, y preguntar: ¿Piensan acaso que quizás esto sea exactamente lo que Dios deseaba cuando creó lo iglesia? Quizás la iglesia que tenemos proporcione las condiciones mismas y la compañía correcta y adecuada para crecer en Cristo, para madurar, para alcanzar la plena estatura de Cristo. Quizás Dios sepa lo que está haciendo, dándonos la iglesia: esta iglesia.

La iglesia que nunca vemos

Efesios es una revelación de la iglesia que nunca vemos. Nos muestra el sano sistema de suelo y raíces de todas las operaciones de la Trinidad a partir del cual crece la iglesia que *vemos*. Pero no describe las diversas expresiones de lo que crece de ese suelo hasta convertirse en catedrales y catacumbas, misiones en tiendas a la calle y toldos de avivamiento, tabernáculos y capillas. Tampoco se ocupa de las diversas maneras en que la iglesia cobra forma en la liturgia y la misión y el sistema de gobierno. Más bien, es una mirada interna de lo que está por debajo y por detrás y dentro de la iglesia que vemos donde y cuando ella se hace visible.

* * *

La iglesia de Éfeso era una iglesia misionera que había sido establecida por el elocuente y erudito predicador judío Apolos. Durante su segundo viaje misionero, Pablo pasó a visitar a esta joven comunidad cristiana. Allí se reunió con una pequeña congregación (eran apenas doce personas) y los guió para que recibieran el Espíritu Santo. El año era probablemente 52 d. de C. Se quedó tres meses y usó la sinagoga local como el centro para predicar y enseñar "el reino de Dios" (Hechos 19.8). La visita de tres meses, luego de los dramáticos encuentros con los siete hijos de un tal Esceva y el gran disturbio incitado por Demetrio relacionado con el asunto de la diosa Artemisa (Diana), se extendió a tres años. Pablo permaneció en Éfeso durante tres años como pastor de esta congregación cristiana en formación (Hechos 20.31).

Más tarde se adjuntó el nombre de Éfeso a una carta que proporciona nuestro mejor acceso a lo que implica la formación de la iglesia, no tanto la manera en que la iglesia aparece en nuestros pueblos y ciudades, sino la esencia de lo que está detrás de la apariencias: la voluntad de Dios, la presencia de Cristo, la obra del Espíritu Santo. Esto, no lo que hacemos o no hacemos en fe y duda, en fidelidad o traición, en obediencia o desobediencia, es lo que nos tenemos que meter en la cabeza si pretendemos entender y participar correctamente en cualquier iglesia a la que pertenezcamos. Éste es el único escrito en el Nuevo Testamento que nos proporciona un relato detallado y vivaz de las obras interiores y clandestinas de la compleja y diversa profusión de "iglesias" que encontramos y tratamos de entender.

El Nuevo Testamento nombra quince iglesias[2]. Todas ellas, excepto dos (Antioquía y Jerusalén), tienen cartas dirigidas a ellas. La carta a los efesios es especial debido a que es la única que no ha sido

[2] Roma, Corinto, Tesalónica, Galacia, Filipos, Colosas, Esmirna, Pérgamo, Tiatira, Sardis, Filadelfia, Laodicea, Antioquía, Jerusalén y Creta.

provocada por algún problema, ya sea de conducta o de creencia. Efesios puede haber sido una carta general a la iglesia que circulaba entre las congregaciones del primer siglo. El contraste de Efesios con todas las demás cartas del Nuevo Testamento es marcado. Todas las demás habían sido escritas *ad hoc*. Si no hubiera ocurrido nada malo o no hubiera habido malentendidos en esas otras iglesias, no habría habido cartas dirigidas a ellas. Efesios funciona desde el otro extremo. Nos sumerge en las condiciones santas y saludables a partir de las cuales puede desarrollarse una vida de madurez.

En Tesalónica, algunos de los miembros de la iglesia estaban tan seguros de que el Señor estaba por regresar, que dejaron de trabajar. Estaban allí sentados, especulando qué clase de nube proporcionaría el carruaje para la venida de Jesús y dejando que sus hermanos y hermanas menos espirituales les proveyeran las comidas. Los corintios era un grupo rebelde, discutiendo y peleándose por diversos asuntos de conducta relacionados con la dieta y el sexo y la adoración. Los cristianos en Colosas estaban confundidos. Tenían pensamientos esotéricos de Cristo y necesitaban que alguien los corrigiera. Los cristianos en Galacia estaban regresando a algunos legalismos antiguos y necesitaban que alguien les diera una sacudida. Los romanos, una congregación mixta de judíos y gentiles, tenían problemas para encontrar una base común en Cristo. Filemón, uno de los líderes de la iglesia de Colosas, tenía un esclavo que después de escaparse había regresado a él. Así que necesitaba los firmes consejos de Pablo para saber cómo tratarlo. Timoteo y Tito eran responsables por liderar iglesias que estaban lejos de ser ideales y necesitaban las enseñanzas específicas de Pablo y su aliento.

A veces oímos que nuestros amigos hablan de la iglesia primitiva usando términos románticos y nostálgicos. "Tenemos que volver a ser como la iglesia primitiva". Dios nos libre y guarde. Esas iglesias eran un desastre, y Pablo les escribió sus cartas para tratar de resolver el desorden.

Pero la preocupación que domina esta carta a los efesios no es el ocuparse de los problemas humanos que inevitablemente surgen en la iglesia —ninguna iglesia está exenta de ellos— sino el explorar la gloria de Dios que da a la iglesia su identidad exclusiva. La carta brinda también un vocabulario adecuado y una imaginación suficientemente amplia como para vivir en la plenitud de la gloria de Dios, viviendo "para alabanza de su gloria" (Efesios 1.14). La palabra "gloria" es una palabra importante en nuestras Escrituras que irradia las muchas dimensiones de la grandeza, luz y brillo de Dios, iluminando todo lo que la rodea. Además, la carta pone en claro que ninguno de nosotros puede comprender esto de manera individual, eligiendo los temas que más le atraen, al estilo de un restaurante de autoservicio. Esto lo hacemos como una *iglesia*, una congregación de cristianos que comparten la mesa y reciben con gratitud lo que ha preparado y nos sirve nuestro Señor, el Espíritu. Es como si Pablo se hubiera tomado un descanso de sus responsabilidades de corregir los problemas de fe y conducta que habían surgido en las diversas iglesias y hubiera escrito, de la manera más clara y concisa, lo que hace que una iglesia sea *iglesia*. Y lo que queda claro es que la iglesia no es lo que hacemos; es lo que Dios hace, aunque participemos en ello.

Cuando los que seguimos a Jesús entramos en una iglesia y participamos de su vida, nuestra comprensión del lugar y la compañía en la que estamos está fuertemente condicionada por lo que observamos y experimentamos en esa congregación y su historia local, esas personas con sus virtudes y faltas personales y colectivas. Eso significa que ninguno de nosotros ve la iglesia en su totalidad. Tenemos sólo acceso a algo parcial, a veces distorsionado, siempre incompleto.

Efesios nos ofrece una comprensión de la iglesia desde el interior, los fundamentos ocultos y los elementos estructurales que proporcionan la base y la forma a la gente, sean quienes sean, y al lugar, donde sea que esté. Efesios documenta las realidades trinitarias a partir de las cuales se forman las congregaciones, por incompleta o fragmentada que sea la formación. Tenemos delante de nosotros la carta a los efesios de modo que aunque estemos rodeados de iglesias inmaduras y deficiente e incompletas, podamos adquirir la noción de qué es la madurez, en qué consiste el crecimiento en Cristo. Por medio de Efesios obtenemos un relato correcto de lo que Dios está haciendo y la manera en que el Espíritu está obrando en el corazón de cada congregación. Como tal, es un gran don de revelación. Sin Efesios, sólo podríamos adivinar, inventando la "iglesia" a medida que avanzamos, y caeríamos presa de cada nueva moda que apareciera. Sin la visión clara de Efesios, sólo podemos mirar la iglesia a través de un parabrisas resquebrajado, todo manchado y salpicado de insectos.

De manera que no leemos Efesios como una imagen de la "iglesia perfecta" con la cual comparar nuestras congregaciones y tratar de copiar lo que vemos. Más bien, leemos Efesios como la revelación de todas las operaciones del Dios trino que son fundamentales bajo lo que es visible entre nosotros y opera en cada congregación. *Esto* es lo que nos hace ser lo que somos, por imperfecta o neuróticamente que lo estemos viviendo.

* * *

Hay algunos que idealizan la iglesia efesia como la única iglesia del Nuevo Testamento que es equilibrada. Pero hay dos, quizás tres, alusiones que definitivamente lo impiden. Algunos años después de la temporada que pasó Pablo con la congregación de Éfeso (Hechos 19.20), él le escribe una carta a Timoteo, quien había sido enviado a la congregación efesia para ser su pastor. La primera carta de Pablo a Timoteo es su consejo sobre cómo tratar con la iglesia de Éfeso. La imagen que obtenemos de la carta no es ni remotamente la de una congregación ideal. En las páginas de la carta de Pablo, nos da la impresión de que los efesios eran un grupo que hablaba y discutía demasiado, participando de tontas especulaciones y "discusiones inútiles... pero en realidad no saben de qué hablan ni entienden lo que con tanta seguridad afirman" (1 Timoteo 1.6-7). Pablo repasa algunas cosas muy elementales sobre cómo nombrar a los líderes. Mientras comenta sobre la congregación a cargo de Timoteo, Pablo menciona el peligro de "las leyendas profanas y otros mitos semejantes" (4.7). Él nota que "algunas ya se han descarriado para seguir a Satanás" (5.15). Lanza una advertencia sobre los que tienen un "afán enfermizo de provocar discusiones inútiles que generan envidias, discordias, insultos, suspicacias y altercados entre personas de mente depravada, carentes de la verdad" (6.4). En pocas palabras, una congregación que se pelea. Esto no suena como una iglesia sana o madura.

Pablo alude también a Éfeso en su primera carta a los corintios, cuando les dice: "En Éfeso luché contra las fieras" (1 Corintios 15.32). Él no especifica si esas "fieras" estaban dentro o fuera de la iglesia. Muchos lectores sospechan con justa razón que podrían haber estado en su interior.

La otra alusión del Nuevo Testamento a la iglesia en Éfeso proviene de una época veinte o treinta años más tarde, después del período en que estuvo Pablo con ellos. Fue durante una época de persecución de las iglesias cristianas por parte de Roma. En ese momento, el apóstol Juan era pastor de un circuito de siete congregaciones que incluían a Éfeso. Durante la persecución, él es exiliado a la prisión de la isla de Patmos. Un Día del Señor, él tiene una visión magnífica de lo que estaba ocurriendo en ese momento y qué era lo que esto iba a producir. Mientras sus siete iglesias adoran semana a semana en esas circunstancias desesperadas, él recibe una visión de una gran guerra entre el bien y el mal en la que estaban involucradas las iglesias, un conflicto cósmico entre los ángeles del cielo y las bestias apocalípticas y un gran dragón. Los cristianos eran matados al centrarse Roma en las iglesias débiles y empobrecidas con el crudo poder de espadas y caballos. Los cristianos dentro de las congregaciones estaban flaqueando, tratando de sobrevivir adaptándose a las condiciones reinantes.

Pero existe aquí algo mucho más grande que el crudo poder de Roma. Hay adoración: Dios está en el trono. Cristo está revelando su total salvación, los ancianos y toda la creación cantan y adoran con júbilo, y Babilonia/Roma, aun cuando los cristianos en sus iglesias adoran con sus Escrituras y oraciones, está condenada. Juan escribe la visión para sus siete congregaciones. Extiende su imaginación para acaparar todo lo que está sucediendo en ese mismo día en su adoración del Día del Señor.

Pero antes de extender la imagen completa delante de ellas, él se dirige a cada una de sus siete congregaciones de manera individual. Él es pastor y sabe que cada congregación tiene sus propias fortalezas y debilidades que es necesario reconocer y tratar localmente, aun cuando las incorpore la visión que llena todo el horizonte. Por empezar, elogia a cada iglesia por lo que está haciendo bien en su fidelidad a Jesús. Luego las reprende por lo que están haciendo mal. Como cierre, las deja con una promesa de gracia[3].

Éfeso es la primera iglesia a la que se dirige. Jesús los elogia por su "duro trabajo y perseverancia" (Apocalipsis 2.2). Ésta es una época muy difícil y él los elogia por su firmeza delante del mal. Pero a esto le sigue una reprimenda devastadora: "Sin embargo, tengo en tu contra que has abandonado tu primer amor. ¡Recuerda de dónde has caído!" (2.4-5). ¿Una congregación sin amor? Esto no suena como una congregación ideal.

No, la iglesia efesia no es la iglesia ideal. Unos años después de haber pasado Pablo sus tres años con ellos como pastor, ellos vuelven a convertirse en una anarquía con riñas, controversias y discusiones. Timoteo tuvo que ser enviado allí nuevamente para restaurar la salud de la comunidad. Unos treinta años después mostraron gran valentía al no ceder ante la persecución, aunque tenían una falta evidente de "la única cosa necesaria". Tenían mucho empeño, pero no tenían amor.

* * *

Así que lo que quiero hacer, durante el tiempo que lleva leer y meditar esta carta efesia, es apartar por el momento el problema de la conducta, las herejías de la fe, la tontería de la inmadurez que nos preocupan en las congregaciones a las que pertenecemos. Estos asuntos de mala teología y mala moralidad y malos modales están todos tratados en otras cartas del Nuevo Testamento. Deseo darle rienda suelta a Pablo para que nos enseñe y aliente como cristianos en gestación para que hagamos todo lo posible para encontrar las formas apropiadas de expresar quienes fuimos creados y salvados para ser, y para vivir para la "alabanza de su gloria".

A lo largo de los veinte siglos en los que hemos sido la iglesia en diversas formas y condiciones, Efesios sigue siendo el mejor texto de toda la Biblia para hacernos participar entre bastidores en nuestras congregaciones mientras "todo el cuerpo crece y se edifica en amor" (Efesios 4.16).

---

[3] Una de las siete iglesias, Sardis, no recibe ningún elogio: "Conozco tus obras; tienes fama de estar vivo, pero en realidad estás muerto" (Apocalipsis 3.1).

Las ilusiones y decepciones de la iglesia

La comprensión de la iglesia que yo tenía durante mi niñez era la de una casa mal construida que había estado ocupada por inquilinos que no le hacían arreglos, la descuidaban y dejaban que los yuyos invadieran el jardín. Más tarde, después de convertirme en pastor, supuse que mi tarea consistía en realizar grandes obras de reparación, renovándola de pies a cabeza, limpiando décadas, quizás siglos, de basura acumulada para poder comenzar de cero otra vez.

Esta noción la adquirí de los pastores que servían la congregación donde me crié. Nunca duraban mucho en nuestro pequeño pueblo de Montana.

Uno de mis textos favoritos en la iglesia, predicado con variaciones por cada pastor del que tenga memoria, era tomado del Cantar de los Cantares: "Amada mía, eres bella como Tirsá, deseable como Jerusalén, imponente como ejércitos en orden de batalla" (Cantar de los Cantares 6.4). Éste era un texto favorito de la cultura de antaño de Montana para referirse a la iglesia. La iglesia era la bella Tirsá, imponente como ejércitos en orden de batalla. Mis pastores rellenaban esas metáforas con gloriosas imágenes. Durante unos treinta o cuarenta minutos nuestra pobre y remendada iglesia con su porche delantero de madera carcomida se transformaba en algo casi tan bueno como la Segunda Venida misma.

Esos sermones funcionaban como la foto en la tapa de la caja de un rompecabezas. Frente a miles de piezas desconectadas y desparramadas sobre la mesa, mantenemos esa foto apoyada delante de nosotros. Sabemos que si le dedicamos el tiempo suficiente, a la larga todas esas piezas van a encajar la una con la otra hasta formar una bella imagen. Pero mis pastores no eran tan pacientes. Quizás concluían que había habido algún error en el embalaje del rompecabezas y que muchas de las piezas habían quedado accidentalmente fuera. Sea como sea, pronto quedó claro que no había suficientes piezas en los bancos de nuestra congregación para completar la imagen de Tirsá y los ejércitos en orden de batalla. Mis pastores siempre se iban después de un par de años a alguna otra congregación, y luego a otra, y luego a otra. Ahora conjeturo que ellos habían llegado a la conclusión de que nuestra iglesia ya no tenía remedio y que no valía la pena dedicar más tiempo para componerla.

Otro texto favorito de mis pastores había sido tomado de Efesios, donde Cristo está retratado como el que purifica la iglesia "lavándola con agua mediante la palabra" de modo que pueda presentársela a sí mismo "como una iglesia radiante, sin mancha ni arruga ni ninguna otra imperfección" para que pueda ser "santa e intachable" (Efesios 5.26-27). Pero a mí nunca me gusto la metáfora de "sin mancha ni arruga". Me sonaba demasiado al día de lavado en nuestro poco atractivo sótano con piso de tierra donde una pila de ropa sucia esperaba que la metieran en el lavarropas, y las hora aburridas que pasaba mi madre frente a la tabla de planchar. La bella Tirsá y los ejércitos en orden de batalla era el texto que me gustaba, ya que le confería a la iglesia un aire romántico, con esa deslumbrante mujer colocada junto a la victoria adquirida luego de una feroz batalla contra las fuerzas del mal. Las metáforas combinadas nunca dejaban de encender la visión e idealismo de mi alma adolescente. También ponían de relieve las mejores cualidades de mis pastores a medida que ellos las adornaban con extravagancia.

Y luego me convertí en pastor. Me resultó difícil abandonar mi ilusión sentimental y romántica de la iglesia. En realidad, ni siquiera lo intenté. Esa ilusión estaba muy enquistada en mi imaginación. Ni siquiera sabía que era una ilusión, porque a esa altura, la ilusión se había convertido ya en un engaño. Yo sabía qué aspecto debía tener la iglesia. Mi ordenación me puso a cargo de los arreglos, renovaciones y gobierno de la iglesia necesarios para alcanzar el nivel necesario del código de modo que la gente pudiera verse inspirada por la bella Tirsá y encontrar su lugar disciplinado en el ejército en orden de batalla.

Pero esa falsa ilusión no duró mucho tiempo. Pronto me di cuenta de que esas imágenes con las que me había criado para formar una iglesia romántica o una iglesia de las cruzadas había cambiado. Los sermones del Cantar de los Cantares o de Efesios no eran ya predicados para erotizar o militarizar la iglesia. Los textos bíblicos ya no eran suficientes para estas cosas. Los negocios americanos proporcionaban ahora las nuevas y frescas imágenes. Durante mi crianza en mi pequeño pueblo alejado de todo, una nueva generación de pastores había vuelto a imaginar la iglesia. Las imágenes de Tirsá y de un imponente ejército en orden de batalla ya no existían y habían sido reemplazadas por imágenes de un negocio eclesiástico que tenía el propósito de vender espiritualidad a los consumidores para que estos fueran felices. A la misma vez, las campañas apuntaban a las personas que no formaban parte de la iglesia. El propósito era que ellas compraran aquello que nos estaba haciendo felices.

Para mí, estos eran nuevos términos para enfocar el mandato de la iglesia. Ya no se concebía a la iglesia como algo que necesitaba arreglo, sino como una oportunidad de negocios que apuntaba a los gustos del consumidor de pecadores con inclinaciones espirituales tanto dentro como fuera de la congregación. Al poco tiempo, los pastores americanos se dieron cuenta de que esta estrategia para poner en forma a la iglesia funcionaba mucho mejor que los sermones de un imponente ejército en orden de batalla y de la iglesia sin mancha ni arruga. Aquí había métodos de probada calidad desarrollados en el mundo empresarial americano que tenían una impresionante y larga trayectoria de éxitos. Me enteré de que los pastores ya no predicaban sermones de fantasía sobre lo que la iglesia tendría que ser. Podíamos realmente hacer algo acerca de la imagen raída que teníamos de nosotros mismos. Podíamos usar técnicas de publicidad para crear una imagen de la iglesia como el lugar donde nosotros y nuestros amigos podíamos entremezclarnos con gente atractiva y exitosa. Podíamos usar la manipulación de los medios para lograr que la gente hiciera algo que ya hacía muy bien: consumir. Lo único que teníamos que hacer era quitar los cuadros del Dios de Gomorra y Moria y Gólgota de las paredes de nuestras iglesia y cambiar las cosas un poco para hacer que nuestros lugares de reunión fueran más placenteros para el consumidor. Con un Dios despersonalizado y luego embalado como un principio o fórmula, la gente podía comprar a su conveniencia todo lo que sonara o tuviera la apariencia de lograr que sus vidas fueran más interesantes y satisfactorias a la manera de cada uno. Pronto comenzó a desarrollarse una investigación de mercado que nos mostraba exactamente lo que la gente quería en cuanto a Dios y la religión. No bien sabíamos lo que era, se lo dábamos.

* * *

Toda mi vida he sido un miembro participante de la iglesia cristiana en América del Norte (setenta y cinco años en el momento en que estoy escribiendo esto). Durante cincuenta de esos años, he tenido un puesto de responsabilidad como pastor en la iglesia. A lo largo de esos cincuenta años, he visto como la iglesia y mi vocación como pastor en ella han disminuido ferozmente y se han corrompido en su redefinición de cómo manejar el negocio eclesiástico. La tinta de mis documentos de ordenación no se había aún secado cuando me dijeron los expertos en el campo de la iglesia que mi tarea principal era la de manejar una iglesia de la misma manera que mis hermanas y hermanos cristianos administraban las estaciones de gasolina, las tiendas de comestibles, las corporaciones, los bancos, los hospitales y los servicios financieros. Muchos de estos expertos escribieron libros y dieron cursos sobre cómo hacerlo. Yo me quedé atónito cuando leí en uno de esos libros de superventa que el tamaño de la playa de estacionamiento de mi iglesia tenía mucho más que ver con la manera en que andaban las cosas en mi congregación que mi elección de los textos que iría a predicar. Después de algunos años de esforzarme por tomar todo esto en serio, decidí que me estaban mintiendo.

Ésta es la americanización de la congregación. Equivale a convertir cada congregación en un mercado para los consumidores religiosos, un negocio eclesiástico administrado según las técnicas de publicidad y los organigramas de organización, y luego potenciado por una impresionante retórica de motivación.

* * *

Finalmente resultó que yo no tenía la adecuada imaginación para lidiar con mi experiencia real como miembro participante de la iglesia o mis responsabilidades vocacionales como pastor. Las ilusiones de mi niñez y adolescencia con las que me había criado no pudieron sobrevivir durante mucho tiempo una vez que descubrí mi camino como adulto en la iglesia, adorando y trabajando principalmente con hombres y mujeres que no poseían definitivamente ni entusiasmo ni atractivo. Hubo siempre unas pocas excepciones, pero nada que pudiera compararse con la grácil Tirsá o el imponente ejército. Por otra parte, la pragmática aceptación vocacional de la tecnología y el consumismo americano que prometían rescatar a las congregaciones de la ineficiente oscuridad violaban todo lo bíblico, teológico y experiencial que formaba mi identidad como seguidor de Jesús. Me pareció una terrible profanación de un estilo de vida al que me había ordenado la iglesia, algo en el orden de una abominación vocacional de desolación.

El milagro de la iglesia

Y es así que emprendí la búsqueda de la "iglesia" que me llevó a Efesios. Pero no comencé con Efesios. Comencé con los Hechos de los Apóstoles, en donde el término "iglesia" aparece veinticuatro veces, más veces que en cualquier otro libro de la Biblia. Es también el libro en donde se menciona a Éfeso.

Lo primero que percibí fue algo que jamás había tomado antes en cuenta, el exacto paralelo entre la concepción del Espíritu Santo de Jesús y la concepción del Espíritu Santo de la iglesia. Lucas 1-2 y Hechos 1-2 son dos historias paralelas: el nacimiento de Jesús, nuestro Salvador, y el nacimiento de la iglesia, nuestra comunidad de salvación.

¿Cómo trajo Dios a nuestro Salvador al mundo, a nuestra historia? Tenemos la historia de lo que podría haber hecho, pero no lo hizo. Dios podría haber enviado a su Hijo al mundo para convertir todas las piedras en panes y resolver así el problema del hambre en todo el mundo. Pero no lo hizo. Podría haberlo enviado a Jesús de gira por todo Palestina. Podría haber llenado de gente los siete magníficos hipódromos y anfiteatros que había construido Herodes y deslumbrado a todos con actuaciones circenses sobrenaturales y podría haber impresionado a las multitudes con los milagros de la realidad y la presencia de Dios entre ellos. Pero no lo hizo. Él podría haber orquestado que Jesús asumiera la tarea de gobernar el mundo: no más guerras, ni injusticias, ni crímenes. Pero no lo hizo tampoco.

También tenemos la historia de lo que Dios sí hizo. Nos dio el milagro de Jesús, pero un milagro bajo la forma de un bebé indefenso que nació en medio de la pobreza en un lugar peligroso sin la comprensión ni el apoyo de su entorno político, religioso o cultural. Jesús nunca se alejó de ese mundo en el que había nacido, ese mundo de vulnerabilidad, marginalidad y pobreza.

¿Cómo trajo Dios a nuestra comunidad de salvación al mundo, a nuestra historia? Prácticamente de la misma manera en que trajo a nuestro Salvador al mundo. Por milagro, tan milagroso como el nacimiento de Jesús, pero además bajo las mismas condiciones que el nacimiento de Jesús. La celebridad brillaba por su ausencia. El gobierno parecía ignorar lo que estaba sucediendo.

Dios nos dio el milagro de la congregación de la misma manera en que nos dio el milagro de Jesús, mediante el descenso de la paloma[4]. El Espíritu Santo descendió sobre el vientre de María en el pueblo de Nazaret en Galilea. Unos treinta años después, ese mismo Espíritu Santo descendió sobre el vientre espiritual colectivo de un grupo de hombres y mujeres, incluyendo a María, que habían sido seguidores de Jesús. Ocurrió mientras estaban adorando en la fiesta judía de Pentecostés en la ciudad de Jerusalén. La primera concepción nos dio a Jesús; la segunda concepción nos dio a la iglesia.

Era un milagro que no parecía un milagro: un milagro en la forma de los impotentes, de los vulnerables, de los que no tenían importancia. Algo parecido a cualquier congregación que podamos encontrar en las páginas amarillas de la guía telefónica. El relato de Pablo de la iglesia de la primera generación carente de todo lo romántico, glamoroso, célebre, influyente: "Hermanos, consideren su propio llamamiento: No muchos de ustedes son sabios, según criterios meramente humanos; ni son muchos los poderosos ni muchos los de noble cuna. Pero Dios escogió lo insensato del mundo para avergonzar a los sabios, y escogió lo débil del mundo para avergonzar a los poderosos. También escogió Dios lo más bajo y despreciado, y lo que no es nada, para anular lo que es, a fin de que en su presencia nadie pueda jactarse" (1 Corintios 1.26-29). Todavía lo hace.

---

[4] La frase la he tomado de Charles Williams: *The Descent of the Dove: The History of the Holy Spirit in the Church* (London: Longmans, Green and Co., 1939).

Ésta sería otra manera de expresarlo: "Miren bien, amigos, quiénes eran ustedes cuando recibieron el llamado a ingresar a esta vida. Yo no veo que muchos de ustedes fueran "los más inteligentes y los mejores"; no muchos eran influyentes, no muchos eran de familia de alcurnia. ¿No es acaso obvio que Dios eligió adrede a hombres y mujeres que la cultura pasa por alto y explota y abusa, que eligió a esos "don nadie" para exponer las vanas pretensiones de los que son todo un "personaje"?" (*The Message*).

Hablamos mucho sobre el hecho de que la muerte de Cristo en la cruz fue un escándalo, "Este mensaje es motivo de tropiezo para los judíos, y es locura para los gentiles" (1 Corintios 1.23). Deseo hablar sobre la iglesia, esta congregación real a la que concurro, como motivo de tropiezo, como escándalo, como algo absurdo.

El Espíritu Santo podría haber formado congregaciones de un grupo selecto de talentosos hombres y mujeres que anhelaban la "belleza de la santidad", congregaciones tan sensacionales como la escultural Tirsá y tan imponentes frente a las fuerzas del mal como el ejército en orden de batalla. ¿Por qué no lo hizo? Porque ésta no es la manera en que opera el Espíritu Santo. Sabemos que no fue la manera en que llegó el Salvador a nuestra vida. ¿Por qué cambiaría de estrategia el Espíritu al introducir la comunidad de salvación, la iglesia, la congregación, a nuestra vida?

Lucas es un escritor cauteloso. Él escribe su historia de la iglesia en Hechos como una continuación de la historia de Jesús en su Evangelio. La manera en que relata la historia de la iglesia reproduce la historia de Jesús de la manera en que continúa siendo vivida en Palestina, Siria, Galacia, Grecia y Roma bajo la ocupación romana. Es la misma historia de Jesús que vivimos en el presente en congregaciones en Noruega bajo una democracia, en China bajo el comunismo y en Zimbabwe bajo un dictador.

Cuanto más tiempo le presté atención a la manera en que Lucas relataba la historia de Jesús en su Evangelio, percibiendo el paralelo con su manera de relatar la historia de la iglesia en Hechos, tanto más pude ver que se vivía y se relataba la misma historia en mi congregación. Me llevó algún tiempo comprenderlo. Me costaba mucho dejar atrás esas antiguas ilusiones románticas de la dulce Tirsá y los imponentes ejércitos. Y el engañoso torrente de adrenalina y satisfacción de mi ego que me habían puesto al mando del negocio religioso aún me seducían. El consumismo espiritual, el pecado que "acecha" (Génesis 4.7) que hizo caer a Caín, estaba siempre allí. Pero el relato de Lucas me convenció y, poco a poco, comencé a ver a mi congregación de esa manera. Emily Dickinson escribió un verso maravilloso en el que dice que "la verdad tiene que deslumbrarnos gradualmente / o todos los hombres serían ciegos"[5].

Me di cuenta de que éste era mi lugar y trabajo en la iglesia: el ser un testigo de la verdad que nos deslumbra gradualmente. Yo sería un testigo de la formación del Espíritu Santo de la congregación con toda esta mezcla de seres humanos que es mi congregación: hombres y mujeres quebrantados, cojos, lisiados, abusados sexual y espiritualmente, emocionalmente inestables, pasivos y agresivos pasivos, y neuróticos. Hombres que a los cincuenta años han fallado una docena de veces y saben que nunca van a llegar a nada. Mujeres que han sido ignoradas y desdeñadas y abusadas en matrimonios en los que han sido fieles. Personas que viven con hijos y cónyuges inmersos en las adicciones. Pecadores leprosos y ciegos y sordos y mudos. También nuevos conversos, cntusiasmados con esta nueva vida. Gente joven llena de vida y energía, ansiosa por que la guíen hacia una vida de amor y compasión, misión y evangelización. Algunos pocos santos avezados que saben cómo orar y escuchar y soportar. Y un número considerable de gente que lo único que hace es concurrir. Me pregunto para qué se molestan. Allí están. Los calientes, los fríos y los tibios. Los cristianos, los cristianos a medias, los casi cristianos. Los seguidores de la Nueva Era, los ex católicos enojados, las dulces personas que se acaban de convertir. Yo no los escogí. No me toca a mí elegirlos.

Cualquier congregación es adecuada para echarle una larga mirada de amor a esta gente. No parece demasiado evidente al principio, pero cuando seguimos observando, cuando persistimos en esa larga mirada de amor, nos damos cuenta de que estamos, de hecho,

[5] Emily Dickinson: *Collected Poems,* ed. Thomas H. Johnson (Boston: Little, Brown and Company, 1960), p. 506.

mirando a la iglesia, a esa comunidad creada por el Espíritu Santo que forma a Cristo en este lugar. Pero no en un raro sentido "espiritual", almas preciosas por las que murió Cristo. Son eso también, pero lleva algún tiempo verlo, ver las diversas partes del cuerpo de Cristo aquí y ahora: un dedo del pie aquí, un dedo de la mano allá, nalgas y pechos caídos, rodillas y codos lastimados. La metáfora de Pablo de la iglesia como miembros del cuerpo de Cristo no es una simple metáfora. Las metáforas tienen dientes. Nos mantienen cimentados a los que vemos delante de nosotros. A la misma vez, nos mantienen conectados con todas las operaciones de la Trinidad que no podemos ver.

Esto es lo que implica aceptar y comprender las realidades de la iglesia creadas por el Espíritu Santo. Echamos una larga mirada de amor a lo que tenemos delante de nuestros ojos en la congregación que hemos elegido o que nos han asignado o la que se ha convertido en nuestra última oportunidad. Y luego, persistiendo en lo que vemos, interiorizando en nuestras oraciones a medida que la iglesia cobra forma en la adoración y el bautismo y la eucaristía, damos testimonio de lo que gradual pero concretamente sabemos que es la iglesia en los únicos términos en los que le da forma el Espíritu Santo: en esta tierra, en este suelo, en este terreno local de San Diego, Wichita o Chicago, con estos santos y pecadores conocidos y locales.

¿Quién aparte de un cristiano bautizado tiene semejante acceso continuo a la historia que nos mantiene atentos a lo que el Espíritu Santo trae a la escena, a la conciencia de la iglesia tal como es? No es la ilusión de una Tirsá, ni es "imponente como ejércitos en orden de batalla". No es tampoco la mentira de un popular proveedor humanamente administrado de bienes y servicios religiosos, sino una congregación de gente extremadamente común y corriente mediante la cual Dios elige estar presente al mundo.

Esto no es lo que les parece la iglesia a los de afuera; de hecho, esto no es siquiera lo que les parece, la mayoría de las veces, a los de adentro. Pero esto es lo que *es*. Dios no obra exceptuando a los pecadores e imperfectos (por cierto, perdonados) quienes, por lo general, no poseen ninguna credencial.

Las representaciones de los románticos, cruzados y consumidores de la iglesia entorpecen el reconocimiento de la iglesia por lo que ella realmente es. Si permitimos —o peor aún, fomentamos— distorsiones fantasiosas y engañosas de la creación del Espíritu Santo, interferimos con la participación en lo verdadero. La iglesia que deseamos se convierte en la enemiga de la iglesia que tenemos.

Es significativo el hecho de que no hay ni una sola instancia en la revelación bíblica de una congregación del pueblo de Dios que nos haya sido dada en términos románticos, cruzados o consumidores. Ni en las Escrituras, ni en la historia de la iglesia hay congregaciones "exitosas".

* * *

Pero tenemos a Efesios. Nos sumergimos en Efesios para adquirir una limpia y clara imaginación de los métodos mediante los cuales forma el Espíritu Santo la *iglesia* a partir de vidas tales como las nuestras. Éste es el suelo santo en el que hemos sido plantados, las condiciones que hacen posible que crezcamos en Cristo, que maduremos, que seamos "sanos en Dios, robustos en el amor".

Capítulo 2

El mensaje a los efesios: Efesios 4.1, 7

Por eso yo, que estoy preso por la causa del Señor, les ruego que vivan de una manera digna del llamamiento que han recibido… Pero a cada uno de nosotros se nos ha dado gracia en la medida en que Cristo ha repartido los dones. Por esto dice: "Cuando ascendió a lo alto, se llevó consigo a los cautivos y dio dones a los hombres".

EFESIOS 4.1, 7-8

Esta carta es música pura… Lo que leemos aquí es verdad que canta, doctrina *con música… el libro más contemporáneo de la Biblia.*

JOHN A. MACKAY: *God's Order: The Ephesian Letter and the Present Time*

Por alguna razón, lo que sabemos acerca de Dios y lo que hacemos por Dios se dividen en dos en nuestra vida. No bien se daña la unidad orgánica de fe y conducta, perdemos la capacidad de vivir la completa humanidad para la que fuimos creados.

"La carta de Pedro a los efesios une lo que ha quedado dividido en nuestro mundo corrupto por el pecado. Él comienza con una exuberante exploración de lo que creen los cristianos sobre Dios y luego, como un cirujano que suelda una fractura compuesta, él 'establece' esta fe en Dios en nuestra conducta delante de Dios, de manera que los huesos —la fe y la conducta— se entretejan y se sanen.

"Cuando prestamos atención a este hecho, vemos estas fracturas por todas partes. No hay prácticamente ningún hueso en nuestro cuerpo que no se haya lastimado; no hay casi ninguna relación en la ciudad o trabajo, escuela o iglesia, familia o país, que no esté dislocada o rengueando con dolor. Hay tanto por hacer.

"Así es que Pablo pone manos a la obra. Se extiende de un extremo a otro, desde el cielo a la tierra y de regreso al cielo otra vez, mostrando cómo Jesús, el Mesías, es eternamente y sin descanso uniendo todo y a todos. También nos muestra que además de dejar que se haga esta obra en nosotros y por nosotros, somos miembros participantes de este trabajo tan urgente. Ahora que sabemos lo que está sucediendo, que la energía de reconciliación es el dínamo en el corazón del universo, es imperioso que nos unamos con vigor y perseverancia, convencidos de que todos los detalles de nuestra vida contribuyen (o no) a lo que Pablo describe como el plan de Dios elaborado por Cristo, 'un amplio plan en el que todo será unido y concretado en él, desde todo lo que está en el cielo más recóndito hasta todo lo que está en esta tierra'"[1].

LA METÁFORA DE AXIOS

Comenzamos en el centro, primero con una metáfora y luego con un texto. En el centro de Efesios hay una sola palabra en griego: *axios*, sobre la cual gira toda la epístola. Traducida como "digno", la palabra aparece en esta oración: "Por eso yo, que estoy preso por la causa del Señor, les ruego que vivan [o caminen] de una manera digna del llamamiento que han recibido" (4.1).

Axios es una palabra que contiene una imagen. La palabra griega *axios* en Efesios funciona como una metáfora. Un *axios* es una balanza, la clase de balanza que está compuesta por un brazo transversal balanceado en un poste, con platillos suspendidos de cada extremo del brazo. Colocamos una pesa de plomo de, digamos, una libra en uno de los platillos y luego medimos harina en el otro platillo hasta que los dos platillos estén ba-

[1] Eugene H. Peterson, introducción a Efesios en *The Message* (Colorado Springs: NavPress, 1993).

lanceados. El balance significa que están en equilibrio. Cuando la harina en uno de los platillos balancea la pesa de plomo de una libra en el otro, sabemos que tenemos una libra de harina. El peso desconocido de lo que estamos midiendo en un platillo equivale al peso conocido en el otro. Los dos objetos, la pesa de plomo y la harina, son *axios*: dignos. Tienen el mismo valor o, en este caso, el mismo peso. Pueden ser tan diferentes como el plomo y la harina, pero "quedan bien" como nos quedan bien un par de zapatos, o como se ajusta un vestido al cuerpo de una mujer, o como encaja una llave inglesa en la parte superior de una tuerca, o como calza un añillo de boda en el dedo de la persona amada.

Los objetos equilibrados en las balanzas de Efesios son el llamamiento de Dios y la vida humana: "Les ruego", escribe Pablo, "que *andéis (peripateo)* como es digno de la *vocación* con que fuisteis *llamados (kaleo)*". Cuando nuestro caminar y el llamado de Dios están en equilibrio, somos íntegros; vivimos con madurez y respondemos al llamado de Dios de manera congruente con la manera en que Dios nos llama a la vida. *Axios,* dignos: maduros, sanos y robustos.

Las balanzas, el *axios*, centra la carta a los efesios. En la epístola de Pablo, todo está destinado a mantener el llamado de Dios (capítulos 1-3) y nuestro andar (capítulos 4-6) en equilibrio. No podemos medirnos a nosotros mismos examinándonos desde nuestro propio punto de vista, evaluándonos según una abstracción no relacional tal como el "potencial humano". Tampoco podemos resumir a Dios a una "verdad" impersonal sin tener en cuenta nuestra aceptación y respuesta a las palabras que usa para llamarnos a la vida, a la santidad, a una relación. No podemos entender ni a Dios ni a nosotros mismos de una manera viva, adecuada y madura si no lo hacemos de una manera personal o relacional. Cuando concuerdan el llamado de Dios y nuestro caminar, crecemos en Cristo. Dios llama; nosotros caminamos.

* * *

El llamado. Dios nos llama. Él no nos entrega información. No explica nada. No condena ni disculpa. Él llama.

En el jardín, Adán desobedeció el mandamiento de Dios y quebrantó la intimidad que había creado la palabra de Dios. El equilibrio entre la palabra de Dios y el andar de Adán había quedado destruido. Dios volvió a llamarlo y lo colocó en la balanza. Comenzó el proceso de traerlo nuevamente a la relación con la palabra que lo había creado al principio, colocándolo nuevamente en una posición de sensibilidad al llamado de Dios.

Dios llamó a Abraham en Ur y le dijo que dejara su tierra y se dirigiera a Canaán. Allí comenzaría la formación de un pueblo de salvación. Abraham se puso en marcha, caminando hacia el oeste por el desierto. La combinación del llamado y la marcha se convirtió en la respuesta dinámica que tuvo como resultado que Abraham se convirtiera en el padre de nuestra fe.

Cuando Moisés estaba cuidando ovejas en Madián, el Señor lo llamó por su nombre desde la zarza ardiente: "¡Moisés! ¡Moisés!" Él escuchó que alguien llamaba su nombre y descubrió que el nombre de Aquél que lo llamaba era "Jehová". La respuesta personal de Moisés, su "caminar" ante ese llamado personal desde la zarza ardiente evolucionó en una congregación de gente que salió de Egipto cruzando el mar hacia la libertad.

En las orillas de Galilea, Jesús llamó a cuatro de sus discípulos por su nombre. Y Jesús siguió llamando: los cuatro pronto se convirtieron en doce. Lo siguieron arriba y abajo por los caminos de Galilea, escuchando, obedeciendo, preguntando, observando, orando. Luego, después de haberse acostumbrado al sonido de su voz, Jesús los volvió a llamar. Esta vez, los llamaba para que tomaran la cruz y lo siguieran hasta su cruz: su muerte en Jerusalén. Ellos escucharon el llamado y caminaron con él. En la fusión del llamado de Jesús y el caminar de los discípulos, ellos se convirtieron en la compañía con la que el Espíritu Santo formó la iglesia.

Un hombre llamado Saulo estaba caminando rumbo a Damasco para perseguir a los cristianos. Una voz que se dirige a él por su nombre: "¡Saulo! ¡Saulo!" lo detiene de repente. Al igual que Moisés 1.200 años antes que él, Pablo descubre el nombre de Aquél que lo llamaba por su nombre. Pero esta vez, el nombre del que lo llamaba era "Jesús". Y, en ese llamado, cambia el nombre de Saulo. De perseguidor de Jesús, Saulo se convierte en un seguidor: el llamado de Jesús y la respuesta de Saulo se convierten en el caminar de Pablo, ahora al mismo ritmo.

Dios pronuncia la palabra decisiva que nos echa a andar por el camino, por la ruta, por el sendero de la vida. La palabra hebrea para Biblia es *Miqra*, un sustantivo formado por el verbo "llamar", *qara*. La Biblia no es un libro para llevar con nosotros y para leer cuando deseamos información sobre Dios, sino que es una voz que debemos escuchar. Eso me gusta. Esta palabra de Dios que llamamos Biblia, libro, no es en su raíz una palabra para leer y mirar y discutir. Es una palabra que debemos escuchar y obedecer, una palabra que nos mantiene en movimiento. Fundamentalmente, es un llamado: Dios nos llama.

* * *

La respuesta al llamado es caminar. Caminar es lo que hacemos. Seguimos el llamado de Dios. Respondemos con nuestra vida. No comenzamos pensando acerca de Dios. Dios no es una idea. Escuchamos y respondemos. Obedecemos. Pero la obediencia no es como una respuesta incondicionada de Pavlov a un estímulo: "siéntate", "busca", "acuéstate". Se lleva a cabo en un contexto texturizado y una relación personal. Es el acto de seguir una orden o invitación dirigida personalmente a nosotros. Escuchamos nuestro nombre y respondemos a Aquél que nos llama.

Un llamado no es una causa impersonal que hace que algo ocurra de manera mecánica obedeciendo las leyes de la física, como una pelota de béisbol lanzada por el golpe de un bate fuera de la cancha. El llamado llega a nuestros oídos y nos alienta hacia el futuro, llevándonos a una clase de vida que jamás habíamos experimentado de esa manera: una promesa, algo nuevo, una bendición, nuestro lugar en la nueva creación, una vida de resurrección.

Cuando el llamado y el caminar están en equilibrio, somos dignos. Estamos en la balanza, en un contacto sensible y simultáneo con el Dios cuyo nombre conocemos y el Dios que conoce nuestro nombre. Dios llama; nosotros caminamos.

La balanza no nos da la imagen de algo rígidamente estático, un logro que una vez alcanzado queda soldado en su lugar. La utilidad de la metáfora es que nos mantiene conscientes de la conexión delicada y sensible entre el llamado y el caminar, una relación que nunca es unilateral, sino que es siempre recíproca. Esto es lo que significa crecer en Cristo, vivir hacia la madurez, ser *axios*, dignos, saludables.

A medida que madura nuestro lenguaje en estas conversaciones iniciadas por Dios por el camino cristiano, ellas son cada vez más personales. A menudo, comenzamos por buscar información acerca de Dios, pero al poco tiempo descubrimos que estamos desarrollando un lenguaje de intimidad con Dios, el lenguaje personal de Dios de la revelación en un coloquio con nuestro lenguaje personal de atenta obediencia. La voz de Dios y nuestros oídos tienen una intimidad orgánica. Adquirimos una cierta sensibilidad por las complejidades que implica la unión del hablar de Dios y nuestro caminar. La metáfora del *axios* evita que disminuya la calidad constante, atenta y sensible de nuestro lenguaje y nuestra vida.

Si el lenguaje queda reducido a mera información o simples explicaciones, o sea, si pierde su conexión con una voz viva que llama y ordena y bendice, y si no hay oídos atentos que escuchen y respondan y crean, el lenguaje se muere. Cuando las palabras, los verbos con vida y los sustantivos luminosos, se separan de la voz viviente, al poco tiempo se convierten en hojas secas llevadas por el viento.

* * *

Sin embargo, a medida que nuestro lenguaje se hace más personal, también es cada vez más interpersonal. Ésta es una conversación de muchas voces. No la podemos comprimir, reducir a un intercambio privado de palabras con "Jesús y yo solos en el jardín". No hay duda de que hay muchas ocasiones en que estamos solos en el camino, escuchando y hablando, oyendo "un suave murmullo" y susurrando en respuesta a nuestro Señor. Estos son momentos auténticamente preciosos, pero pronto descubrimos que no podemos tener a Jesús para nosotros solos. Si vamos a participar en todo lo que está haciendo en esta aventura que llamamos vida, tenemos que extender la conversación para que incluya también a otros a quienes Dios llama, los otros que están caminando en respuesta al llamado. La vida en la que crecemos para madurar en Cristo es una vida formada en comunidad.

La carta a los efesios le da forma a nuestra imaginación para que podamos tomar conciencia, no sólo de nosotros mismos, sino también de todos los demás peregrinos del camino en una diversidad y unidad simultánea. Esta compañía de los así llamados compañeros de viaje, todos diferentes y todos uno, es la iglesia. La metáfora que usa Pablo para describirla es el cuerpo humano del cual Cristo es la cabeza "el cuerpo de Cristo" (Efesios 4.12). Todos somos diferentes, pero todos estamos orgánicamente conectados. Una diversidad reluciente y una unidad armónica: "sostenido y ajustado por todos los ligamentos" es la vívida metáfora de Pablo (4.16). "Cristo y la iglesia" (5.32) es la forma paradigmática para esta compañía multitudinaria y, sin embargo, imposiblemente unificada.

La adoración común, o sea, la adoración colectiva (adoración "en común"), da la forma básica y proporciona el contenido esencial para este aspecto de "crecer" a la medida de "la estatura de la plenitud de Cristo". La adoración privada mientras estamos a solas en una semiparálisis delante de la pantalla del televisor no es una adoración madura. Por cierto, podemos adorar en soledad. Algunos de nuestros momentos más exquisitos de adoración ocurren mientras caminamos por la playa o paseamos por un jardín o estamos encaramados en la cima de una montaña. Lo que no debemos hacer es excluir deliberadamente a los demás de nuestra adoración o adorar de manera selectiva con amigos que piensan como nosotros. En Efesios no encontramos estas opciones. La madurez se desarrolla en adoración cuando desarrollamos una amistad con los amigos de *Dios* y no tan sólo con *nuestros* amigos favoritos. La adoración nos da forma no sólo individualmente sino como comunidad, como iglesia. Si hemos de crecer en Cristo, tenemos que hacerlo junto con todos aquellos que estén respondiendo al llamado de Dios. Que nos agraden o no esas personas no tiene nada que ver con todo el asunto.

* * *

Aquí hay otra metáfora que nos da una imagen para la adoración común que se desarrolla a partir del equilibrio del *axios* de Pablo. Proviene del poema de Wallace Stevens, "Anecdote of the Jar".

Coloqué un tarro en Tennessee,
y era redondo, sobre una colina.

Hizo que la desaliñada jungla
rodeara esa colina.
El desierto ascendió hacia él,
y se extendió a su alrededor, ya no agreste.
El tarro era redondo contra el suelo
y alto y con un cierto aire de importancia.
Tomó el dominio de todo.
El tarro era gris y desnudo.
No dio ni ave ni arbusto,
como ninguna otra cosa en Tennessee[2].
(Traducción libre del traductor.).

Se coloca un tarro sobre una colina en Tennessee. Por el simple hecho de estar sentado allí, trae orden al mundo agreste. El tarro no tiene nada de elegante. Es un artefacto, un producto fabricado y falto de toda elegancia ("gris y desnudo"). Y sin embargo, por el solo hecho de estar allí, centra los yuyos y malezas, "la desaliñada jungla".

El tarro es una metáfora similar a la metáfora de Pablo del cuerpo de Cristo, que afirma lo que ocurre cuando la iglesia adora, cuando ese grupo sin pretensiones de hombres y mujeres, que han sido llamados y que siguen a Dios, se reúnen para adorar.

Uno de los motivos del rechazo de la adoración es que ésta es, cómo decirlo, tan común. Es aburrida, nada ocurre, "no saco ningún provecho de ella". Entonces, cierta gente bien intencionada, deciden inyectarle adrenalina.

Lo que me resulta útil de la metáfora del tarro es que ella, como la adoración, no tiene como propósito que algo ocurra. La adoración nos lleva a la presencia en la que Dios hace que algo ocurra.

La adoración común y sin pretensiones aporta esa clase de orden a la vida común, la vida en comunidad con los demás. La existencia que experimentamos es una especie de caos. Las cosas ocurren con una aparente falta de previsibilidad y de manera desordenada. La vida es una lucha constante contra ese desorden. Por lo tanto, intentamos imponer cierta

---

Wallace Stevens: "Anecdote of the Jar," en *The Oxford Book of American Verse,* ed. F. O. Matthiessen (New York: Oxford University Press, 1950), p. 630.

clase de orden en ella con nuestros relojes, nuestros horarios y nuestras reglas. Las energías naturales del vivir tienden hacia el caos. Los físicos le dan un nombre imponente: "La segunda ley de la termodinámica". Por sí solas, las cosas tienden a derrumbarse. La casa mejor construida y mejor organizada, si no se la limpia, ordena y repara, en poco tiempo está desordenada, desaliñada y lo que algunas personas llamarían "inhabitable". La mayoría de nosotros tenemos rutinas que imponen el orden sobre estas energías desordenadas. Sacamos el polvo, hacemos las camas, quitamos los yuyos del jardín, lavamos los platos y sacamos la basura.

La adoración común funciona de esta manera en nuestra vida como respuesta al llamado de Dios. Pero no es un orden impuesto. El orden de la adoración se abre camino en el desorden de manera casi imperceptible cuando cantamos y oramos juntos, escuchamos y obedecemos y somos bendecidos.

Es importante notar la clase de orden que se introduce. No es el así llamado orden de la creación según lo narrado en Génesis 1-2, encontrando un lugar para cada cosa y colocando todo en su lugar: el orden de los siete días de la creación, el orden del hombre y la mujer en el jardín. La adoración no reordena la existencia de acuerdo con Génesis 1-2. No trata de volver a lo previo al pecado del hombre y sujetar con firmeza a la sociedad en las prolijas divisiones en las que solía estar organizado el cosmos.

Más bien, el orden es un orden de redención, un orden de amor recíproco y no el orden que impone la ley. Por empezar, la adoración no le dice a la gente cómo tiene que vivir. Nos llama a la presencia del Cristo redentor y nos brinda una comunidad de respuesta apropiada. La vida de adoración está compuesta por oraciones y alabanzas, proclamando y escuchando la palabra (¡la voz!) de Dios, el bautismo y la eucaristía. Los cristianos no les pueden imponer estas cosas a los cristianos. La adoración es ese tarro, una presencia discreta y sin adornos que sin fanfarria ni coerción, sin llamar la atención de los demás, crea orden por el solo hecho de estar allí. Es la cosa más alejada posible de un cerco.

* * *

De modo que aquí está: la metáfora de Pablo de la balanza, uniendo los dos extremos del llamado y el caminar con un poco de ayuda de la metáfora de Wallace Stevens del tarro en Tennessee como testigo del poder de orden de la Presencia en una cultura agreste. Juntas, ellas son dos metáforas complementarias de la iglesia en obra y adoración.

La adoración usa un lenguaje personal y coloquial para alimentar el reconocimiento de nuestra capacidad esencial de oír cuando la voz de Dios se dirige (nos llama) a nosotros personalmente. Nos trata luego con la dignidad de poder vivir (caminar) de manera digna, apropiada, para ingresar a ese llamado. Se cerciora de que sepamos que nunca estamos aislados en esta vida a la que se nos ha llamado y en la que caminamos. Forzosamente, estamos en relación el uno con el otro. Lo que cada uno hace afecta a todos los demás. Cuando escuchamos y respondemos a Dios, lo hacemos generalmente solos pero, implícitamente, lo hacemos siempre en comunidad, estemos o no en la misma habitación con los demás.

Y la adoración es un testigo mudo pero insistente de la presencia de orden de Dios en un grupo de gente que por el solo hecho de ser ellos mismos en un lugar particular, "un tarro en Tennessee", centran el paisaje.

La adoración es el acto más característico de la comunidad cristiana a medida que se sitúa con toda comodidad en las condiciones que conducen al crecimiento hacia la madurez en Cristo.

EL TEXTO DEL SALMO 68: "TÚ ASCENDISTE A LAS ALTURAS..."

La metáfora de *axios* de Pablo tiene la misma energía imaginativa que su elección de un texto para afianzar su mensaje en una espiritualidad de madurez. El texto está tomado del Salmo 68, el que es un catálogo con vigor y celebración de los magníficos actos de salvación de Dios unidos en un igualmente magnífico acto de adoración. Para su texto, Pablo elige una estrofa (los versículos 17 a 20) del centro del salmo:

> Los carros de guerra de Dios se cuentan por millares;
> del Sinaí vino en ellos el Señor
> para entrar en su santuario.
> Cuando tú, Dios y Señor, ascendiste a las alturas,

te llevaste contigo a los cautivos;
tomaste tributo de los hombres,
aun de los rebeldes,
para establecer tu morada.

El salmo comienza con una urgente invocación: "Que se levante Dios, que sean dispersados sus enemigos". Dios lo hace; él se levanta. Estrofa tras estrofa proclama a Dios en acción: él es soberanamente majestuoso ("quien cabalga por las estepas", versículos 1-4) mientras huyen sus enemigos; él marcha por un mundo agreste rescatando a viudas y huérfanos, a los desamparados y a los prisioneros en una espléndida exhibición de su salvación ("Tú, oh Dios, diste abundantes lluvias", versículos 5-10); él ordena a millares de profetas que proclamen el gran revés del evangelio ("la palabra") mientras que los arrogantes y poderosos cambian su lugar con los débiles que han quedado atrás ("las mujeres se reparten el botín en las casas", versículos 11-14); las montañas escarpadas, acostumbradas a dominar el paisaje, están asombradas ante la montaña del trono ("al monte donde a Dios le place residir", versículos 15-16) que las coloca en las sombras; en su ascenso triunfante a las alturas, cargado con regalos de amigos y enemigos, él reúne a los redimidos a su alrededor ("día tras día sobrelleva nuestras cargas", versículos 17-23) para que compartan su triunfo. Dios está marchando con salvación por el pueblo de los muertos y los condenados, tomando cautivos por el camino.

De manera abrupta, este Salmo 68 de vasto alcance que documenta a Dios en su acción redentora (versículos 1-23) pasa a un acto exhaustivo de adoración en el santuario (versículos 24-35). Todo lo que Dios es y hace: cabalgar por los cielos, transformar el mundo agreste, ordenar la proclamación profética de las buenas nuevas, hacerse cargo para siempre mediante su ascenso al "monte", se reúne en una procesión de alabanza de cantores y músicos que entran al santuario trayendo regalos y proclamando bendiciones. Todo esto se define finalmente en una atención renovada a la voz, su "voz de trueno" que cambia el mundo de opresión y condena en un mundo de salvación y (ésta es la última oración del salmo) "da poder y fuerza a su pueblo".

El santuario es el marco de esta adoración: la alabanza comienza en el santuario (versículo 24) y finaliza en el santuario (versículo 25). El santuario es un lugar aparte consagrado para la adoración, que presta reverente atención a quién Dios revela que es y cómo se revela a sí mismo en nuestra historia. El santuario es también un teatro en el que encontramos nuestro lugar y nuestro rol como participantes del drama de vasto alcance de la salvación. La adoración de este Salmo 68 no es tan sólo la observación o relato de la obra Dios. Tampoco es un taller para descubrir cómo Dios lleva a cabo su obra. La adoración del Salmo 68 es una profunda atención a Dios en palabra y acción, la que se transforma en una feliz participación en dicha palabra y acción.

El último verbo activado por Dios en el santuario es *dar* (versículo 35). Dios *da* a su pueblo. Nosotros, su pueblo, recibimos quién Dios es y lo que Dios hace, su "poder y fuerza". La gente lo recibe y corre, cantando y tocando panderetas, desde la tribu más joven de Benjamín a la cabeza seguida por los prominentes príncipes de Judá y Zabulón y Neftalí.

* * *

Mi impresión es que Pablo ha absorbido todo el Salmo 68 en sus meditaciones y plegarias. No sólo toma el texto del Salmo 68 para su carta a los efesios, sino que encuentra en el salmo una estructura que le da forma literaria y teológica a lo que él escribe: primero, en una inmersión plenamente contemplativa en la acción y obra de Dios (capítulos 1-3) que luego toma forma en una vida de fe y obediencia generada por la adoración (capítulos 4-6).

La metáfora de *axios* y el texto del Salmo 68 se refuerzan mutuamente entretejiendo, de la manera en que se entreteje un hueso roto, el llamado de Dios y el caminar del pueblo de Dios hasta convertirse en un organismo vivo. Ésta no es una yuxtaposición arbitraria o programada de dos partes. La madurez no es un asunto compuesto por retazos y armado con pedacitos de disciplinas y devociones, doctrinas y causas. Son todas las operaciones de la Trinidad en la práctica de la resurrección.

* * *

Sin embargo, aquí hay algo que quizás hayan notado. Pablo no traduce su texto del Salmo 68 de manera literal, sino que lo condensa y lo adapta para aludir a Jesús. La manera en que condensa y adapta es heurística, o sea que él descubre significados en el texto que podrían haber sido fácilmente ignorados. Lo hace de dos maneras diferentes.

Ésta es su traducción:

Cuando ascendió a lo alto,
se llevó consigo a los cautivos
y dio dones a los hombres.

Su primera adaptación hace que Jesús sea el sujeto del verbo "ascendió". El texto del salmo se refiere probablemente al gran festival de exaltación al trono en el que los hebreos celebraban el gobierno soberano de Dios y la victoria sobre todos sus enemigos. Pero en el curso de la traducción, Pablo cambia los pronombres: él reemplaza el "*tú* [Dios] ascendiste" con "cuando [Jesús] ascendió". Él utiliza el himno salmodiado de alabanza a Dios en su trono como testigo del ascenso de Jesús: el ascenso de Jesús al cielo a la derecha del Padre, como nos dicen las Escrituras (Hechos 2.25-33, etc.).

Después de la resurrección de Jesús, sus seguidores tuvieron cuarenta días para estar en su presencia y escuchar su voz. Para escucharlo "hablar sobre el reino de Dios". Necesitaron cada día que pasaron con él para asimilar completamente el aquí y ahora, carne y hueso, cuerpo y alma, detalles concretos y repercusiones de la resurrección, no sólo por Jesús, sino por ellos mismos: la resurrección no sólo como una promesa de vida más allá de la muerte, sino como una presencia en el ahora.

No se pueden mantener alucinaciones durante cuarenta días. Los sueños no duran cuarenta días. No se puede mantener una histeria religiosa durante cuarenta días. Esos cuarenta días cimentaron la resurrección de Jesús como una vida para ser vivida en las calles, en hogares, con parientes y vecinos: una vida que *ellos*, sus seguidores, vivirían. Y no como una experiencia "espiritual" privada, sino históricamente en compañía de todos los seguidores de Jesús en los lugares de trabajo y la política, en la matanza de las guerras y la quietud de la adoración.

Antes de dejar a sus discípulos, Jesús les ordenó permanecer en Jerusalén para esperar la "promesa del Padre". Fue muy claro en cuanto a la promesa: "Pero cuando venga el Espíritu Santo sobre ustedes, recibirán poder y serán mis testigos" (Hechos 1.8).

Y luego los dejó. Ellos lo vieron irse. Un carruaje de nubes lo llevó al cielo hasta que lo perdieron de vista (Hechos 1.9-11). Nunca más lo volvieron a ver. Diez días más tarde se cumplió la promesa. Diez días después de que Jesús ascendió desde Betania, el Espíritu Santo, según lo prometido, descendió sobre los discípulos reunidos en Jerusalén. Charles Williams lo describió como una trigonometría teológica, la "reunión de dos líneas proyectadas hacia el cielo, una trazada desde Betania a lo largo del ascenso del Mesías, la otra desde Jerusalén contra el descenso del Paráclito"[3]. Esas líneas, trazadas hacia la brillante nube de la ascensión y descendiendo luego en la violenta ráfaga de viento de Pentecostés, marcan el comienzo de la iglesia en un lugar y momento determinados. Las líneas de ascenso y descenso conectan el vasto horizonte del cielo a la iglesia en la tierra, formando un inmenso triángulo equilátero de eternidad: una trigonometría que mide las profundas operaciones de la Trinidad. La iglesia de Éfeso, y la nuestra, son el resultado de su verdadero comienzo, y final, en el cielo. Todo lo que vemos de la iglesia, y el mundo si quieren, es siempre el resultado.

La ascensión es quizás uno de los acontecimientos menos celebrados de la vida de la iglesia. Parte de la razón es que el Día de la Ascensión cae siempre en jueves, nunca en domingo, por tanto no requiere un sermón. Lutero dijo que "a la diestra de Dios Padre Todopoderoso" del Credo significa "en todas partes". Ese trono relativiza y margina todos los tronos terrestres y todas las políticas del mundo. La ascensión de Jesús impide que reduzcamos el gobierno de Jesús a mi corazón como su trono. Es eso, pero más, mucho más también.

Con el objetivo de mantener un claro enfoque de la ascensión de Jesús, la iglesia ha usado comúnmente el Salmo 47 para darle forma a nuestra respuesta a todo lo que está involucrado en ello. El salmo despliega un escenario de gozoso triunfo:

---

[3] Charles Williams: *The Descent of the Dove* (London: Longmans, Green, 1939), p. 1.

Dios el Señor ha ascendido entre gritos de alegría
y toques de trompeta.
Canten salmos a Dios, cántenle salmos...
Dios reina sobre las naciones;
Dios está sentado en su santo trono.
(Salmo 47.5, 6, 8)

El mismo Jesús que hace apenas cuarenta días había sido coronado "Rey de los judíos" en su trono de Gólgota gobierna ahora desde el trono del cielo. Todo lo que él dijo y llevó a cabo en la Palestina ocupada por los romanos es ahora dicho y llevado a cabo desde "lo alto".

Cuando el compañero de Pablo, Lucas, comienza a relatar en el libro de Hechos la historia de la iglesia, comienza con la ascensión de Jesús. La ascensión es la escena de apertura que establece el contexto para todo lo que sigue: Jesús instalado en una posición de gobierno absoluto —Cristo nuestro Rey. Todos los hombres y mujeres viven bajo el gobierno de Jesús. Este gobierno triunfa sobre todos los demás tronos y principados y potestades.

Cuando la iglesia tiene conocimiento de esto y lo elabora y profundiza en adoración, gana el espacio necesario para vivir sólidamente bajo las condiciones de la resurrección. Si no lo sabemos, la iglesia, con su imaginación condicionada por la muerte y el diablo, vive con timidez y cautela.

Pablo coloca el enfoque de la ascensión que Lucas estableció al comienzo de la historia del nacimiento y desarrollo inicial de la iglesia mediante la repetición de las imágenes de la ascensión: "cuando *ascendió* a lo alto", como su texto de orientación para las vidas transformadas en una vida madura de resurrección: el Jesús resucitado gobierna la iglesia y el mundo y a cada uno de nosotros desde el centro estratégico del cielo. El *hecho* de que gobierna es una creencia básica; la *manera* en que lo hace está sujeta a numerosas riñas entre los cristianos que insisten en reemplazar al Señor personal con una doctrina impersonal.

* * *

La otra adaptación que le hace Pablo a su texto del Salmo 68 es un cambio de verbos. Cambia el "*tomaste* tributos" del salmista a "*dio* dones".

En el Salmo 68, Dios el Rey viene en carros de guerra en triunfante procesión desde el Sinaí para entrar en su "santuario", llevándose con él a los cautivos y tomando tributo de los hombres, tanto amigos como enemigos. Lo cubren los obsequios de los que lo adoran. Sus enemigos, "los rebeldes", también traen su tributo, reconociendo su gobierno imposible de disputar. Más adelante, la frase "los reyes te ofrecerán presentes" (versículo 29), retoma el tema de los obsequios, mientras que Dios está entronizado en su templo, el lugar de adoración.

Eso es lo que hacemos cuando un rey está en el trono: le traemos obsequios. Nuestros obsequios son la evidencia de nuestra alegría por tener un rey tan amado. O, si somos rebeldes y no estamos contentos con este rey, nuestro obsequio es simbólico, aunque renuente, renunciando a nuestra propia soberanía. En cualquiera de los dos casos, los presentes reconocen la festividad del día, una festividad en la que todos están involucrados, estemos ansiosos por estarlo o no.

Es probable que la mayoría de los lectores (u oyentes) del mensaje de Pablo a los efesios conocían bien el Salmo 68, especialmente los judíos que se habían criado con los salmos como su libro de oraciones. ¿Se habrán sorprendido cuando escucharon "dar" en vez de "recibir"? Pienso que sí. Al menos, les tiene que haber llamado la atención. ¿Estaba Pablo quedándose dormido? ¿Le fallaría acaso la memoria?

Pienso que no. La dicción de Pablo es intencional y deliberada. Él sabía exactamente lo que estaba escribiendo. Quiere que los efesios, y nosotros, leamos la palabra "dar" de manera tal que nunca la olvidemos[4].

Sí, los reyes reciben obsequios en su coronación. Sí, la adoración de nuestro glorioso Dios y Rey implica traer nuestros presentes. Sí, el homenaje reverente es observado de manera correcta y adecuada en la presentación de lo mejor de nosotros. El dar a Dios y a los demás está bien establecido como una parte integral de todos los días. Y Dios recibe lo que traemos. Los Magos trajeron obsequios como una ofrenda al niño Jesús en un acto de veneración. Jesús recibió el obsequio de los

[4] No todos están de acuerdo con esto. Algunos conjeturan que Pablo estaba utilizando otras traducciones (Tárgum en arameo y Peshitta en siríaco) del texto hebreo que también habían hecho el cambio. Otros mantienen que el "dar" está implícito en el "recibir" y por lo tanto es semánticamente equivalente. Véase Markus Barth: *Ephesians,* Anchor Bible, vol. 34A (Garden City, NY: Doubleday, 1974), pp. 473-75.

cinco panes y dos pescados del niño. Con ellos, alimentó a los cinco mil, que lo entendieron como un banquete de coronación y estuvieron a punto de hacerlo rey (Juan 6.15). Jesús recibió los obsequios del pan y el vino en la Última Cena. Luego se los devolvió a sus discípulos como su cuerpo y su sangre.

Sin embargo, Pablo desea que veamos a Jesús, el rey que ha ascendido a la diestra del Padre, no como un rey que recibe obsequios (aunque lo hace), sino como el rey que da dones. Cambia el verbo del esperado "recibir" al "dar" del Evangelio.

* * *

Pablo desea que crezcamos para alcanzar "una humanidad perfecta que se conforme a la plena estatura de Cristo" (Efesios 4.13). Una de las principales condiciones para alcanzar madurez es la de asumir responsabilidades acorde con nuestra fortaleza y saber a medida que crecemos y "ya no [somos] niños" (4.14). Una de las condiciones previas para ejercer estas responsabilidades en Cristo es recibir el Espíritu de Cristo. Él nos dio su Espíritu, el obsequio de sí mismo. Él derramó su Espíritu en el día de Pentecostés, diez días después de su ascensión.

Pablo expone las condiciones en las que crecemos, concretamente, en una profusión de obsequios. "Cuando ascendió a lo alto... y dio dones a los hombres". El Jesús ascendido, Jesús a la mano derecha de su Padre, Cristo el Rey, lanzó su gobierno dando presentes, obsequios que son la manera en la que participamos en su gobierno real y evangélico. Esta vida del reino es una vida en la que ingresamos más y más en un mundo de dones, y luego, en lo posible, los usamos en nuestra relación laboral con el Señor.

Entendemos bastante bien el lenguaje de los dones. Comenzamos como un regalo. No nos creamos a nosotros mismos. No nos damos nacimiento. Descubrimos que nuestra identidad fundamental es un don. Y luego, de inmediato, nos dan obsequios: presentes de amor y alimentos y ropa y resguardo, presentes de sanidad y alimento y educación y adiestramiento. "¿Qué tienes que no hayas recibido? Y si lo recibiste, ¿por qué presumes como si no te lo hubieran dado?" (1 Corintios 4.7). "¿No es acaso todo lo que tú *tienes* y todo lo que tú *eres* meros obsequios de Dios?" (*The Message*). Poco a poco, estos dones se convierten en las fortalezas y responsabilidades de la madurez. Los bebés dependen completamente de sus padres, pero luego, como niños, aprendemos gradualmente a vestirnos y alimentarnos a nosotros mismos, tomamos decisiones de manera independiente y tomamos la iniciativa. La adolescencia es una transición crítica entre la niñez y la vida adulta. Es una época difícil y a menudo turbulenta en la que aprendemos a incorporar a nuestras responsabilidades de adultos los dones que hemos recibido. Se nos ha dado mucho. Ahora comenzamos a ejercitar estos dones en comunidad. De manera gradual, aprendemos a vivir bien y con sabiduría lo que se nos ha dado. Crecemos.

Pablo introduce su texto de la ascensión con la frase: "a cada uno de nosotros se nos ha dado gracia en la medida en que Cristo ha repartido los dones" (Efesios 4.7). La gracia (*charis*) es un sinónimo de don. Y no se da este don con moderación, como una prenda, sino "en la medida en que Cristo ha repartido los dones". Pienso que la "medida", que luego Pablo expande a "para llenarlo todo" (versículo 10), transmite una sensación de extravagancia y exhuberancia. Si hemos de madurar, tenemos que gradualmente desarrollarnos como un don de principio a fin. De lo contrario, concebiremos de manera equivocada nuestra creación como autocreación y terminaremos en un callejón sin salida, atrofiando nuestro desarrollo.

Pablo enumera cinco dones: apóstoles, profetas, evangelistas, pastores y maestros. Cada don es una invitación y proporciona la manera de participar en la obra de Jesús. Estos no son dones para colocar sobre un estante como un florero. No son dones que podamos usar para nuestra conveniencia como, digamos, un teléfono celular. No son dones para divertirnos o entretenernos, como el obsequio de un par de entradas para un concierto sinfónico. No son dones que expresan nuestro aprecio, como un collar de rubíes para un aniversario o un Rolex para la jubilación. Estos son dones que nos capacitan para trabajar junto con Jesús y a su lado: "a fin de capacitar al pueblo de Dios para la obra de servicio" (Efesios 4.12). Se nos invita a que formemos parte de una relación laboral en las operaciones de la Trinidad.

Esto es algo que debemos entender. Demasiado a menudo hemos entendido los dones como algo individual que nos han concedido para que los usemos según nuestra propia voluntad, aptitud e inclinación. Esto es algo equivocado. La obra es la obra de la Trinidad: Padre, Hijo y Espíritu Santo. Podemos ser compañeros de trabajo de Jesús, pero en cada don hay una misión implícita. Y compartimos el trabajo con los demás. Éstas no son descripciones de trabajo para tareas especializadas. Son aspectos de la obra que se inició en el pentecostal "descenso de la paloma", que *luego* se derrama en el mundo. Cualquiera de nosotros, en cualquier momento, puede recibir cualquiera de estos trabajos. Estamos juntos en esto. No es un trabajo especializado: es la comunidad trabajando.

A Pablo le encanta enumerar los dones. Cinco veces enumera los dones que concede el Cristo ascendido ("dio dones a los hombres"). Aparte de los cinco que enumera en Efesios (apóstoles, profetas, evangelistas, pastores y maestros), él enumera nueve dones en 1 Corintios 12.4-19: palabra de sabiduría, palabra de conocimiento, fe, dones para sanar enfermos, poderes milagrosos, profecía, discernir espíritus, el hablar en diversas lenguas y el interpretar lenguas. En 1 Corintios 14.26, Pablo enumera cinco: himnos, enseñanzas, revelaciones, mensajes en lenguas o interpretación. En Romanos 12.6-8, enumera siete: profecía, prestar un servicio, enseñar, animar a otros, socorrer a los necesitados, dirigir y mostrar compasión. Además de estas cinco listas, en diversos otros lugares, Pablo alude a los dones, expresa o tácitamente. John Stott cuenta "un mínimo de veinte dones específicos", notando que algunos son muy prosaicos y poco sensacionales, tales como "socorrer a los necesitados" (Romanos 12.8)[5]. Ninguna lista está completa. Varios de los ítems se repiten en los listados. Algunos se refieren a la persona que ejerce el don, otros al don en sí. Hay una preocupación constante implícita en los listados: a pesar de que hay una variedad de dones dados por el Espíritu, hay un solo Espíritu. La diversidad de los dones se suma para alcanzar una unidad de función. No puede haber rivalidad entre los dones o los que poseen los dones.

Se le ha dado bastante atención a los detalles relacionados con la naturaleza de cada don y la manera en que lo usamos en compañía del

[5] John Stott: *The Message of Ephesians: God's New Society* (Downers Grove, IL: InterVarsity, 1979), p. 159.

pueblo de Dios[6]. Pero mi preocupación en este momento es la de establecer el contexto general de Efesios en el que se conceden los dones. Aquello en lo que insiste Pablo es que todo lo que hacemos en el nombre de Jesús y mediante el poder del Espíritu es un ejercicio obediente de algún aspecto de la obra de la Trinidad en el que nos embarcamos no bien somos lo suficientemente maduros para hacerlo. Todos los cristianos participan a su manera en el contexto y condiciones de las circunstancias de su propia vida, pero ninguno de nosotros lo hace por sí solo o por su propia fuerza.

Vivimos y trabajamos y estamos en un mundo repleto de dones. En su gran poema sobre la iglesia: "*La Roca*", T. S. Eliot capta la esencia de la idea de Pablo sobre la naturaleza y el lugar de los dones del Espíritu:

> Hay un trabajar juntos
> Una Iglesia para todos
> Y una labor para cada uno
> Cada hombre entregado a su trabajo[7].
> (Traducción libre del traductor).

* * *

Pablo usa el texto del Salmo 68 para amarrar su metáfora de *axios* en el reinado de Cristo y en su generosidad. Cristo en su Ascensión es Rey Supremo. Cristo ejerce su gobierno de la manera más llamativa cuando concede dones. La naturaleza de la soberanía de Cristo no es la de imperar sobre su pueblo, sino la de invitarlo a participar en su ejercicio de autoentrega. Lo cual significa madurar, crecer como participantes de quién él es y lo que él hace.

Vivir de manera madura significa el darnos cuenta de que estamos incluidos en el personal laboral. Aceptamos el trabajo como un don. ¡Y

---

6 Hay excelentes resúmenes de los escritos de Pablo sobre los dones en el *Dictionary of Paul and His Letters,* ed. Gerald F. Hawthorne and Ralph Martin (Downers Grove, IL: InterVarsity, 1993), *The Westminister Dictionary of Christian Spirituality,* ed. Gordon S.Wakefield (Philadelphia: Westminster, 1983) y el *Anchor Bible Dictionary,* ed. David Noel Freedman (New York: Doubleday, 1992).

7 T. S. Eliot: *The Complete Poems and Plays* (New York: Harcourt, Brace and Company, 1958), p. 98.

qué don! Trabajamos junto al Señor en esta magnífica empresa de salvación. *Ascender* y *dar* y *dones* ganan resonancia a medida que meditamos y oramos y vivimos el mensaje de Efesios. Nos convertimos en participantes voluntarios de la manera en que Cristo es Rey, una vida dada. La palabra *digno* cobra textura de manera gradual, en incrementos. Crecemos.

PARTE II

LA BENDICIÓN DE DIOS

La gran teología es siempre una clase de poesía gigante y complicada, como una epopeya o saga.

MARILYNNE ROBINSON: *The Death of Adam*

Capítulo 3

Dios y su gloria: Efesios 1.3-14

Alabado sea Dios, Padre de nuestro Señor Jesucristo, que nos ha bendecido en las regiones celestiales con toda bendición espiritual en Cristo. Dios nos escogió en él antes de la creación del mundo, para que seamos santos y sin mancha delante de él. En amor… Éste garantiza nuestra herencia hasta que llegue la redención final del pueblo adquirido por Dios, para alabanza de su gloria.

EFESIOS 1.3-4, 14

Lo que se ha perdido no tiene ningún valor frente a lo que se ha encontrado, y toda la muerte que hubo alguna vez, comparada a la vida, apenas podría llenar un copa.

FREDERICH BUECHNER: *Godric*

Las más de doscientas palabras que comienzan con "alabado" (1.3) y terminan con "gloria" (versículo 14) son una sola oración en el griego de Pablo. Un erudito, E. Nordon, las denominó "la conglomeración de oraciones más monstruosa que haya yo encontrado jamás en el idioma griego"[1]. Pero el eminente erudito, aun

[1] Markus Barth: *Ephesians 1–3,* The Anchor Bible, vol. 34 (Garden City, NY: Doubleday, 1974), p. 77.

a pesar de su erudición, no supo "escuchar" el sentido de lo que Pablo había escrito. Es probable que los cristianos que escuchen o lean esta oración junto con su congregación descarten la exigente indignación del gramático y la califiquen de un simple lloriqueo. ¿Quién puede resistir esta maravillosa y alborotada catarata de poesía que nos introduce en las vastas e intrincadas complejidades de este mundo en el que vivimos? No muchos. Pablo es juguetón, extravagante y totalmente encantador cuando nos relata lo que está sucediendo en este mundo creado por Dios, salvado por Cristo y bendecido por el Espíritu, en el que hemos nacido y ahora crecemos. Éste no es un mundo pequeño, estrecho en el que vivimos día a día. Los horizontes son vastos. Los cielos son altos. Los océanos son profundos. Tenemos espacio de sobra.

Tan sólo el tamaño, la increíble vastedad del mundo al que nos llama Dios, su espacio multidimensional, no debe ser reducido a las dimensiones a las que estamos acostumbrados. Pablo hace todo lo posible para evitar que lo hagamos. El pecado empequeñece nuestra imaginación. Pablo la extiende. Lo contrarresta con sagrada poesía. Si calculamos la naturaleza del mundo según lo que podemos controlar o explicar, terminamos viviendo en un mundo muy pequeño. Si vamos a crecer para alcanzar la estatura completa de Cristo, necesitamos condiciones que nos sean favorables. Necesitamos espacio. La carta a los Efesios nos da lugar, dimensiones profundas y amplias. Efesios nos lanza a las profundidades del océano, y salimos a la superficie muriéndonos por respirar. Vamos a tardar algún tiempo en acostumbrarnos.

PERDIDOS EN EL COSMOS

Walker Percy escribió seis novelas[2] en las que nos introdujo a la enfermedad espiritual de la alienación que según él invade toda la cultura de los Estados Unidos. El nombre que le da a esta afección es "perdidos en el cosmos". No sabemos quiénes somos ni dónde estamos. No sabemos de dónde venimos ni adónde vamos.

Percy comenzó su vida vocacional como médico, con la intención de usar medicamentos y cirugía para sanar a los cuerpos enfermos y

[2] The Moviegoer (1961), The Last Gentleman (1966), Love in the Ruins (1971), Lancelot (1977), The Second Coming (1980), The Thanatos Syndrome (1987).

dañados. Apenas había comenzado cuando cambió de empleo. A veces tenemos que cambiar de empleo para mantener nuestra vocación. Percy lo hizo. Se convirtió en un escritor para poder dedicarse a curar almas, usando sustantivos y verbos para curar los males que nos aquejan. No es insignificante el hecho de que fuera también cristiano. Su diagnóstico de que sus hermanos y hermanas americanos estaban "perdidos" espiritualmente tenía la intención de ayudarnos a tomar conciencia de nuestra condición desesperada y colocar algunos postes indicadores para encontrar nuestro camino a casa.

Dos mil años antes que Percy, Pablo ya tenía amplio conocimiento de lo que significaba andar perdido. En las quince cartas que les escribe a las congregaciones y amigos cristianos en las décadas de mitad de siglo, los cincuenta y los sesenta del primer siglo, Pablo ofrece un diagnóstico mordaz de esa condición. Su diagnóstico era esencialmente el mismo que el de Percy: "perdidos en el cosmos". Pero Pablo hizo algo más. A diferencia de los pocos postes indicadores que había colocado Percy, Pablo proporciona un extenso testimonio de la manera en que Dios en Cristo mediante el Espíritu Santo obra en este cosmos.

Uno de los principales factores que contribuyen a estar "perdidos en el cosmos" es la desenfrenada degradación y secularización del lenguaje hasta convertirlo en hechos despersonalizados, con la evisceración correspondiente de la imaginación hasta convertirla en figuras de cartón de roles y funciones. Vivimos en un mundo del lenguaje en el que cada "tú" se neutraliza hasta convertirse en un "ello" y la imaginación se colma de números. Pablo nos devuelve nuestra lengua materna, un vocabulario y una sintaxis mediante la cual podemos nombrar y reconocer lo que ocurre a nuestro alrededor y encontrar el camino a casa, dejando ya de andar perdidos.

El lanzamiento de Pablo de su carta a los efesios (1.3-14) es la recuperación de un lenguaje que nos reorienta en el cosmos. Uno de nuestros mejores eruditos da testimonio de que éste es "uno de los pasajes judíos más espléndidos de alabanza y oración en el Nuevo Testamento... una oración de bendición al Dios único por sus poderosos actos en la creación y redención[3]. Esta sola oración —más de doscien-

[3] N. T. Wright, *Paul: Fresh Perspectives* (London: SPCK, 2005), p. 101.

tos sustantivos y verbos, adverbios y adjetivos, preposiciones y conjunciones emanando de la pluma de Pablo— está compuesta por un extravagante esplendor: la acción central del cosmos, Dios obrando en exhaustivos modos de salvación a la vista de todos. Ya no estamos perdidos. Ahora podemos encontrar el camino a casa.

Los verbos de Dios

Dios. Comenzamos con Dios. Eso parece algo bastante obvio. "Dios, en el principio"... "Dios dijo"... "Porque tanto amó Dios al mundo"... Dios. Dios. Dios. Dios que puso en funcionamiento el cosmos. Dios que envió a Jesús. Dios en cuyo nombre recibimos nuestra identidad bautismal. Pero por obvio que sea, es extremadamente difícil mantener un sentido visceral de ese comienzo, de Dios *engendrando*, cuando no tenemos nuestras Biblias abiertas delante de nosotros o no estamos en la iglesia.

Nuestros períodos de atención son breves. Una vez que nos lo presentaron a Dios, al poco tiempo perdemos nuestro interés en él y nos comenzamos a preocupar por nosotros mismos. El yo se expande y el alma se atrofia. La psicología supera a la teología. Nuestros sentimientos y nuestras emociones, nuestra salud y nuestro empleo, nuestros amigos y nuestras familias se abren camino a la fuerza para ser el centro de atención. Por supuesto que a Dios no lo mandamos de paseo ni lo encerramos en un armario ni lo enclaustramos en la Biblia. Pero Dios queda al costado del camino, a una distancia conveniente como para ayudarnos en emergencias o disponible en caso de alguna consulta cuando ya no encontramos respuestas.

Nuestros días son ajetreados y casi no tenemos tiempo para un momento de sano esparcimiento. Tenemos cosas que hacer, intereses que perseguir, libros que leer, cartas que escribir, llamadas que responder, mandados que hacer, hijos que criar. Tenemos que ocuparnos de nuestras inversiones, cortar el césped, preparar y servir la comida, sacar la basura. No necesitamos la ayuda ni el consejo de Dios para hacer todo esto. A Dios lo necesitamos para las cosas importantes, obviamente la creación y salvación. Pero del resto de las cosas, en su mayoría, nos podemos hacer cargo nosotros mismos.

Eso generalmente resulta en una vida operable, por lo menos cuando está acompañada de un trabajo decente y una buena digestión. Pero esto no es la práctica de la resurrección, no es crecer en Cristo, no es vivir en compañía de la Trinidad, no es vivir a partir de nuestros comienzos, nuestra concepción. Si vivimos demasiado alejados de nuestros orígenes, o peor aún, desconectados de ellos, jamás llegaremos a la "plena estatura de Cristo".

* * *

Pablo atrae nuestra atención de resurrección disparando siete cohetes verbales: verbos que logran que se hagan las cosas, verbos que gobiernan el de manera intencionada y personal. Más adelante, habrá muchas oportunidades de encontrar nuestro lugar en todo esto, pero primero tenemos que descubrir qué es lo que hace que "todo esto" funcione: siete verbos, cada uno detonado por Dios, verbos que llenan el cielo e iluminan la tierra con la manera de obrar de Dios entre nosotros.

Siete verbos: *alabado sea… escogió… predestinó… concedió… nos dio en abundancia… nos hizo conocer… reunir…*

* * *

Primer verbo: Dios *bendijo*. "Alabado sea Dios, Padre de nuestro Señor Jesucristo, que nos ha bendecido en las regiones celestiales con toda bendición espiritual en Cristo" (Efesios 1.3).

Dos variaciones de "bendecir" engalanan primero a Dios y luego a nosotros: el adjetivo "alabado" caracteriza a Dios, que bendice tal como él es bendecido; el sustantivo "bendición" designa de manera exhaustiva la experiencia de ser bendecidos por Dios. Lo que Dios *hace* emana de quién Dios *es*. Y lo que recibimos de Dios es quién Dios es. El ser de Dios se expresa en la acción de Dios. Nuestra experiencia de Dios es quién Dios es.

Esto equivale a decir que no podemos dividir a Dios en partes o atributos. Dios es quién él es. No lo desciframos. No lo explicamos. No lo definimos. Alabamos a Dios que es tal como es.

Y Dios es lo que él da. No podemos adivinar lo que va a hacer. No lo evaluamos en una escala del uno al diez. Y no "devolvemos la entrada", como lo hizo famosamente el personaje de Dostoievsky, Iván Karamazov. No nos atrevemos a decirle a Dios cómo ser Dios. Cuando lo alabamos, dejamos que Dios sea Dios.

Por supuesto que hay más por decir y orar y cantar, dudar y cuestionar. Y este "más" ha sido y continúa siendo dicho y orado y cantado, dudado y cuestionado. Pero el primer verbo, *bendecir*, es el mapa y el compás para encontrar nuestro camino a través del territorio.

Bendito sea, benditos nosotros, bendición espiritual. "Bendecir" acumula resonancia y matices a medida que se relata la historia de la creación y salvación a través de los siglos: Dios que bendice a Abraham; David y Zacarías que bendicen a Dios; María identificada como bendita; Jesús que bendice a los niños; los niños que piden la bendición de los alimentos; los padres que bendicen a sus hijos; los pastores y sacerdotes que despiden a sus congregaciones con una bendición. Todo el mundo lo dice, y muchos lo hacen. La palabra invade nuestro lenguaje y experiencias. No podemos alejarnos de ella.

* * *

El segundo verbo: Dios *escogió*. "... según nos escogió en él antes de la fundación del mundo, para que fuésemos santos y sin mancha delante de él, en amor" (Efesios 1.4).

Todas las personas que conozco tienen una historia, por lo general de la infancia, de no haber sido escogidos: no los eligieron para el coro, no los eligieron para el equipo de básquetbol, fueron el último que eligieron para el equipo de softball del vecindario (que es peor aún que no ser elegido del todo), no fueron elegidos para un empleo, no fueron elegidos como esposo o esposa. El no haber sido elegido acarrea el crudo mensaje de que yo no poseo ningún valor, que no soy útil, que no sirvo para nada.

Por lo menos al principio, no somos muchos los que aceptamos este rechazo con los brazos caídos. Insistimos en llamar la atención. A veces lo hacemos asumiendo la personalidad de los demás, lealmente siguiendo y aclamando a un equipo deportivo o abrazando una causa política. Otros desarrollan la identidad de un bravucón que rompe todo el decoro y las reglas, atrayendo la atención aun cuando esto signifique ser expulsado del aula de clase o del club o del bar, y quizás que lo metan en la cárcel. Y luego tenemos también la tintura de pelo. Si nos teñimos el cabello de violeta, podemos estar seguros de que vamos a atraer la atención de los demás. Y nadie que tenga un tatuaje bien situado va a pasar desapercibido.

A menudo, éstas y una multitud de estrategias compensatorias funcionan muy bien, a veces espectacularmente bien, pero no durante demasiado tiempo.

Contra este trasfondo común a todos nosotros de no ser notados, de ser ignorados, de ser despreciados por no tener ningún valor, de ser invisibles, el verbo "escoger" es una bocanada de aire fresco: Dios nos *escogió*.

Y sí, *Dios* nos escogió. No fue algo de último momento porque sintió lástima de nosotros y nadie más nos quería, como un perro vagabundo encerrado en la perrera o un huérfano que nadie adoptó. El nos escogió "antes de la fundación del mundo". Ya éramos participantes en la acción antes de siquiera saberlo. Somos cósmicos.

* * *

Tercer verbo: Dios *predestinó*. "... habiéndonos predestinado para ser adoptados hijos suyos por medio de Jesucristo, según el puro afecto de su voluntad, para alabanza de la gloria de su gracia" (Efesios 1.5-6).

"Predestinados" tiene una cierta afinidad con "escogidos". Ambas palabras acarrean una sensación de intención. La vida no es al azar. No se puede amontonar a los seres humanos en categorías impersonales y abstractas. Por difícil que sea imaginarlo, quizás imposible de imaginar considerando los billones de hombres y mujeres involucrados, no somos un enjambre de abejas que entran y salen del panal, ni una colonia de hormigas que siguiendo una fragancia entran y salen del hormiguero. En lo más profundo de Dios y de nosotros existe un elemento relacional de intención. Dios nos elige, Dios nos destina: los verbos pueden ser sinónimos. Pero no exactamente.

"Destinar" proporciona algo un poco diferente a la intención de Dios expresada en el verbo "elegir". Es algo que se lleva a cabo en nosotros: "destinar" se aclara al convertirse en "destino". Dios nos percibe, identifica y elige. Pero la elección generalizada se solidifica en un nombramiento acorde con la elección de Dios.

El verbo "destinar" (*prooridzo*) proviene del sustantivo "frontera" (*oros*)[4]. Literalmente, significa fijar un límite, marcar una frontera. Un cerco en una pradera fija una línea divisoria, determina donde comienza y finaliza la tierra de labranza que se le ha asignado a un granjero. Sin ese cerco, el granjero se paralizaría ante la magnitud de la pradera, las infinitas posibilidades delante de sus ojos: "¿Dónde he de comenzar? ¿Acaso tiene esto un fin?" Cuando Dios destina, marca las fronteras dentro de las cuales vivimos la vida con el propósito que nos ha asignado. No nos libera en el cosmos para que encontremos nuestro lugar y nuestro camino de la mejor manera posible. Existen líneas fronterizas de las asignaciones de Dios que se entrecruzan con nuestra elección. El haber sido escogidos no es una categoría abstracta, sino que evoluciona en una relación mutua y recíproca.

Hace algunos años, mi esposa y yo estábamos en el aeropuerto de Atenas, regresando a casa desde Israel pasando por Roma. Una vez que nos dieron nuestras tarjetas de embarque, salimos en busca de la puerta para embarcar. Me sorprendí cuando reconocí una palabra en griego arriba de la puerta: *Proorismos Roma* (con destino a Roma). Yo conocía esa palabra de leer mi Biblia. Pero había supuesto que *proorismos*, destino (o "predestinación") era una palabra puramente bíblica, una de las palabras especiales de Pablo, una palabra reservada exclusivamente para lo que había hecho Dios.

Es maravilloso cuando una palabra que pensábamos que estaba reservada exclusivamente para la revelación de Dios y que sólo encontraríamos en la Biblia aparece en la calle de nuestro pueblo o, en este caso, en un aeropuerto mientras buscábamos nuestro camino a casa. Durante todo el vuelo a Roma medité con deleite en la presencia simple y práctica de lo que yo siempre había supuesto que se refería a una de los dogmas teológicos más arcanos.

Por supuesto, el "destinar" implica más que tan sólo llevarme a Roma, pero me deleité durante esas pocas horas pensando que yo, entre

---

[4] *Theological Dictionary of the New Testament,* ed. Gerhard Friedrich, traducido por Geoffrey W. Bromiley (Grand Rapids: Eerdmans, 1967), vol. 5, pp. 452-56.

otros, había sido "predestinado para ser adoptado hijo suyo" de la misma manera que, al pasar por la puerta que estaba marcada *Proorismos Roma*, yo iba camino a Roma. Siéntense cómodos y disfruten del vuelo.

* * *

El hecho de que Dios destine o, si prefieren, predestine, implica enormes misterios. El momento en que reconocemos que virtualmente todo lo que tiene que ver con Dios ocurre antes de que lo sepamos, damos por obvio que dado que no somos dioses, jamás podremos totalmente comprender ese "todo". Esto tiene dos efectos muy beneficiosos para nosotros: exige una absoluta humildad, ya que no sabemos lo suficiente como para protestar o aprobar y la adoración es espontánea. Tomamos conciencia de que estamos en la presencia de una realidad que no podemos usar, no podemos empaquetar, no podemos entender de ninguna otra manera que no sea la manera en que nos la da Dios. Abrimos las manos y *recibimos.*

Esto no ha impedido que una cierta cantidad de hombres y mujeres muy inteligentes y eruditos descontextualicen y despersonalicen la palabra hasta allanarla, despojándola de todo misterio, y convertirla en un cianotipo que determina la manera en que viviremos nuestra vida en cada detalle. Algunos incluso llegan a decir que el cianotipo en realidad determina el destino eterno, salvación o condena, de cada persona que haya jamás vivido. El comentario de George Eliot es acerbo y apropiado a la vez: "El burro que no puede sumar ni restar desea resolver los problemas del universo"[5].

Dado que ninguno de nosotros tiene acceso a un cianotipo, desperdiciamos una gran cantidad de especulaciones tratando de adivinar en estudios bíblicos en las iglesias y tomando una cerveza en bares cuáles podrían ser exactamente las dimensiones y especificaciones de la predestinación. Es casi inevitable que esto alimente una gran cantidad de indagación neurótica sobre cómo penetrar en la información del cianotipo, para estar seguros de "entender cuál es la voluntad de Dios para mi vida". La versión del cianotipo de la predestinación causa estragos en muchas vidas. No es una fórmula satisfactoria para crecer en Cristo.

---

[5] George Eliot: *Felix Holt* (New York: The Century Co., 1911), p. 69.

Markus Barth, cuyo padre Karl Barth escribió magníficamente sobre estos temas, diferencia este pasaje de Efesios de todo dejo de determinismo notando que el tono de toda la epístola es más de adoración que de cálculo. Éste es un rescate del destino impersonal, de las cartas astrológicas, del karma y el kismet, de "la biología es destino".

El Dios que destina y predestina no puede ser despersonalizado hasta convertirlo en un cianotipo cósmico, aun cuando el cianotipo tenga "la voluntad de Dios" inscrito en él y un ejército de ángeles estén enérgicamente asegurándose de que se cumplan sus especificaciones en todas y cada una de las vidas sobre el planeta tierra.

* * *

Cuarto verbo: Dios *concedió* "…gracia, con la cual nos hizo aceptos en el Amado" (Efesios 1.6).

A los traductores es ha costado mucho trabajo captar la cualidad única del verbo aquí usado. Sólo aparece dos veces en el Nuevo Testamento y jamás en escritos clásicos en griego. Lucas transmite el saludo de Gabriel a María en la Anunciación usando este verbo para dirigirse a ella como "tú que has recibido el favor de Dios" (Lucas 1.28). Pablo usa el verbo aquí para expresar la acción de Dios de concedernos su gracia. La dificultad para el traductor es encontrar la manera de trasladar del griego de Pablo al español con rotunda energía, expresando extravagancia pura. Dios nos concede su gracia, su favor, su placer, su deleite en darnos lo que jamás podríamos imaginar ni adivinar.

"Conceder" es el sustantivo "gracia" verbalizado. En su forma verbal, transfiere el significado del sustantivo "gracia", pero también lo intensifica. Markus Barth lo traduce como "volcar"[6]. Yo preferiría algo más parecido a "empapar". Siguiendo analogías en inglés —soñar un sueño, morir una muerte— podríamos intentar "*graciar* con gracia". Pero eso no expresa el peso del texto. El inglés no tiene un verbo que asuma la palabra "gracia", preservando sus siglos de significado acumulado y luego activándola con una clase de energía que nos deja perplejos. La palabra "conceder" parece demasiado mansa. El verbo de Pablo indica un pozo artesiano exuberante de gracia, algo del calibre

6 Barth: *Ephesians,* pp. 76 and 81.

de la clásica referencia de San Juan a Jesús: "De su plenitud todos hemos recibido gracia sobre gracia" (Juan 1.16).

"Gracia" es una de las palabras más grandes, más cargadas, más exhaustivas de Pablo. En la carta a los efesios aparecen veinte variaciones de la palabra. No es una palabra que podamos precisar con una definición escueta. Lo que se requiere es que ingresemos en la manera en que se la usa, la manera en la cual reúne significados de los diferentes contextos en los que Dios actúa y en los cuales experimentamos sus acciones.

Tenemos que ser versados en la gran dimensión, la inmensidad del mundo en el que crecemos en Cristo. Cada parte del paisaje, cada cambio en el clima, cada conversación, cada persona que conocemos, cada libro que leemos nos da un sesgo único y diferente sobre lo que está involucrado: la gracia activada de Dios, la gracia de Dios en movimiento, en nosotros. No es asunto nuestro resolver esto o catalogarlo o dominarlo. Debemos acostumbrarnos a la abundancia. Dios no es un sustantivo que tengamos que definir objetivamente. Dios es convertir un sustantivo en verbo.

* * *

Quinto verbo: *nos dio en abundancia.* "En quien tenemos redención por su sangre, el perdón de pecados según las riquezas de su gracia, que hizo sobreabundar para con nosotros" (Efesios 1.7-8).

Pablo usa "dar en abundancia" una sola vez en Efesios pero de una manera extremadamente apropiada, convirtiendo el sustantivo "gracia" en una nueva y sorprendente forma verbal. ¿Era él el responsable de la acuñación, o fue su compañero y amigo Lucas? De una manera u otra, ellos son los únicos escritores de la iglesia primitiva que la utilizaron, y cada uno en un entorno estratégico. Pero la palabra "dar en abundancia", un sinónimo cercano a "conceder", atrae aquí nuestra atención por ser ubicua. La palabra "conceder" es poco común; "dar en abundancia" está en todas partes. Es una de las palabras favoritas de Pablo. Podríamos decir que la usa en abundancia.

* * *

Sexto verbo: *Dios nos hizo conocer.* "En toda sabiduría e inteligencia, dándonos a conocer el misterio de su voluntad" (Efesios 1.8-9).

No estamos en la oscuridad. Nosotros participamos en lo que Dios hace. El propósito no es el de dejarnos en un estado de ignorancia, sin hacer preguntas. No somos niños que "somos vistos pero no escuchados".

Sin embargo —y esto nos llama la atención— lo que Dios nos hace conocer es "el misterio de su voluntad". Pero si conocemos un misterio, ¿no deja acaso de ser un misterio? No si se trata de una novela de misterio en la que el "misterio" no es más que un artificio literario que nos lleva a dar vuelta las páginas llenos de suspenso hasta que alguien más inteligente que nosotros resuelve el misterio, en cuyo caso deja de ser misterio. Pero en el uso de Pablo de la palabra, el "misterio" se elabora como un plan con el propósito "de reunir todas las cosas en Cristo, en la dispensación del cumplimiento de los tiempos, así las que están en los cielos, como las que están en la tierra" (Efesios 1.10). Parece que aquí, el "misterio" no alude a las cosas que se mantienen en secreto, como información clasificada que no está a la disposición de la gente que no esté autorizada. Aquí, el "misterio" se refiere a algo más como un relato de la manera en que Dios hace las cosas que nos introducen en la historia. Ésta es la clase de conocimiento que no podemos obtener recaudando información o recabando pistas. No tiene nada que ver con el satisfacer nuestra curiosidad. Es algo que está muy alejado de las preguntas inquisitivas e insistentes que exigen "respuestas".

La manera en que Dios nos hace conocer el misterio es "en toda sabiduría e inteligencia". O sea, el conocimiento que Dios nos brinda es en forma de sabiduría e inteligencia. Dios no vuelca información sobre nosotros. Él no nos educa en matemáticas y biología. "Sabiduría e inteligencia" son conocimientos de vida.

En las escuelas de los Estados Unidos tenemos poca experiencia en esto. La educación se especializa en datos y cifras, explicaciones y definiciones, cómo funcionan las cosas, cómo usar una biblioteca, hacer experimentos en un laboratorio. Todo esto tiene su utilidad. Pero tiene muy poco que ver con el hecho de convertirnos en personas maduras, con el crecimiento. La única manera en que llegamos a conocer algo, una verdad, una persona es en el medio de una relación. Hay gran cantidad de conocimientos impersonales a nuestra disposición. Pero no hay sabiduría impersonal.

La única manera de conocer algo es penetrando en ello, conociéndolo desde dentro, aceptándolo con amor. Eso es lo que es la sabiduría: una verdad asimilada y digerida.

* * *

Séptimo verbo: Dios *reúne*. "... de reunir todas las cosas en Cristo, en la dispensación del cumplimiento de los tiempos, así las que están en los cielos, como las que están en la tierra" (Efesios 1.10).

"Reunir" es el verbo que resume esta secuencia de verbos que nos da información sobre las condiciones integrales repletas de acción en el cosmos en el que crecemos y nos convertimos en seres creados y redimidos que practican la resurrección.

Cuando repasamos los verbos, lo asombroso es que Jesucristo es el que revela y ejecuta cada una de estas acciones. Once veces, como nombre propio o pronombre, se lo nombra a Cristo: "Señor Jesucristo" (Efesios 1.3); "nos ha bendecido en Cristo" (versículo 3); "nos escogió en él" (versículo 4); "nos predestinó... por medio de Jesucristo" (versículo 5); "nos concedió en su Amado" (versículo 6); "en él [Cristo] tenemos la redención mediante su sangre [de Cristo]" (versículo 7); "conforme a las riquezas de la gracia [de Cristo]" (versículo 7); "que Dios nos dio en abundancia" (versículo 8); "el cual se había propuesto en sí mismo [en Cristo]" (versículo 9); "de reunir todas las cosas en Cristo" (versículo 10).

También hay ocho pronombres correspondientes ("nuestro" dos veces y "nos" seis veces) que nos introducen personalmente en la acción. Una vez más, nada de esto es en general o por categoría.

El resto de esta larga oración (Efesios 1.11-14) —hay unas setenta palabras más hasta que llegamos a un punto y a parte que nos permite recuperar el aliento— tiene ocho alusiones más a Cristo y seis más a nosotros que elaboran y le dan textura a esta enorme bendición que nos orienta en este mundo de resurrección. Estos son los resultados de los verbos explosivos y cósmicos. Estos resultados serán elaborados en el resto de la carta.

No hay un solo artículo en la práctica de la resurrección, esta vida de crecer para alcanzar la madurez, que ocurra impersonalmente, o generalmente, o de manera abstracta.

Tenemos la vieja costumbre, una costumbre subsidiada por el diablo, de despersonalizar, abstraer, generalizar no sólo nuestro lenguaje con Dios o acerca de él sino también nuestro lenguaje con los demás y sobre ellos. Es una mala costumbre. Evitamos lo personal para evitar responsabilidades. Tratamos de encontrar cualquier manera posible de controlar a Dios, nuestros vecinos o a nosotros mismos. Somos implacables. Despersonalizamos a Dios y lo reducimos a una idea que podemos discutir. Reducimos a la gente que nos rodea a recursos que podemos utilizar. Nos definimos como consumidores que deben ser satisfechos. Cuanto más lo hacemos, tanto más nos incapacitamos para crecer hasta alcanzar una madurez capaz de vivir una vida adulta de amor y adoración, confianza y sacrificio.

Pablo no deja que nadie se salga con la suya. Él mantiene los siete verbos —Dios en persona, en acción— delante de nuestros ojos para que no perdamos de vista la resurrección.

El verbo "reunir" es gráfico y vívido, fácil de imaginar y absolutamente completo. El corazón del verbo es una metáfora, "cabeza" (*kephale*): poner todo bajo la cabeza, o sea, bajo la cabeza de Cristo, del cual somos el cuerpo. En vez de un cosmos de desorden en el que estamos sumidos en basura, tenemos coherencia. En vez de una cosa tras otra, tenemos una unidad orgánica. En vez de fragmentación y desarticulación, vemos que somos parte de un cuerpo con Cristo como su cabeza. La "cabeza" hace que nuestra orientación sea personal y relacional, en vez de ser jerárquica e institucional.

Ésta es una imagen que debemos tener en cuenta. Este mensaje a los efesios tiene como intención reunirnos en la obra multifacética y exhaustiva de Cristo en la que nos convertiremos en hombres y mujeres sanos, íntegros y completos. Por sí mismo, nadie es el cuerpo. Somos partes integrales del cuerpo del que Cristo es la cabeza.

LA GLORIA DE DIOS

Una cosa más. En esta larga oración de apertura con todas sus líneas entrecruzándose rápidamente, Pablo introduce una frase que brevemente declara lo que está ocurriendo en este cosmos de resurrección en el que crecemos y luego, para ponerle énfasis, repite la frase tres veces:

"En amor nos predestinó... para alabanza de su gloriosa gracia". (Efesios 1.5-6)

"a fin de que seamos para alabanza de su gloria, nosotros los que primeramente esperábamos en Cristo". (1.12)

"sellados con el Espíritu Santo de la promesa... para alabanza de su gloria" (1.13-14)

Todo ocurre "para alabanza de su gloria". La "alabanza" es una celebración agradecida. La "gloria" es la brillante presencia de Dios. Éste es nuestro destino, para esto fuimos creados: una gran celebración en la presencia plena de Dios. Alabanza y gloria.

* * *

Nuestro tema, el tema de Efesios, es el de "crecer". Al tratar con algo tan importante y personal, tan lleno de consecuencias para todos nosotros, aquí hay una sorpresa. Esta frase de introducción y orientación nos coloca en un cosmos en el que Dios principia todo. Todo. No hay un solo verbo que nos ordene hacer algo, ni tampoco un indicio o sugerencia de que tengamos que hacer algo. No hay requisitos, no hay leyes, no hay tareas, no hay trabajos, no hay lecciones. Nacemos en un cosmos en el que todos los requisitos y condiciones para crecer no sólo están en funcionamiento, sino que también están en acción.

Una vez que nos lo metemos en la cabeza y lo asimilamos en nuestra imaginación, nos salimos para siempre del asiento del conductor. La práctica de la resurrección no es un proyecto de autoayuda personal. Es un proyecto de Dios, y él está dedicado por completo a realizarlo.

Esto nos rescata de la estrechez de nuestra mente, de pensar con pequeñez sobre nuestra vida. Este mundo de salvación y resurrección es muy grande. Todo lo que podamos idear en cuanto a nuestros objetivos o propósitos queda reducido a la nada cuando lo comparamos con lo que ya está en movimiento en el cosmos "para alabanza de su gloria".

A la misma vez, junto con esta asombrosa revelación de que Dios está activamente involucrado en su interior y por doquier —nos frotamos los ojos: ¿acaso puede ser esto cierto?— se nos dice sin un ápice de duda de que cada uno de nosotros está incluido en todos los aspectos

(¡todos los siete verbos!) de la actividad de Dios. Ni un solo verbo nos deja fuera de la acción. No somos espectadores de un gran espectáculo cósmico. Somos parte del espectáculo. Pero no somos los que lo manejamos. Todas las condiciones que nos hacen posible crecer hasta madurar, conforme a la plena estatura de Cristo, están implementadas, incluso "antes de la creación del mundo".

Pero esta participación exhaustiva en esta acción abarcadora de Dios en Cristo por medio del Espíritu Santo requiere que desarrollemos talentos y aptitudes para poder participar de una manera que nos resulta difícil. Me refiero a la receptividad.

Todo es un don. "La gracia está en todas partes". Dios en Cristo está activamente haciendo por y en nosotros todo lo relacionado con la práctica de la resurrección. Por lo tanto, ¿qué nos resta por hacer? Recibir. Ésa es nuestra respuesta principal si hemos de dejar de andar perdidos por el cosmos en vez de sentirnos como en casa. En su gran mayoría, la receptividad es una respuesta que hemos aprendido. Recibir el don. La pregunta de Pablo a los ancianos efesios cuando se encuentra con ellos por primera vez continúa estando implícita en esta carta que escribió más tarde. Aun escuchamos sus ecos: "¿Recibieron ustedes el Espíritu Santo cuando creyeron?" (Hechos 19.2).

Capítulo 4

Pablo y los santos: Efesios 1.15-23

Por eso yo, por mi parte, desde que me enteré de la fe que tienen en el Señor Jesús y del amor que demuestran por todos los santos, no he dejado de dar gracias por ustedes al recordarlos en mis oraciones.

EFESIOS 1.15

Mi Señor Jesús puede tallar el cielo de peor madera que yo.

SAMUEL RUTHERFORD

Pablo comienza su carta con una bendición (Efesios 1.3-14): bendice a Dios por bendecirnos a nosotros. Particulariza la bendición en siete verbos activados por Dios que proporcionan un amplio panorama de las maneras exhaustivas en que Dios obra en este magnífico cosmos en el que muchos se encuentran perdidos. Dios está de nuestro lado; él no está en contra de nosotros. Dios está activamente obrando en medio de nosotros para nuestro bien y salvación; él no es pasivo. Dios es presente y personal; no es remoto. Dios está completamente involucrado en el cosmos; no es indiferente.

Nosotros nos sometemos a la bendición. Esto no es algo que nos resulte fácil y nos cuesta mucho trabajo acostumbrarnos a ello. Al someternos, nuestra imaginación es bautizada. Estamos sumergidos en el glacial y torrentoso río de la resurrección y emergemos con los sentidos alerta y la mente limpia. Vemos lo que jamás habíamos visto antes. Pensábamos que estábamos tratando de encontrar a Dios. No. Dios está tratando de encontrarnos a nosotros. Pensábamos que estábamos buscando a Dios. No. Dios nos está buscando a nosotros.

Esto es lo primero: la bendición. Comenzamos con Dios. Si comenzamos con nosotros mismos, caminamos sin rumbo y nos adentramos aún más en los bosques oscuros. Cegados por la nieve, caminamos en círculos sobre la nieve polar. Caminamos por las arenas del Sahara poniendo toda nuestras esperanzas en un espejismo tras otro. Elija cada uno su metáfora.

* * *

El lenguaje principal que usamos cuando crecemos en Cristo, o sea, cuando practicamos la resurrección, es la oración. Pero si hemos de practicar esta oración de resurrección, esto requiere una mayor renovación de la imaginación. Necesitamos tener una comprensión existencial de la oración como una forma de vida que lo involucra todo. No es una manera especial de usar el lenguaje para cosas santas o asuntos sagrados. Es una manera de usar el lenguaje de forma personal en respuesta y en presencia de Dios y en respuesta y en presencia de todos los santos. Pablo usa el lenguaje de maneras que introducen todo —lo que hacemos y lo que vemos, lo que sabemos y lo que creemos— en una sintaxis en la que Dios es a veces el sujeto, a veces el predicado, a veces una preposición, a veces una conjunción, a veces una coma y a veces un punto. Pero siempre, siempre, él está en algún lugar de la frase.

El bautismo redefine nuestra vida como un don de Dios para vivirlo en la presencia y dentro de las operaciones de Dios. Nuestro certificado de nacimiento es el registro de nuestro nacimiento biológico. El bautismo es el registro del reclamo eterno de Dios de nosotros. Cuanto tomamos este reclamo completamente en serio, vivimos una definición muchísimo más exhaustiva: hijos o hijas de Dios. La práctica de la resurrección consiste en vivir esta definición todo los días, "en el trabajo". Para hacerlo, necesitamos un lenguaje que se adecue a las condiciones dadas por la primacía de la presencia y acción de Dios como Padre, Hijo y Espíritu Santo en nuestra vida en las circunstancias particulares de nuestro lugar y nuestras responsabilidades. Este lenguaje es la oración.

A medida que vivimos nuestra identidad bautismal en la práctica de la resurrección es mucho lo que tenemos que entender y decidir y expresar. La mayor parte de nuestra experiencia social con el lenguaje se lleva a cabo con personas a quienes les importa muy poco la verdadera identidad que Dios nos ha dado y que tienen muy poco interés en la resurrección. De modo que va a llevar algún tiempo y va a requerir una atención deliberada el adquirir fluidez en la oración, este lenguaje que es tan coherente con lo que realmente somos, adecuado para decir y escuchar mientras practicamos la resurrección.

Pablo ora. Desde el momento en que comenzamos a leer Efesios, nos sumergimos en el lenguaje de la oración: "Alabado sea Dios, Padre de nuestro Señor Jesucristo..." es una bendición elaborada y de una rica textura similar a las oraciones de bendición repetidas con frecuencia que son tan llamativas en las vidas de nuestros antepasados y pueblo de Dios, los hebreos. Bendecimos a Dios que nos bendice a nosotros. El lenguaje de oración de la bendición forma parte de la revelación de Dios.

Las bendiciones comienzan en Génesis cuando Dios bendice a Adán y Eva, Noé y Abraham. Antes de siquiera darnos cuenta, el pueblo que Dios bendice está pasando la bendición: Isaac bendice a Jacob, Jacob bendice a sus hijos, Moisés bendice a las doce tribus. Las bendiciones se acumulan y en la preñada frase de G. M. Hopkins se "congregan hasta alcanzar grandeza"[1] en los Salmos y puntúan el lenguaje de Jesús. El lenguaje de la bendición alcanza un florido final en el Apocalipsis: siete bendiciones desparramadas por todo el testo salan el magnífico poema apocalíptico y, en retrospectiva, le dan sabor a todas las Escrituras con bendición.

El lenguaje de la bendición impregna el lenguaje de las Escrituras. Recibimos la bendición y la absorbemos en nuestra obediencia. En poco tiempo nuestro lenguaje exuda lo que estamos viviendo.

[1] Gerard Manley Hopkins: "God's Grandeur," *The Poems of Gerard Manley Hopkins* (London: Oxford University Press, 1967), p. 66.

"Los recuerdo en mis oraciones"

Pablo comienza orando (que es la bendición). Él continúa dirigiendo ahora sus oraciones de la bendición de Dios a orar por sus amigos, la congregación cristiana en Éfeso. Los nombra a ellos, así como a nosotros, "los santos" (Efesios 1.15-23).

No es que nadie haya quedado excluido de la bendición —todas las maneras en que Dios nos bendice nos involucran invariablemente— pero hay un giro leve en el versículo 15 que pone la atención en los santos de manera particular. Los santos son atraídos a un acto de agradecimiento: "No he dejado de dar gracias por ustedes al recordarlos en mis oraciones" (Efesios 1.16). Pablo da gracias, y antes de siquiera darnos cuenta, él está orando *por* ellos: "Pido que el Dios de nuestro Señor Jesucristo, el Padre glorioso, les dé..." (versículo 17).

¿Les dé qué? Pablo enumera los cinco dones que está pidiendo que el Señor de bendiciones les dé:

sabiduría y revelación
un corazón iluminado
esperanza
la riqueza de su gloriosa herencia
la incomparable grandeza de su poder

Estos dones no están flotando al azar, cayendo del cielo, desparramándose como papel picado de colores. Poseen energía. Son "la fuerza grandiosa y eficaz que Dios ejerció en Cristo" (versículos 19-20). El poder que nos trae estos dones se le atribuye a cuatro acciones sucesivas e interrelacionadas de Dios en Cristo. Después de enumerar los dones, Pablo proporciona cuatro detalles que describen exactamente cómo Dios pone su poder en obra en Cristo:

Lo resucitó de entre los muertos.
Lo sentó a su derecha.
Sometió todas las cosas al dominio de Cristo.
Lo dio como cabeza de todo a la iglesia.

Los cinco dones anticipados nos dicen lo que podemos esperar de Dios a medida que practicamos la resurrección. La manera en que

Dios pone en obra "este poder", estos dones, en nosotros es personal (en Cristo) y cósmica (Jesús resucitado, ascendido, gobernando y cabeza de la iglesia). La práctica de la resurrección no es un asunto clandestino. No es algo que tengamos que cultivar de manera privada. Nosotros participamos en todo lo que Cristo hace. Los cinco dones orados y las cuatro dimensiones del alcance del poder de Cristo se llevan a cabo en el contexto de los siete verbos de bendición que lo abarcan todo y la triple y enfática "alabanza de su gloria" que nos dice cómo va a resultar todo esto.

Esto es mucho para absorber. Es una extravagancia compuesta. Oración extrapolada en todas las dimensiones. No podemos más que estar impresionados. Este suelo de resurrección, "la tierra de los vivientes" que el salmista tan vívidamente anticipó, no puede ser reducido a una moral domesticada o buenos modales civilizados, ni tampoco proyectado a un futuro que habitaremos después de la muerte. Ésta es la tierra en la que vivimos. Aquí. Ahora.

* * *

Pablo ha usado tres verbos para nombrar lo que está haciendo: bendecir, dar gracias, orar. Y un sustantivo: oraciones. Pero la oración —y Pablo en oración es un ejemplo llamativo— no puede ser explicada por la gramática. Es bastante común entre nosotros el discutir el lenguaje de la oración mediante el desarrollo de un vocabulario de nomenclatura: adoración, petición, intercesión, alabanza, acción de gracias, bendición, confesión, incluso imprecación. Este creación de listas no deja de ser útil, pero nunca me ha gustado demasiado en la práctica. Son demasiadas las cosas que quedan excluidas.

Lo que perseguimos en la práctica de la resurrección es una clase de lenguaje en el que la palabra de Dios a nosotros está continuamente implícita en la manera en que usamos las palabras, tanto en respuesta a Dios como en relación con los demás. Es una fluidez y costumbre en el uso del lenguaje que abarca todo lo que Dios dice y hace y que es plenamente dialógica y conversacional.

Martin Thornton, uno de nuestros mejores maestros sobre la naturaleza y la práctica de lo que está involucrado en la oración, pone a menudo la palabra en mayúscula: Oración, y la trata como el acto y actos que lo unen todo en atención y ofrenda a Dios. Cuando oramos, no somos fantasmas santos que levitan, sino que somos cuerpos que están firmemente sujetos en su lugar por la ley de gravedad.

Éstas son sus palabras: "Escrito con mayúscula inicial —Oración— tenemos un término genérico para todos los procesos o actividades calificadas por una relación viva entre las almas humanas y Dios. No sólo abarca todas las divisiones usuales de la oración… sino también las obras, artes y actos morales que emanan verdaderamente de nuestra comunión con Dios. La oración, simplemente, es la experiencia total del hombre y la mujer cristianos[2].

Nosotros oramos cuando estamos quietos en meditación delante de Dios con el Salmo 118 abierto delante de nosotros; oramos mientras sacamos la basura; oramos cuando estamos perdiendo el control de la situación y le pedimos entonces ayuda a Dios; oramos cuando estamos sacando los yuyos en el jardín; oramos cuando le estamos pidiendo a Dios que ayude a uno de nuestros amigos que está al borde del abismo; oramos cuando estamos escribiendo una carta; oramos cuando conversamos con nuestro jefe cínico y bravucón; oramos con nuestros amigos en la iglesia; oramos cuando caminamos por la calle principal en compañía de extraños.

Yo no estoy diciendo, ni tampoco lo está diciendo Thornton, que todo lo que hacemos es oración, sino que todo lo que hacemos y decimos y pensamos *puede* ser oración. Así parece haber sido con Pablo. También estoy diciendo que muchos de nosotros oramos mucho más de lo que pensamos. Oramos cuando no estamos en un lugar convencional de oración. Oramos cuando no estamos usando el lenguaje convencional de la oración. Lo que quiero decir es que "orar siempre, sin desanimarse" (Lucas 18.1) es algo que sucede mucho, que pasa desapercibido y que no notamos.

Hay formas y modelos de oración. Es importante conocerlos y estar familiarizados con ellos. Pero el buscar modelos, métodos y estrategias que puedan duplicarse no es la manera de madurar en la oración, de la misma manera que el aprender frases hechas ("De

[2] Martin Thornton: *Pastoral Theology: A Reorientation* (London: SPCK, 1964), p. 4.

nada...” “Gracias...” “Por favor, me pasarías el pan...”) no es la manera en que un niño aprende a hablar inglés. Dios obra de manera diferente en cada contexto local. Nosotros saturamos nuestras mentes y memorias en Cristo y las Escrituras y luego comenzamos el día sin un guión preparado, confiando de manera consciente y desinteresada en el lenguaje del Espíritu Santo —su sintaxis y metáforas, su tono y sus ritmos— siempre obrando de manera profunda en nuestras almas sin concientización, a veces expresada en nuestros oídos y en nuestra boca.

* * *

John Wright Follette era un maestro itinerante del mundo eclesiástico en el que me crié. En la época sobre la cual estoy escribiendo, John era ya un hombre de edad, quizás tenía unos setenta años. Nunca se había casado. Era reverenciado como un “santo” en todo el país. Era un hombre de corta estatura y complexión menuda. Tenía una figura delgada con dedos delicados y un semblante ascético. Siempre hablaba en voz baja y nunca se sonreía. Mis padres le tenían mucho cariño y le proporcionaban alojamiento cada vez que venía a nuestra región de Montana. A él le encantaba pasar días de descanso en nuestra cabaña junto al lago y la montaña.

Un día de verano, acompañé a mi madre a la cabaña durante el día para preparar sus comidas y “sentarnos a sus pies” (ésas eran las palabras de mi madre). Yo tenía unos dieciséis años y estaba deslumbrado por su reputación como hombre santo. Después del almuerzo, él se retiró a una hamaca en la orilla del lago para descansar. Yo lo observaba desde la terraza de nuestra cabaña. Deseaba desesperadamente hablar con él, el famoso Dr. Follette. Deseaba hablar con él sobre la oración. Ésta era mi única ocasión para hacerlo. Después de casi una hora, me puse impaciente. Ya faltaba poco para irnos y no deseaba perder mi oportunidad. Le pregunté a mi madre cuánto tiempo pensaba que él iba a dormir. Ella me dijo que no creía que él estuviera durmiendo: “Le gusta estar tranquilo y escuchar al Espíritu”. Me dijo que bajara y hablara con él: “A él no le va a molestar”. Yo estaba indeciso, sentía timidez, era el “hombre santo”. Pero mi madre me insistió. Con cautela y vacilación, me acerqué a la hamaca.

—Dr. Follete, ¿me permite que le hable sobre la oración?

Él no abrió los ojos, pero habló. Habló con una clase de gruñido, más alto de lo que jamás lo había escuchado hablar: "¡Hace cuarenta años que no oro!"

Me quedé allí de pie. Aturdido. Eso fue todo. Me alejé.

Me fui a caminar, adentrándome en el bosque. Estaba confundido y luego escandalizado. El venerable Dr. Follette: ¡no había orado durante cuarenta años! Nunca se lo dije a mi madre para que no se escandalizara a causa de este fraude. Guardé mi secreto.

Pasaron cinco o seis años hasta que por fin me di cuenta de lo que había pasado. Él era, sin duda, un hombre sabio y santo. Sabía instintivamente que el adolescente inmaduro que era parte de mí ese día se habría tragado todo lo que él dijera y lo habría imitado a ciegas. Dijera lo que dijera, no importa cuán sabio y santo, me habría condicionado durante años a tratar de ser el Dr. Follette en oración —años desperdiciados tratando de imitar un ícono— cuando lo que yo verdaderamente necesitaba era experimentar, practicar, interiorizar la clase de lenguaje que me llevaría a la conversación iniciada por Dios que es la oración. El Dr. Follette estaba dispuesto a arriesgar mi tremenda desilusión, mi desconcierto (que tenía la esperanza que sólo fuera temporario), para evitar que yo despilfarrara mi espíritu en "asuntos" espiritualmente románticos. Fue pasajero. Él me salvó.

Entretanto, después de haber sido rechazado por mi famoso "hombre de oración", comencé a descubrir poco a poco a David en los Salmos, Pablo en Efesios y Jesús en sus oraciones. Estaba en camino.

"Todos los santos"

Ahora: "todos los santos". Salimos del río de nuestro bautismo de resurrección, nos quitamos el pelo mojado de los ojos y miramos a nuestro alrededor. Hay gran cantidad de gente dando vueltas, algunos más mojados que otros, algunos vestidos, otros desvestidos. ¿Quiénes son estas personas? La mayoría de ellos son individuos que jamás hemos visto antes.

El comprender quiénes son estos hombres y estas mujeres, esta compañía de resurrección en la que nos encontramos ahora, requiere la renovación de la imaginación de una manera tan minuciosa como cuando nos entregamos a la bendición. Antes de la bendición, la gran mayoría de nuestros conceptos de Dios eran erróneos. O, si no totalmente equivocados, estaban distorsionados por la falta de información, la ignorancia y el pecado. La bendición nos sumergió en una revelación que nos dio una visión clara de Dios, nos abrió los oídos para que incorporáramos sus "verbos".

Ahora resulta que la mayor parte de los conceptos que teníamos de nuestros vecinos también estaban equivocados. O, si no totalmente equivocados, estaban distorsionados por la falta de información, la ignorancia y el pecado. De modo que Pablo extiende la revelación de "alabado sea Dios" con la que comenzó con lo que podríamos designar una revelación de "benditos sean los hombres" (Efesios 1.15-23), estas personas que son ahora nuestros compañeros en este cosmos de salvación, estos compañeros con los que pasaremos el resto de nuestra vida practicando la resurrección, estos amigos (algunos de ellos los amigos más improbables) con lo que estamos creciendo para alcanzar la plena estatura de Cristo Jesús. ¿Acaso pensábamos que lo haríamos en la privacidad de nuestro propio corazón? ¿Acaso pensábamos que podríamos crecer en Cristo realizando caminatas por la playa bajo la luz de la luna? ¿Acaso pensábamos que podríamos elegir unos pocos amigos estimulantes para hacer ejercicios aeróbicos espirituales? Piénsenlo otra vez.

* * *

Pablo comienza su carta designando a todos aquellos que estaban en su congregación (y todos nosotros en nuestras congregaciones), sin calificaciones, sin importar la reputación o conducta, como "santos" (Efesios 1.1). Los santos son, literalmente, una "persona bendita". Ahora, cuando Pablo pasa de su bendición de apertura a Dios a la gente que es bendecida, retoma la designación una vez más: "todos los santos" (1.15). En la mitad de esta parte de la oración, Pablo vuelve a repetirlo al describir cómo es vivir "entre los santos" (1.18). Él vuelve a usar el término seis veces más (un total de nueve veces) en la carta. "Santo" resulta ser el sustantivo que Pablo elige para denominar al pueblo de Dios: hombres y mujeres que ya no están perdidos y que siguen a Jesús en el cosmos. En cada una de las cartas que escribe Pablo, "santo" es la palabra que usa para nosotros. En los siglos subsiguientes, la palabra "cristiano" reemplazó a "santos" como la designación común. En el Nuevo Testamento, sólo encontramos la palabra cristiano tres veces y ni una sola vez en los escritos de Pablo. Con el pasar del tiempo, la palabra "santo" adquirió un sentido elitista, refiriéndose a los cristianos sobresalientes. A la larga, se circunscribió su uso a las personas oficialmente instaladas después de un riguroso examen en una clase de "galería espiritual de personajes famosos". Su uso primitivo, ejemplificado en Pablo y fosilizado en nuestro credo: "Yo creo en... la comunión de los santos" se ha prácticamente perdido.

Y así, por más acostumbrados que estemos de escuchar la palabra "santo" usada como un término de honor, cuando escuchamos la palabra usada sin calificaciones para designar el grupo heterogéneo que somos nosotros, esto crea una disonancia. ¿Estamos escuchando bien? ¿Escuché realmente lo que pienso que Pablo dijo? Por cierto, no es una palabra que yo usaría cuando miro a mi alrededor a los cristianos que conozco. ¿Acaso es Pablo algo ingenuo? ¿Conoce bien a esa gente? ¿Me conoce bien a mí? ¿A nosotros? ¿O se trata acaso de una adulación manipuladora?

Pablo quiere decir lo que dice. Y su intención es que la palabra nos tome por sorpresa, que cause una disonancia. Desea que nosotros les echemos una segunda mirada a estos hombres y mujeres que nunca se nos hubiera ocurrido llamar santos. Al identificar a esta gente bendecida por Dios —incluyéndonos a nosotros— Pablo deliberadamente elige una palabra que nos identifica con lo que Dios hace en nosotros y por nosotros, no lo que nosotros hacemos por Dios. Él nos vuelve a identificar como criaturas de Dios, salvadas por Jesús, formadas para la santidad por medio del Espíritu. Pablo vuelve a adiestrar nuestra imaginación para que nos podamos entender según lo que Dios piensa de nosotros y cómo nos trata y no según cómo nosotros pensamos que somos y cómo otros nos tratan. No como nos definen nuestros padres o maestros o médicos o empleadores o nuestros hijos, sino como lo hace Dios. Tampoco según los términos derivados de nuestro empleo o nuestra educación o nuestra apariencia física o nuestros logros o fracasos, sino según los términos de Dios.

Si alguien se sorprende por algo admirable que hayamos hecho y esa persona nos dice: "Eres un santo", nuestra respuesta automática es: "Yo no soy ningún santo". Protestamos. "Si me conocieras, no dirías eso". Pero Pablo no se amedrenta. "Sí, lo eres. Presta atención a lo que te voy a decir. Deseo darte una nueva palabra, una palabra que se inmiscuye bajo todas las apariencias, detrás de todos los roles y funciones, una palabra que te define principalmente en función de quién es Dios para ti y lo que Dios está haciendo en tu vida como una persona que está creciendo en Cristo, una persona que no puede ser definida con justicia aparte de los intentos de Dios y su atención persistente: un santo". Así es que prestamos atención. Santo. Bendito.

Esto implica un cambio radical en la percepción que tenemos de nosotros mismos y de los demás. Crecemos en una sociedad que nos evalúa según nuestra apariencia y rol, conducta y potencial. Sin cesar, nos prueban, examinan, clasifican, alaban, condenan, admiran, desprecian, adulan, desdeñan, besan, patean… como *objetos* totalmente secularizados. Por supuesto, no lo hacen todos, pero sí la mayoría. La manera institucional de observarnos en nuestros colegios y empresas y gobiernos le da su visto bueno a esta sistemática y dominante manera de eliminar nuestra alma, nuestra personalidad y, por último, esta manera de desacreditar todo en o sobre nosotros que tenga que ver con Dios.

Aun así, si las palabras de apertura: "Alabado sea Dios, Padre de nuestro Señor Jesucristo" fueran las exactas para comunicar la acción definitiva del cosmos, los siete verbos, cada uno apuntando precisa y personalmente a cada uno de nosotros, entonces cualquier término de identificación que no lograra comunicar esa realidad básica, fracasaría. ¿Cómo podemos tener la esperanza de comprender el mundo en el que vivimos y entender lo que implica para nosotros vivir en este mundo si todos se dirigen a nosotros, nos prometen, ordenan y premian en términos que son indiferentes, incluso ajenos a lo más importante acerca de nosotros que es la acción de Dios y nuestra orientación en dicha acción? ¿Cómo podemos siquiera tener la más remota posibilidad de que los líderes y maestros y padres, entrenadores y psiquiatras y poetas, vendedores y jueces y legisladores, o sea todos los que nos tratan de acuerdo a la premisa en acción de que todos estamos perdidos en el cosmos, nos conozcan como somos realmente? Con estas voces que nos acosan desde todas las direcciones y en todo momento, ¿cómo podemos adquirir una identidad orientada hacia Dios?

* * *

Una de las formas de hacerlo es mirándonos en el espejo y nombrando lo que vemos como "santo". Luego, a continuación, redefiniendo a las personas que nos rodean como santas. Es un comienzo. Es donde Pablo comienza. Él nos nombra santos, no porque seamos tan maravillosos, sino porque él verdaderamente nos ve en eterna y constante compañía del Espíritu Santo: hombres santos, mujeres santas, niños santos, santos, santos, santos.

En nuestra sociedad de identidades confusas, demasiadas personas se conforman con una identidad de pastiche compuesta por números de seguridad social, historiales médicos, títulos académicos, lista de empleos y cualquier clase de fragmentos de genealogía que podamos rescatar de los cementerios. Los cristianos pueden hacer un mejor trabajo: somos *bautizados*, bautizados en el nombre del Padre y del Hijo y del Espíritu Santo. Somos santos en virtud de *ese* nombre y no de nuestro apellido de familia.

Pablo no identifica a los lectores (u oyentes según sea el caso) de sus cartas a los efesios como santos debido a sus hazañas espirituales o su atletismo moral. Él ya ha hace unos años que está en medio de cristianos y los conoce bastante bien. Y se conoce bien a sí mismo. No tiene ninguna ilusión piadosa sobre estos santos o sobre sí mismo. Ya pasaron varios años desde que fue su pastor. Probablemente conoce a sólo unos pocos por su nombre. Es verdad, sabe sólo un poco: "Desde que me enteré de la fe que tienen en el Señor Jesús y del amor que demuestran por todos los santos, no he dejado de dar gracias por ustedes al recordarlos en mis oraciones" (1.15-16). Pero este conocimiento son testimonios de oídas. ¿Cómo puede decir en serio que ellos son santos?

Por esta razón: santos no se refiere a ellos como son en sí. Se refiere a quiénes son ellos en Dios. Pablo no está particularmente interesado en ellos psicológicamente. Su conducta moral no encabeza la lista de lo que los hace ser quienes son. La intención de Dios y la acción de Dios para ellos y en ellos es lo que los define. Lo que los define no es lo que ellos piensan de sí mismos o cómo les va en la vida o el hecho de que sean buenos. Dios —esos siete verbos— es quien define lo que son. Pablo lo sabe. Y no va a permitir que ellos lo olviden.

Una de las maneras en que Pablo refuerza esta nueva manera de entenderse a sí mismos los seguidores de Cristo es llamándolos santos. "Santos" no sólo nombra quiénes son por sí mismos, sino que además nombra quién es Dios en ellos y por ellos; no lo que ellos hacen, sino lo que Dios hace en ellos. Pablo los comprende principal y exhaustivamente según la manera en que Dios los trata y no la manera en que ellos tratan a Dios. El *llamado* de Dios es que seamos apartados del mundo para estar situados allí donde podemos cumplir las tareas que nos asigna. Lo más importante de cada uno de nosotros no es lo que hacemos, sino lo que Dios hace; no lo que hacemos por Dios, sino lo que Dios hace por nosotros. Gracias a que sabemos lo que Dios hace en nosotros y por nosotros, ahora hemos dejado de estar perdidos en el cosmos.

* * *

Pero además está esto. Todo aquel que haya pasado un rato en compañía de cristianos sabe que ninguno de los que Pablo denomina santos son santos en el sentido convencional. En nuestra gran mayoría, no somos ni excepcionalmente buenos ni bien parecidos. Es peor aún. Es muy probable que haya y que aún florezcan el adulterio y las adicciones, las habladurías y la glotonería, la arrogancia y la propaganda, el abuso sexual y el fariseísmo tanto en las congregaciones de cristianos como en cualquier colegio o universidad, cualquier banco o ejército, cualquier gobierno o empresa. Aún así, Pablo no vacila en nombrar a estos hombres y mujeres de su congregación como santos.

Y no vale la pena perder el tiempo buscando alguna congregación que sea mejor. Siempre ha sido así. Y pienso, que siempre lo será. Los santos continúan cometiendo horribles crímenes. Los santos continúan perpetrando terribles injusticias. Pero parece que Dios no tiene ninguna aprensión y sigue reuniéndose con los peores y los viles. Todos los días, él obra para redimir a los peores. No puedo imaginarme que pase su tiempo sometiendo a los mejores a un cuidadoso escrutinio para reclutar santos y luego se apodere del cielo lanzando comunidades eclesiásticas utópicas en la tierra.

Hace algunos años, me estaba carteando con un amigo, también pastor como yo, destacando las dificultades y casi continuos bochornos de trabajar semana tras semana durante toda nuestra vida vocacional con, según nuestro parecer, dichos santos insatisfactorios. Sintiéndose tentado a explotar de ira, se detuvo y reflexionó: "Jesús no perdía el tiempo con la droga de editorializar la ira… Jesús iba directo a la yugular de las personas reales y específicas que Dios había colocado bajo su influencia. Él 'perdía el tiempo' con los que eran poca cosa. Se entregaba a la compañía de gente real y a la transformación de los motivos y modalidades de esas pocas almas. Santa paradoja. Misterio divino. Confianza en el Dios presente y personal que ama. La limpieza de Jesús del templo y las confrontaciones de las autoridades no fueron llevadas a cabo para protestar o arreglar nada. Fueron hechas para convencer al pueblo que adoraba a Dios de blasfemia, para promover arrepentimiento delante de Dios, para honrar lo santo, para regresar a su amor. Y fueron llevadas a cabo como parte del camino de Jesús de sacrificar personalmente su vida. Es el camino de la cruz".

De vez en cuando, mi amigo y yo hablamos de esto. Estamos tratando de desarrollar facilidad en el uso de la palabra "santo" para que nos resulte tan sencillo y espontáneo como a Pablo. Recientemente, mi amigo tuvo que lidiar con un hombre que estaba cansado y enojado con la iglesia y su malos antecedentes en todo lo relacionado con las cuestiones de justicia y rectitud. El hombre admiraba a Jesús de una manera extravagante pero había abandonado la iglesia. Se declaraba excomulgado del grupo poco prometedor de tarambanas que encontraba en las iglesias.

El clima no parecía alentar ninguna conversación, de modo que mi amigo le escribió una carta. Me mandó una copia de ella. La guardo en un cajón de mi escritorio y la saco de vez en cuando para volver a leerla. Me ayuda a mantener mi mente clara en cuanto a lenguaje santo.

En esta carta, mi amigo lo enfrentó al hombre comenzando por los puntos con los que estaba de acuerdo con él: "Estoy de acuerdo.

Es muy difícil participar en una iglesia por un cierto tiempo sin perder nuestra humanidad. Usted correctamente deplora lo que critica". Luego siguió con una pregunta directa: "Sin embargo ¿adora usted con la congregación, friega sus pisos, les cambia los pañales a sus bebés, se enfrenta a sus crisis, se humilla ante sus complicaciones de relación? El Jesús que usted admira lo hizo. Él honró y observó la adoración y la comunidad. Él formó una nueva comunión mientras honraba la antigua. Vivió como un participante. Él le hizo frente al pecado desde adentro del 'pueblo de Dios' y no desde afuera. Y no fue desde afuera que lo censuraron y mataron, sino desde adentro. Fue la iglesia que vino a construir la que lo mató, no una red de idealistas autónomos".

Luego apuntó directamente al problema: "La iglesia es tristemente pecadora, está distorsionada y es inadecuada. En los diversos períodos y siglos ha estado a menudo acostada con el comercio, los militares y la clase política dirigente o, peor aún, extrayéndoles oportunamente la vida superficial mediante una actitud reaccionaria. Pero es aún desde las entrañas de la iglesia, los adoradores, que Dios ha elegido trabajar, vivir y a veces ser crucificado. Es la iglesia, que Jesús dijo que iba a construir, y que el infierno no prevalecería contra ella"[3]

Santos: las "entrañas de la iglesia". Me gusta. Es bastante parecido a la autodescripción que les dio Pablo a los santos en Corinto: "se nos considera la escoria de la tierra, la basura del mundo" (1 Corintios 4.13).

Ésta es la maravilla: que desde estas entrañas viene un continuo testimonio, sonidos de alabanza, la totalmente inesperada palabra "resurrección", palabras de sanidad y perdón, sermones y oraciones. Y todo esto en las entrañas, en medio de hombres y mujeres que no sienten ningún pudor ni vergüenza de llamar santos a los fracasados y a veces inescrupulosos, defectuosos y frecuentemente escandalosos hombres y mujeres que son sus "hermanos y hermanas".

* * *

En el acto de bautismo afirma y aclara aún más esta improbable identidad de los santos. El santo bautismo define globalmente a la

[3] Carta de M. C. del 25 de julio de 2006.

persona como una creación, una nueva creación y una creación constante, de Dios el Padre, Dios el Hijo y Dios el Espíritu Santo, una persona totalmente sumergida en todas las operaciones de la Trinidad. Es la única práctica que toda la iglesia cristiana (excepto los cuáqueros) de todo el mundo y durante todos los siglos de su existencia ha continuamente llevado a cabo: "Te bautizo en el nombre del Padre, del Hijo y del Espíritu Santo". Algunas iglesias sólo bautizan adultos. Algunas bautizan a los bebés. Pero para casi todas, el bautismo es el acto de definición de la identidad que nos marca como santos, como cristianos. El bautismo es un testimonio público de que la persona bautizada puede ser sólo comprendida de manera correcta en relación con quién Dios es, con la manera en que Dios se revela a sí mismo y con la manera en que Dios obra.

El bautismo marca una manera radicalmente nueva de comprendernos a nosotros mismos y a los demás: no por raza, no por idioma, no por nuestros padres o familia, no por política, no por inteligencia, no por género, no por conducta. Todas estas maneras diversas de dar cuenta de nosotros mismos son importantes, pero ninguna de ellas es definitiva. El santo bautismo nos define como benditos, como santos. El bautismo es definitivo.

* * *

Habiendo adquirido esta identidad, ¿cómo la mantenemos? Nosotros mantenemos nuestra identidad bautismal en la práctica de la resurrección: la resurrección de Jesús. No la llevamos con nosotros a todas partes como si fuera una licencia de conducir, una tarjeta de seguridad social o un pasaporte que comprueba que somos quienes decimos que somos. Nuestra identidad no es algo fuera de nosotros, como un rótulo o una etiqueta con nuestro nombre. En la práctica de la resurrección, nosotros vivimos nuestra identidad.

La resurrección de Jesús es la proclamación convincente en la tierra de Palestina y en la historia romana del primer siglo que todo lo revelado en nuestras Escrituras puede ser vivido por hombres y mujeres de carne y hueso como nosotros. No sólo consentimos que es verdad, sino que también la admiramos como arte. No sólo se la actúa como en una obra teatral, sino que se la vive en las condiciones comunes y corrientes de los hogares y lugares de trabajo en toda clase de climas, tal como lo hizo Jesús, bautizado por Juan en el río Jordán. Podemos pasarnos la vida haciendo esto porque somos santos, resucitados de entre los muertos a una vida de resurrección.

Seguimos manteniendo esta identidad estando en compañía de gente que nos conoce muy bien: ¡hombres y mujeres que Dios ha bendecido, escogido, destinado, concedido, dado en abundancia, dado a conocer, reunido! Esta misma gente nos avergüenza con su incoherencia, nos llena de júbilo con su gozo, nos ofende con su inconstancia, nos da consuelo con su compasión, nos intimida y critica, nos alienta y saca a la luz lo mejor de nosotros, nos aburren con su indiferencia, nos estimulan con su entusiasmo. Pero nosotros no los elegimos. Dios los eligió. Guardamos compañía con los hombres y mujeres que elige Dios. Estos santos.

"Está aquí. Estamos sobre él. Está debajo de nosotros."

Hace algunos años atrás, yo estaba con unos amigos escritores. Nos estábamos leyendo los unos a los otros algunos de nuestros escritos más recientes. Lo que estoy escribiendo aquí (y ustedes están leyendo) estaba en mí en forma embrionaria en ese tiempo. Uno de mis amigos, Robert Siegel, leyó un poema que había escrito hacía poco tiempo. Yo estaba tratando de encontrar la manera de proporcionar imágenes y claridad a este lenguaje santo de la carta a los efesios que me costaba mantener enfocado. Sabía que deseaba usarlo en esta coyuntura en la que estaba lidiando con el final del capítulo 1 de Efesios.

Antes de leer el poema, Robert describió el incidente que había preparado para su creación. Él y su esposa Anne viven en Nueva Inglaterra. Durante años, ellos habían pasado por una intersección donde había un letrero que apuntaba a Mt. Monadnock, un nombre que Robert conocía por un poema de Emerson. Pero nunca habían seguido la señal a la montaña. Ese día, Robert vio el letrero, pero como de costumbre siguió manejando. Luego, como por impulso, le dijo a Anne: "¿No te parece que es hora que veamos esta famosa montaña?" Regresó a la intersección y dobló para tomar el camino. Después escribió este poema. Me dio la imagen exacta que yo estaba esperando: "*Looking for Mt. Monadnock*" [En búsqueda de Mt. Monadnock].

Vemos el letrero "Parque estatal Monadnock"
que aparece fugazmente, después de una milla o dos
decidimos regresar. "No podemos pasar por Monadnock
sin verlo", digo dando la vuelta para regresar.
Nos encaminamos por la carretera
secundaria: "Bienes raíces Monadnock",
"Cerámicas Monadnock", "Diseños Monadnock",
pero ningún Monadnock. Luego la señal se desvanece
y sólo quedan son los árboles y la tarde que se va apagando.
No hablamos, pasamos un claro y tú dices:
"Creo que lo vi, o una parte de él, ¿una roca desnuda?"
Millas y millas más. Finalmente me detengo
y consultamos un mapa. "Monadnock está aquí mismo".
"O quizás un poco más allá". Pero tendríamos que verlo estamos prácticamente encima de él. Y volviendo de regreso
miramos — árboles, un claro fugaz, una roca púrpura—
pero estamos, parece, demasiado cerca como para verlo:
Está aquí. Estamos encima de él. Está debajo de nosotros4.
(Traducción libre del traductor.)[4].

* * *

La vida de la práctica de la resurrección, esta vida de crecer en Cristo, esta vida cristiana de la que hablan algunos y de la que muchos otros escuchan, es una clase de vida tipo Mt. Monadnock. Leemos las palabras, vemos las señales. Escuchamos las charlas, leemos los poe-

[4] Robert Siegel: *The Waters Under the Earth* (Moscow, ID: Canon Press, 2003), p. 70.

mas, cantamos los himnos, rezamos las plegarias. Leemos la famosa carta que escribió el famoso Pablo. Leemos Efesios.

De modo que decidimos tomarla en serio y examinarla directamente. Vemos las palabras *cristiano, resurrección, santos* en todas partes. Viajamos a lugares santos. Miramos en las iglesias. Pero nunca vemos lo que esperamos ver. Nunca vemos la montaña. Leemos las palabras extravagantes, los verbos explosivos, los sustantivos de dones, las estrategias globales, los grandes propósitos que están asociados con esta montaña. Pero nunca vemos la montaña.

Esto no es nada nuevo. Hace mucho que está ocurriendo. La mayoría de las personas que vieron a Jesús durante los treinta años que vivió en Palestina no vieron nada en él digno de contar. Jesús: el hijo mayor en una familia de hermanos y hermanas criados en el pequeño pueblo de Nazaret, un carpintero la mayor parte de su vida, terminó mal, como un criminal común muriendo en la cruz. Unas pocas de las personas importantes de esa época lo percibieron sólo para desecharlo: el rey Herodes Antipas, anticipando un milagro deslumbrante, quedó decepcionado; el gobernador Pilato estaba extrañado pero no impresionado: el sumo sacerdote Caifás lo despreció. En la resurrección, Jesús no era todavía impresionante: María Magdalena lo confundió con un jardinero; Cleofas y su amigo caminaron siete millas con él sin reconocerlo, conversando con él todo el camino. Estoy seguro de que fue una conversación muy interesante, pero, ¿Dios? "No teníamos idea", no tenían idea de que estaban conversando con el Verbo hecho carne. ¿Por qué no lo entendieron? Quizás porque estaban demasiado preocupados con cosas de mayor importancia, cosas espirituales, estudios de la Biblia. Luego tomó un trozo de pan, lo bendijo, lo partió y se los dio. Ahora, con la textura del pan en sus manos, y el sabor del pan en su boca —fundamentados en lo ordinario— lo reconocieron. Pablo tuvo que caminar ciego durante tres días antes de verlo.

¿Por qué tantos de nosotros que vemos a Jesús todos los días de la semana nunca lo vemos? ¿Acaso lo tratamos de encontrar caminando sobre el agua, un espectáculo de luz cósmica, un circo carismático, una transfiguración en Denali de la que podemos sacar una fotografía o usar como una metáfora en un poema? "¿Qué salieron a ver?" (Mateo 11.8).

¿Por qué no se hace Jesús propaganda a sí mismo? Si desea que lo conozcamos como Dios con nosotros, para sanar y salvar y bendecir, por qué no atrae nuestra atención y nos informa directamente lo que está ocurriendo? Si todos esos verbos y sustantivos que Pablo esparció para que nosotros los considerásemos y recibiéramos son la cosa verdadera, ¿por qué no eleva Jesús al menos la voz?

La respuesta breve es que Dios se revela en las relaciones personales y sólo en las relaciones personales. Dios no es un fenómeno que tengamos que considerar. Dios no es una fuerza que podamos usar. Dios no es una propuesta para discutir. No hay nada en Dios que sea impersonal, nada abstracto, nada impuesto. Y Dios nos trata con una dignidad personal equivalente. Su intención no es la de impresionarnos. Él está aquí para comer pan con nosotros y recibirnos en su amor tal como somos, exactamente donde estemos.

La resurrección es una inmensa y gloriosa montaña, es verdad, no hay exageración en los verbos y sustantivos de Pablo. Pero la práctica de la resurrección en la que nos introduce Pablo no es el escalar la montaña. Toda la inmensidad y la gloria está debajo de nuestros pies. Es una clase de montaña como Monadnock: "Está aquí. Estamos sobre ella. Está debajo de nuestros pies".

Capítulo 5

La gracia y las buenas obras: Efesios 2.1-10

Porque por gracia ustedes han sido salvados mediante la fe; esto no procede de ustedes, sino que es el regalo de Dios, no por obras, para que nadie se jacte. Porque somos hechura de Dios, creados en Cristo Jesús para buenas obras, las cuales Dios dispuso de antemano a fin de que las pongamos en práctica.

EFESIOS 2.8-10

Ésta fue la primera vez que había estado pasivo de esa manera. Antes había sido su idea, su agresión, sus deseos carnales. Ahora, esta pasividad parecía abrir algo.

ROBERT PIRSIG: *Lila, An Inquiry into Morals*

Damos vuelta la hoja: un nuevo capítulo. Estamos avanzando en territorio nuevo. Ingresamos en la tierra que hemos estado observando desde la distancia, la tierra de la resurrección. Hemos estado incorporando los contornos del paisaje, los grandes horizontes, los partes de Pablo desde el frente de batalla: la acción de Dios "para nosotros y para nuestra salvación". Pablo ancla este paisaje en la resurrección de Jesús: "Ese poder es la fuerza grandiosa y eficaz que Dios ejerció en Cristo cuando lo resucitó de entre los muertos" (Efesios 1.20). Ahora nos encontramos en él con nuestros pies firmes sobre el suelo. Olemos el aroma silvestre de las resinas y las flores, tocamos la textura de las cortezas de los árboles, sentimos la lluvia sobre la cabeza y el viento en el rostro. Estamos en la tierra de la salvación, la tierra de la resurrección, en compañía de los hombres y mujeres de la resurrección.

Es una cosa mirar los amplios y perfilados horizontes y emocionarnos con la tormenta que se acumula detrás de las cumbres montañosas, lanzando enormes espectáculos de luces con súbitas explosiones de luz solar a través de las fisuras en las nubes, fuegos artificiales con arreglos musicales de los truenos de un órgano. Es otra dejar el automóvil u ómnibus o tren y adentrarnos en el bosque y escalar esas montañas.

La transición es abrupta: "Ustedes estaban muertos" (2.1), pero ahora tienen "vida con Cristo" (2.5). Dios lo resucitó a Jesús de entre los muertos (1.20). También nos resucitó a nosotros de entre los muertos: "en unión con Cristo Jesús, Dios nos resucitó" (2.6). La resurrección define la vida de Jesús; la resurrección define nuestras vidas. Estábamos muerto en pecados; ahora estamos vivos en resurrección.

El lenguaje de Pablo es blanco y negro: muerte y vida. Dejamos la vista del panorama junto al camino donde estábamos ocupados tomando fotografías y enviando tarjetas a nuestros familiares y amigos. Caminamos hacia el bosque. La tierra de la resurrección ya no es un paisaje extravagante delante del cual estamos de pie con un sobrecogimiento reverencial. Es la tierra donde vivimos, ingresando en las complejidades detalladas de la vida de resurrección. Es la misma tierra de la que escuchamos hablar y observamos. Pero ahora estamos en ella, participando activamente con todos nuestros sentidos corporales.

La vida de resurrección, según la define la resurrección de Jesús, es totalmente diferente de lo que estamos acostumbrados, tan diferente como la muerte es de la vida. Cuando estábamos lanzando exclamaciones de admiración en el costado del camino de la resurrección, éramos simples espectadores con la posibilidad de elegir del gran espectáculo visual que teníamos delante, y luego de hablar de ello. Podíamos alejarnos cuando queríamos. Si estábamos aburridos, nos podíamos apartar con una guía y anticipar el panorama que nos esperaba en el siguiente codo del camino. Pablo lo denomina andar "conforme a los poderes de este mundo" (Efesios 2.2). Pero aquí todo y todos nacen de nuevo, o tienen el potencial de volver a nacer: "toda la creación... gime a una, como si tuviera dolores de parto" (Romanos 8.22).

Nada ni nadie es un mero objeto, algo que podemos ignorar o disponer de ello a nuestro gusto. Ésta es tierra de resurrección. La resurrección no es algo que le agregamos a todo aquello a lo que ya estamos acostumbrados. Le da vida a los que habían estado "muertos en sus transgresiones y pecados" (Efesios 2.1). Es comprensible que carguemos viejas costumbres y suposiciones de cementerio en esta tierra de resurrección. Después de todo, hemos vivido con ellas durante mucho tiempo (si podemos llamarlo vivir). Por lo tanto, requerimos una paciente y sufrida reorientación en las condiciones de resurrección que prevalecen en esta tierra, viviendo "conforme a la plena estatura de Cristo" (4.13), nuestro pionero y compañero de resurrección. Pablo comienza nuestra reorientación con la palabra "gracia". Es una palabra que usa mucho.

La pasividad adquirida

Una buena parte del crecer en la tierra de resurrección, del crecer en Cristo, implica el practicar una especie de pasividad adquirida. La palabra "pasividad" tiene un mal olor en el lenguaje de los Estados Unidos. Representa al insípido, débil, inservible, perezoso, sin agallas, holgazán, bueno para nada, haragán, abatido. A nosotros nos enseñan desde pequeños a admirar e imitar las estrategias del empuje y la iniciativa, del ajetreo, del impulso, del todo o nada.

La energía y la ambición, el propósito resuelto, una carrera sin distracciones ni vacilaciones hasta el final y una concentración absoluta posibilitan el hacer dinero, adquirir títulos universitarios, ganar guerras, escalar el monte Everest y meter goles. Esto es algo indiscutible. Pero dichos objetivos, muchos de ellos aclamados por nuestra cultura, tienen muy poco que ver con vivir una vida madura, con vivir "para la alabanza de su gloria".

Podemos ir tras la ambición competitiva, y las disciplinas que le acompañan y que contribuyen a sus logros, sin conciencia, sin amor, sin compasión, sin humildad, sin generosidad, sin justicia, sin santidad. Esto quiere decir que lo hacemos de manera inmadura. Las inmaduras estrellas del espectáculo están a la vista de todos en cada esquina de la ciudad. Los millonarios inmaduros tienen la costumbre de dejar a su familia. Los eruditos y científicos inmaduros que coleccionan Premios Nobel tienen vidas irreligiosas y distanciadas. Los atletas de renombre inmaduros avergüenzan con regularidad a sus entrenadores y seguidores mediante su conducta infantil y adolescente, a veces incluso criminal.

Estos son los hombres y mujeres que establecen las normas de una vida alimentada por la ambición, de cómo llegar a la cima, de cómo llegar a ser famosos, de cómo vencer a nuestros opositores. Estos son los hombres y mujeres que proporcionan las imágenes y los ejemplos para que los americanos sepan lo que significa destacarse como seres humanos. ¿Acaso queremos vivir, realmente *vivir*, de esa manera? ¿Es esto vivir? ¿Ha sido esto alguna vez, a lo largo de toda la historia de la humanidad, vivir, estar plenamente vivo?

Creo que no. Y no creo que muchos otros, una vez que se detienen a pensar, lo crean tampoco. La miseria, el vacío, la superficialidad, el aburrimiento, la desolación que acompaña esta clase de vivir es devastadora, no sólo para los individuos involucrados sino para sus familias y comunidades. Y lo que estas vidas destilan en nuestra cultura —porque ninguna persona es una isla separada de los demás— nos empobrece a todos.

Cuando observamos a esta gente, ya que no podemos evitar observarla —son los rostros que aparecen todos los días en nuestros periódicos diarios, nuestros libros de historia, nuestra información de las noticias— nos damos cuenta de cuán radicalmente opuesta es a la vida de Jesús y la vida de resurrección de Jesús que Pablo usa como su texto para vivir una vida humana madura. No son tan diferentes en su apariencia como en su raíz, la *radix*.

Esto no es nada nuevo. En lo que a esto respecta, la vida contemporánea no es diferente a la vida del mundo en la antigüedad. Lo que es diferente es que los norteamericanos, por lo general, se eximen de todo sentido de hermandad cultural y social, especialmente en lo concerniente a la inmadurez, con los antiguos. Asumimos que somos diferentes, mejores, más avanzados. Tenemos un estándar de vida más elevado, un sistema de salud enormemente mejorado, una alta tasa de alfabetismo, test psicológicos que nos dan una asombrosa y profunda idea de quiénes somos y cómo funcionamos (test de inteligencia, perfiles de Myers-Briggs, sistemas de familia, eneagramas), y una tecnología que nos brinda un acceso inmediato a todo lo que deseamos saber y que puede poner a hombres y mujeres en la luna y Dios sabe donde en los años por venir. Es obvio, no les parece, que somos mucho más avanzados que nuestros antepasados y que estamos mucho más cerca de convertirnos en seres humanos plenamente desarrollados. No sólo esto, sino que muchos de nosotros, lo pensemos o no, tenemos también esta rica herencia judeocristiana que forma nuestra identidad como "cristianos". Una nación cristiana. Una cultura cristiana. Una persona cristiana.

Entre nosotros es algo muy común entremezclar nuestras culturas, americana y cristiana, tomando lo que pensamos que es lo mejor de cada una para producir un híbrido: americano cristiano, América cristiana. Lo mejor del mundo moderno, americano, y lo mejor del mundo bíblico, cristiano: cristianos híbridos.

Pero, ¿por qué suponemos que lo mejor del mundo moderno es diferente a lo mejor del mundo antiguo? Asiria, Babilonia y Egipto poseían una tecnología y matemáticas sofisticadas con las que construyeron asombrosas obras arquitectónicas, incluyendo pirámides y complicados sistemas de irrigación. Persia, Grecia y Roma tenían artistas y filósofos que esculpieron estatuas y escribieron libros que aún hoy encabezan el ranking de lo que son capaces de hacer y pensar los seres humanos.

En la antigüedad, nuestros antepasados hebreos y pueblo de Dios eran vecinos de esas personas que desarrollaban al máximo su potencial. Pero sea como sea que hayan aceptado y se hayan beneficiado de sus bibliotecas y tecnologías, los hebreos cuidaban con un extremo celo la integridad de su alma y guardaban con todo cuidado su identidad creada a la imagen de Dios. Ellos no admiraban a los líderes de esos reinos y culturas. Ellos no adoptaron los exitosos métodos que producían el poder y la riqueza de aquellas civilizaciones.

Las historias de Abraham y Moisés, Elías y Jeremías, Daniel y Esther son extremadamente opuestas a la cultura. Nuestros antepasados, los pioneros del cristianismo, vivieron como vecinos de los descendientes de los altamente civilizados y consumados griegos y romanos, y participaron en las economías que les fueron provistas y la educación que tenían a su alcance. A la misma vez, no transigían en las cuestiones de pretensiones divinas y libertinajes sexuales de sus líderes en el gobierno y las artes, además de las idolatrías superficiales de las así llamadas mejores familias.

Mateo, Marcos, Lucas y Juan escribieron los textos definitivos de su Dios como crucificado: ¡crucificado!. Estos fueron los textos que le dieron forma a su participación en una vida *madura* íntegra y correcta. En la época de Jesús, la cruz era "motivo de tropiezo para los judíos y ... locura para los gentiles" (1 Corintios 1.23). En nuestra cultura norteamericana que venera el poder y los excesos y que glorifica los logros humanos, la cruz continúa siendo una locura y un motivo de tropiezo imposible de asimilar.

Los cristianos, entonces y ahora, son las únicas personas sobre la faz de la tierra que veneran al Salvador *crucificado*: en todas y cada una de las culturas, todo parece indicar que se trata de un Salvador rechazado, humillado y fracasado.

Pero, a diferencia de nuestras identidades hebreas como pueblo de Dios y a diferencia de nuestros antepasados y pioneros cristianos que adoraban un Salvador crucificado como la revelación de Dios, la práctica religiosa popular de nuestra cultura es una fecundación cruzada de americano con cristiano que da como resultado un híbrido. En la botánica y cría de animales, la hibridación se practica mediante el injerto o la cruza de animales para extraer lo mejor de cada especie: maíz híbrido y ovejas híbridas, por ejemplo. Pero si uno no sabe lo que está haciendo, por más bien intencionado que sea, puede terminar con algo peor que lo que tenía antes: un mestizo. El latín *hybrida* traducido literalmente, significa justamente eso, un mestizo, la cría de una cerda mansa con un jabalí salvaje. Cuando el toro salvaje de la ambición americana se reproduce con un cristianismo manso sin una cruz, el resultado es una espiritualidad mestiza: un "cristiano" que ha perdido la imagen de Dios y del Salvador crucificado durante la fecundación cruzada. Se pierde el elemento que distingue a los seres humanos. Se pierde el elemento distintivo en Jesús. ¿Un anticristo?

* * *

Existen observaciones de fondo que nos ayudan a entender por qué lo que yo llamo "pasividad adquirida" es tan difícil de tomar en serio y aceptar, y por qué es tan absolutamente necesario que lo aceptemos si hemos de acostumbrarnos a vivir en un mundo caracterizado por la gracia de Dios, porque "por gracia ustedes han sido salvados". No existen otras opciones. Es gracia o nada. No hay un "Plan B".

El aire que respiramos y la atmósfera que habitamos como creyentes y seguidores de Jesús es la gracia. Si no sabemos lo que es la gracia, el último lugar donde debemos ir a buscar ayuda es el diccionario. La gracia la experimentamos en todas partes pero no la podemos jamás explicar. Necesitamos observar a Moisés e Isaías, Jesús y Pablo que nos cuentan la historia de su vida como inmersa, condicionada y experimentada en la gracia de Dios.

La gracias es una realidad invisible e insubstancial que invade todo lo que somos, pensamos, decimos y hacemos. Pero no estamos acostumbrados a esto. No estamos acostumbrados a vivir a través de lo invisible. Tenemos cosas que hacer, cosas que aprender, gente que ayudar, tráfico que sortear, comidas que preparar. Cuando necesitamos un recreo, observamos a los pájaros, leemos libros, hacemos una caminata, tomamos una taza de té o un trago, y quizás incluso nos sentamos en una capilla para meditar durante unos diez minutos o más. Pero estos así llamados "recreos" no son lo que denominamos el mundo real, el mundo en el que nos ganamos la vida, el mundo en el que tratamos de concretar nuestros objetivos. Son breves escapadas para luego poder regresar al "mundo real" más descansados.

William Stafford, un poeta americano, fue el que me brindó una reflexión útil y duradera explicándome en qué consiste la gracia. Yo estaba leyendo un libro que él escribió sobre la creación literaria, específicamente sobre cómo escribir poemas. En la mitad de una página, me encontré con algo que inmediatamente reconocí como algo parecido a lo que los seguidores de Jesús denominan gracias. Stafford estaba usando la natación como una analogía para la creación literaria. Mientras leía, comencé a sustituir el lenguaje de la gracia (las palabras entre barras en lo que sigue a continuación) para transferir la analogía de Stafford de nadadores y el agua a la experiencia cristiana de la gracia.

STAFFORD OBSERVÓ QUE

Cualquier persona razonable que mira el agua [la gracia] y pasa su mano por ella, puede ver que no podría sostener a una persona... Pero los nadadores [los seguidores de Jesús] saben que si se relajan sobre el agua [la gracia], el agua los sostiene de manera milagrosa. Y los escritores [los seguidores de Jesús] saben que una serie de pequeños trazos sobre el material que tienen más cerca —sin prejuicios sobre la gravedad específica del tema o cuán razonables sean sus expectativas— darán como resultado un avance creativo [el crecer en Cristo: la madurez]. Los escritores son personas que escriben; los nadadores [los creyentes] son... personas que se aflojan en el agua, hunden la cabeza y se extienden con facilidad y confianza... Así como el nadador [el creyente] no tiene una serie de lugares de donde asirse ocultos en el agua, sino que en cambio se limitan a rozar apenas ese medio flexible que les hace ir de prisa, así el nadador y el escritor [el seguidor de Jesús] pasa su atención por lo que tiene a su alcance y es propulsado por un medio [la gracia] demasiado delgado y perspicaz para la percepción de los no creyentes que tratan de permanecer en la orilla y comprender sus logros[1].

La gracia se origina en un acto de Dios que carece absolutamente de precedentes: la autoentrega generosa y expiatoria de Jesús que nos permite participar en la madurez de la resurrección. No es lo que hacemos: son las cosas en las que participamos. Pero no podemos participar si no poseemos una pasividad voluntaria que nos permite ingresar y entregarnos a lo que es anterior a nosotros, a la presencia y la acción de Dios en Cristo aparte de nosotros. Dicha pasividad no nos resulta fácil. Tenemos que adquirirla.

* * *

¿Y las obras? ¿Por qué hay interminables y a menudo ásperas discusiones y peleas sobre la fe y las obras? ¿Acaso Pablo no les pone

[1] William Stafford: *Writing the Australian Crawl* (Ann Arbor: The University of Michigan Press, 1978), pp. 23-25.

fin a esas aburridas habladurías al situar nuestras vidas en el profundo y ancho océano de la gracia, un océano al que sólo ingresamos zambulléndonos? La fe en Cristo es el acto de abandonar las orillas del yo, donde pensamos que sabemos donde estamos parados y donde, si nos esforzamos lo suficiente, podemos tener control. La fe en Cristo es lanzarnos a la gracia. La gracia "que no procede de ustedes, sino que es el regalo de Dios".

* * *

Sin embargo, esa tierra firme, el yo con los pies plantados firmes en el suelo, es algo difícil de abandonar. Nos hemos criado en este suelo, donde hemos aprendido cómo funciona el mundo y cómo manejarnos en él. Tenemos mapas y guías, conocemos los mejores restaurantes, sabemos dónde conseguir las mejores ofertas. Todas nuestras costumbres se han formado aquí.

En los cincuenta años que llevo como pastor, mi tarea más difícil continúa siendo la de desarrollar en la gente que sirvo el sentido de las repercusiones de la gracia que transforman el alma: una reorientación exhaustiva y fundamental para no seguir viviendo con ansiedad acorde a mi inteligencia y comenzar a vivir sin esfuerzo en el mundo de la presencia activa de Dios. La cultura que prevalece en América del Norte (que no difiere mucho de las culturas asirias, babilónicas, egipcias, persas, griegas y romanas en las que vivían nuestros antepasados bíblicos) es, a efectos prácticos, un contexto de permanente negación de la gracia.

* * *

Una pareja concertó una cita para venir y hablar conmigo. Habíamos vivido en el mismo vecindario durante varios años pero nunca nos habíamos conocido. Un amigo de ellos, un hombre de mi congregación, les sugirió que me vinieran a ver. Me presenté a ellos: "Soy el pastor Peterson".

El hombre me dijo: "Mi nombre es Eben. Ésta es mi esposa, Sylvia".

—Encantado de conocerlos, Evan y Sylvia.

—No, no Evan. Eben.

—Oh, como en Eben-ezer —le dije.

—¿Cómo sabe usted eso?

—Lo leí en la Biblia. Y, a veces, lo canto en un himno. Eben: piedra; Ebenezer: piedra de fortaleza. Y Sylvia: bosque. Me gusta, una pareja apropiada de nombres: Eben y Sylvia, piedra y bosque, para la tierra del matrimonio.

—Es de eso que vinimos a hablarle. Estamos teniendo algunas dificultades.

Conversamos. Tenían alrededor de cincuenta años, de los cuales habían estado casados treinta. Eben era judío no practicante y Sylvia, una bautista del sur que tampoco practicaba su religión. Ya que ambos eran no practicantes, la diferencia de religiones no parecía ser el problema. Ambos habían sido instruidos en la fe, pero habían dejado de prestarle atención hacía tiempo ya. Eben era una especie de empresario: imaginativo, trabajador. Hacía ya varios años que había dejado su trabajo seguro como empleado del gobierno para arriesgarse a comenzar de nuevo creando una empresa de alquileres. Había tenido éxito. Él alquilaba toda clase de cosas desde retroexcavadoras para cavar zanjas hasta grandes recipientes para servir café en las fiestas de casamiento. Yo conocía la tienda: una vez había alquilado allí un motocultor para labrar nuestro huerto de vegetales. Sylvia trabajaba con él en el negocio, llevando la contaduría y dando la bienvenida y atendiendo a los clientes. Recuerdo su amabilidad desde el momento en que puse el pie en la tienda.

Hablábamos. Les gustaba su trabajo y trabajaban bien juntos. Ganaban más dinero que lo necesario y vivían confortablemente. Habían criado tres hijos. Uno vivía en otro estado y los otros dos hijos estaban concurriendo a la universidad. Les gustaba su vida. Pero ahora, por primera vez, no se estaban llevando bien. No sabían qué era lo que había cambiado, qué era diferente. Todo parecía igual, pero nada parecía igual.

Hablábamos. Casi todas las semanas pasábamos una hora juntos. Me agradaban mucho. Eben siempre iba y venía por la habitación mientras hablaba: el lenguaje involucraba usar sus piernas tanto como su boca. Sylvia mantenía sus manos ocupadas fumando cigarrillos. En nuestras conversaciones, surgió la comprensión entre nosotros de que mientras trabajaban juntos les iba bien, pero cuando cerraban la puerta de la tienda y se iban a casa, todo se derrumbaba. Y los domingos eran un infierno. Su vida y su relación con el otro estaban definidas en gran parte por su trabajo. Cuando no tenían que trabajar, no sabían qué hacer. Ahora que ya no existía la tarea de criar a los hijos y que habían logrado establecer su nuevo negocio, tenían más tiempo disponible que nunca. Pero no había ninguna adrenalina en el ocio.

Eben se había criado en el mundo laboral judío en el que se valora el esfuerzo, el dejar una impresión. Su energía y vasto conocimiento sobre herramientas y máquinas atraía a muchos clientes. Sylvia se había criado en el mundo moral bautista en el que se valora el hacer correctamente todo, el causar una buena impresión. Su cálida acogida propia de Alabama, a la que se sumaban su sonrisa y su buena figura, aportaba un alto puntaje de beneplácito durante las horas de trabajo. Pero fuera del trabajo no había un mercado para los conocimientos y la experiencia de Eben y nadie para confirmar el desempeño de Sylvia.

Hablamos. ¿Qué se hace cuando no nos pagan por lo que hacemos? ¿Qué decimos cuando lo que decimos y la forma en que lo decimos no afecta la entrada de dinero? Nuestra conversación condujo a la exploración de cómo cambian las cosas en una relación cuando no tenemos que ganarnos la vida. Comenzaron a surgir ideas desde profundidades insospechadas, las cosas invisibles que fortalecen el desempeño.

Hablamos. Un día, en la mitad de nuestra conversación, Eben se detuvo en medio de una frase y dijo: "¡Gracia! ¿Es *gracia* de lo que estamos hablando? Siempre me pregunté qué quería decir esa palabra. ¿Es *esto* lo que quiere decir?" Sylvia encendió otro cigarrillo.

En ese momento no lo sabía, pero ese descubrimiento exclamatorio y sorprendido de la *gracia* marcó el fin paulatino de nuestras conversaciones. Yo nunca había usado esa palabra en su presencia: fue Eben quien la introdujo. Pero algo se encendió en el fondo de la herencia judía de Eben, algo que había estado latente durante unos cuarenta años. Había descubierto algo. Traje a Abraham a la conversación. Eben introdujo el nombre de Jesús. Sylvia estaba cada vez más aburrida. El espacio entre ellos se extendió aún más.

Tan cerca. Le erraron por poco. Creo que nunca se divorciaron. De vez en cuando me los encontraba en su tienda cuando iba a alquilar alguna herramienta. Charlábamos amistosamente de banalidades mientras yo completaba el alquiler. Pero la conversación se había terminado. Eben y Sylvia habían, de hecho, abandonado su matrimonio y regresado a su lugar de trabajo.

LAS BUENAS OBRAS

Pero el trabajo y el lugar de trabajo no son algo opuesto a la gracia. En realidad, la gracia está absoluta e insistentemente a gusto en el trabajo y el lugar de trabajo. Pablo se asegura de que entendamos esto correctamente colocando el término "buenas obras" en la misma oración en la que discute la gracia: no sólo salvos por gracia sino "creados en Cristo Jesús para buenas obras, las cuales Dios dispuso de antemano a fin de que las pongamos en práctica" (Efesios 2.10).

Fundamentalmente, las obras no es algo que hacemos. Nosotros somos la obra que Dios hace: "Somos lo que él nos ha hecho", traducido también como "somos hechura de Dios".

La gracia no desplaza las obras. Las obras, ya sean anteriores o posteriores a la resurrección, permanecen tan dominantes como siempre. Los cristianos de la resurrección no reciben el premio de una semana de trabajo más reducida. El trabajo no queda reducido a algo subespiritual. La vida madura en Cristo no nos exime de marcar la tarjeta, trabajar horas y horas con poca ayuda para cosechar un campo de maíz, dedicarle tiempo a una ocupación aburrida hasta que nos jubilamos, aferrarnos a apenas una hilacha de sentido común en medio del caos de la crianza de tres niños de edad preescolar. El trabajo es a menudo tonificante. También puede ser a menudo fatigoso, desalentador y agotador. Lo único peor es no tener trabajo: estar desempleado.

De modo que, ¿qué es lo que cambia cuando Pablo coloca la palabra "obras" junto a la palabra "gracia" si al día siguiente, habiendo sido "resucitados con él", regresamos a los mismos empleos, las mismas responsabilidades, las mismas condiciones de trabajo?

Esto es lo que cambia: ya no trabajamos para General Electric, el gobierno, el consejo escolar, el hospital, Safeway. Somos obra de Dios y hacemos la obra de Dios: "somos lo que él nos ha hecho, creados en Cristo Jesús para buenas obras, que Dios preparó de antemano para que fuera nuestra forma de vida" (Efesios 2.10).

* * *

El trabajo es ante todo lo que Dios hace, no lo que hacemos nosotros. Los dos primeros capítulos de Génesis son la historia de apertura de la revelación de Dios a los hombres. Sobre todo, es una historia de cómo obra Dios, quien obra en el mismo medio ambiente que nosotros. Lo primero que aprendemos sobre Dios es que Dios trabaja. Dios comienza a trabajar creando el mundo y todo lo que existe en él (Génesis 1) y luego nos invita a compartir su trabajo, dándonos tareas que son conmensurables con su obra (Génesis 2).

La comunidad cristiana tiene una larga tradición de leer, meditar y orar Génesis 1-2. Esto le da forma a nuestra comprensión y experiencia de trabajo en compañía de Dios. Todo nuestro trabajo está precedido por su trabajo. Todo nuestro trabajo se lleva a cabo en el lugar de trabajo de Dios. Todo nuestro trabajo tiene como propósito participar en la obra de Dios. Al imaginar en oración la primera "semana de trabajo" de Dios, comenzamos a entender lo que está involucrado.

Dios crea la luz. Qué don. La obra de Dios. El don de Dios. Podemos ver lo que está ocurriendo; podemos ver a dónde vamos. "La luz se esparce sobre los justos" (Salmo 97.11). Cada lámpara, cada vela, cada antorcha, cada candelabro es un testimonio de lo que es revelado continuamente a nuestro alrededor.

Dios crea el cielo. Puro don. La obra de Dios. El don de Dios. Ésta enorme bóveda. Espacio y amplitud, este inmenso más allá. Mucho, mucho más de lo que podemos incorporar. Mucho, mucho más de lo que podemos controlar. Todo lo visible que se extiende hacia lo invisible.

Dios crea la tierra y el mar, las plantas y los árboles. Puro don. La obra de Dios. El don de Dios. Bosques de robles y campos de trigo, manzanos y jardines de rosas. Un lugar donde erguirse. Un lugar donde estar en casa. Un hogar equipado con lo que necesitamos. Un hermoso hogar.

Dios crea el sol y la luna y las estrellas, marcando las estaciones y los días y los años. Puro don. La obra de Dios. El don de Dios. Tiempo para mirar a nuestro alrededor y ver el panorama, el amanecer y el atardecer. Tiempo para escuchar el viento en los sauces y la lluvia sobre el techo. Tiempo para dormir y soñar y "despertar el nuevo día" (Salmo 108.2). Tiempo para recordar y contar las bendiciones. Tiempo para tener esperanza y orar.

Dios crea los peces y las aves. El mar y el cielo resplandecientes con vida. Puro don. La obra de Dios. El don de Dios. La trucha arco iris y el martín pescador. El resplandor y la elegancia de cada clase de vida.

Dios crea los animales domésticos y los animales salvajes. Puro don. La obra de Dios. El don de Dios. Los ganados y los caribúes, las hormigas y las lagartijas, los osos pardos y las abejas. La vida en movimiento. La vida intensa en forma y color. La vida danzando.

Dios crea al hombre y la mujer. Puro don. La obra de Dios. El don de Dios. Donde miremos, adonde vayamos, hombre y mujer. Hombre y mujer en cada calle y camino, cada uno excepcional. Pero en este sexto día de trabajo, hay algo diferente. Cada hombre y cada mujer no son sólo una instancia del trabajo de Dios, sino que son capaces de participar en la obra de Dios, trabajando en el lugar de trabajo de Dios y continuando la obra de Dios. Continuando la entrega de dones.

Y luego está hecho, completo, "terminado". El séptimo día, un día para que Dios repase la semana de trabajo, haga un balance de "toda la obra que hizo". "La obra que hizo" se repite tres veces (Génesis 2.2-3). Un día de descanso. Un día para una tranquila reflexión sobre la buena obra. Un día de santificación y bendición de la buena obra.

En esta semana de trabajo, Dios hace siete veces una pausa, observa su trabajo y pronuncia que es bueno. El último "bueno" se intensifica en un "muy bueno". Una buena obra, sin ninguna duda.

* * *

Una semana de trabajo. Una semana de dones. Todo el trabajo en su esencia y origen le da forma a un don. O, para decirlo de otra manera, la naturaleza del trabajo es la de servir como recipiente para los dones. La razón por la cual la obra es declarada buena es que es el medio utilizado para entregar los dones.

Cuando decimos que algo o alguien es un don, esto no explica la manera en que nos lo dan. Los "dones", en sí, no tienen forma, ni color, ni textura. Los "dones" meramente implican algo que nos es dado de manera gratuita, y no por necesidad ni demanda. Llegan en un ambiente de generosidad sin compromisos ni condiciones.

La atención a la semana de trabajo de la creación desarrolla en nosotros la conciencia de que vivimos en un mundo de puro don, de que nosotros somos puro don, y que sea lo que sea que hagamos, ello reproduce y continúa expresando y dando forma a este talento básico: el talento de Dios. Y recibimos este don en la forma de obras.

El término más común en nuestros lenguajes bíblicos para este talento subyacente y exhaustivo de Dios es "gracia". Y Génesis, con el énfasis provisto por las repeticiones a lo largo de los siete días de la creación de Dios en acción: "Y dijo Dios: 'Que…'" (12 veces), "hizo" (3 veces), "creó" (5 veces), "obra" (3 veces), pone de manifiesto que la naturaleza del trabajo es la de proporcionar una forma material para lo invisible de la gracia.

Las obras como una forma para la gloria

La vida cristiana madura involucra una congruencia de gracia y trabajo. Alejado de la obra y obras, nada madura en la vida cristiana. El Verbo invisible que estaba en el comienzo de Génesis (Juan 1.1) "se hizo hombre" en Jesús. En Jesús, una forma humana "llena de gracia" (1.14), vemos a Dios en acción ("esa misma tarea que el Padre me ha encomendado que lleve a cabo", 5.36). Jesús insiste en que el Dios que nadie ha visto jamás (1.18) es visible en las obras que Jesús mismo lleva a cabo delante de sus ojos. Jesús dijo: "Las obras que hago en nombre de mi Padre son las que me acreditan" (10.25).

Una de las grandes ironías de la vida de Jesús es que lo que la gente vio que él hacía —alimentar a los hambrientos sobre la ladera de la montaña, en su vecindario, ayudar a los marginados, sanar a una "suegra" y una niña de doce años (ambas sin dar su nombre) en las casas donde vivían, leer versículos conocidos en las sinagogas donde adoraban cada sábado— fueron las mismas cosas que provocaron críticas y desconfianza y un rechazo directo de Jesús como la encarnación de Dios. Sus contemporáneos descubrieron que era mucho más fácil creer en un Dios invisible que en uno visible.

La obra de Jesús es la forma en la que podemos ver al Dios invisible. El cuarto evangelio, el de Juan, lo resume en unas pocas palabras: hemos visto la gloria de Dios en Jesús. La gloria es el Dios invisible que se hace visible en la obra de Jesús. Y nosotros, siendo éste el punto de Pablo en Efesios, fuimos también "creados en Cristo Jesús para buenas obras, las cuales Dios dispuso de antemano a fin de que las pongamos en práctica" (Efesios 2.10). Nuestra obra es una forma para la gloria.

* * *

Es esencial que asimilemos la semana de trabajo del Génesis de Dios para poder vivir aquello que "Dios dispuso de antemano a fin de que las pongamos en práctica". La semana de Génesis es la historia de cómo Dios derramó todo lo invisible de la Trinidad en formas accesibles a nuestros cinco sentidos. La gracia de Dios, el don básico de todo lo que Dios es y hace, se nos hace presente exclusivamente como obras. Las obras de Dios —luz y cielo, mar y tierra, árboles y vegetación, tiempo y estaciones, peces y aves, ganado y canguros, hombres y mujeres— son las formas mediante las cuales vemos, escuchamos, tocamos, saboreamos y olemos la gracia. Las obras de la creación, incluyéndonos a nosotros mismos como parte de esas obras, proporcionan las formas mediante las cuales ingresamos y participamos en el mundo de la gracia.

La creación visible es la forma y el contexto en los que experimentamos la gracia. La gracia invisible penetra en las formas de la creación, llenándolas con contenido. La obra de la creación de Génesis se convierte en algo visible y audible en las formas de la creación. La creación es todo don. Recibimos el don y participamos en él en las formas de la obra. La salvación es puro don. Cobra forma en un mundo de obras.

Una comprensión meditada de Génesis nos forma en continuidad con las obras de Génesis que Dios declaró como buenas y muy buenas.

Formados en sumisión y obediencia por medio de los ritmos e imágenes de Génesis, maduramos hacia una vida de "buenas obras, las cuales Dios dispuso de antemano a fin de que las pongamos en práctica". Estos ritmos e imágenes de Génesis nos liberan de las distorsiones seculares y pietistas que son el resultado de enfrentar la gracia a las obras. El buen trabajo y las buenas obras son para la gracia lo que un balde es para el agua: un recipiente para transportar el agua desde el pozo a la mesa. La gracia de Dios es el contenido. Nuestro trabajo (a la manera de Jesús) es el recipiente.

No somos ángeles. Este mundo que habitamos es la obra de Dios. Todo lo que experimentamos, lo experimentamos bajo el cielo de Dios y en la tierra y el mar de Dios, en el tiempo de Dios marcado por el sol, la luna y las estrellas, junto con la colección de Dios de delfines y águilas, leones y corderos y junto con hombres y mujeres creados a la imagen de Dios que nos llegan como padres y abuelos, hijos y nietos, hermanos y hermanas, vecinos y parientes, compañeros de juego y de trabajo, alumnos y ayudantes, y Jesús. En la práctica de la resurrección, no se puede experimentar nada ni participar en nada independientemente del cuerpo, la forma, dedos y pies, ojos y orejas y lenguas. En la práctica de la resurrección, nada ocurre independientemente de los elementos con los que trabajamos: la tierra y el barro para dar forma a vasijas y jarros, piedras y madera para construir casas e iglesias, sustantivos y verbos para transmitir sabiduría y conocimientos, algodón y lana para confeccionar ropa y cobijas, espermatozoides y óvulos para hacer bebés: buenas obras. El trabajo es la forma genérica de encarnar la gracia. Toda la espiritualidad cristiana es una exhaustiva encarnación: en Jesús, sin duda, pero también en nosotros.

* * *

Abundan las distorsiones de las "buenas obras". Acabo de nombrar las distorsiones como "seculares" y "pietistas". Las distorsiones ocurren cuando no tomamos en serio el contexto de las obras de Génesis por un lado (el lado secular) o cuando no observamos y escuchamos con cuidado el contexto de la obra de Jesús por el otro (el lado pietista).

El secular idealiza el trabajo. El pietista espiritualiza el trabajo. Ambos son una distorsión de la obra de Génesis de Dios y de la obra de Jesús de Dios. Ninguno de ellos contempla lo que nos enseña Pablo sobre crecer para alcanzar "una humanidad perfecta que se conforme a la plena estatura de Cristo", o sea, que en la práctica de la resurrección no vivimos según lo que hacemos de nosotros mismos sino según lo que Dios nos hace.

Idealizamos el trabajo cuando lo entendemos como una manera de ser importantes, de ser famosos, de ganar mucho dinero, de "hacer una contribución". El trabajo idealizado tiende a ser un trabajo glamoroso. El trabajo idealizado depende principalmente de las compensaciones, ya sea en salario y opciones de compra de acciones, en reconocimiento y prominencia, o en "satisfacción del trabajo" y "potencial alcanzado".

Pero en la semana de trabajo de Génesis, no hay nada glamoroso en la narración. Cada día de trabajo es totalmente natural, establecido sin ningún ornamento. El único comentario que se hace consta de una sola sílaba: "bueno". Así es como es. El trabajador, Dios, es casi invisible en la obra: "A Dios nadie lo ha visto nunca" (Juan 1.18). Lo que se ve es la obra en sí, un recipiente para recibir lo que no vemos.

Idealizamos el trabajo cuando lo concebimos y practicamos independientemente del estilo y contexto del Génesis de Dios. Es idealizado cuando se convierte en la manera de extender nuestra relevancia e influencia e importancia: cuando nos convertimos en el trabajador sin ninguna relación o pensamiento de que somos la obra de Dios, antes de emprender siquiera la obra. El trabajo se convierte en una manera de ser como Dios sin tener que lidiar con él.

La distorsión más llamativa entre los idealistas proviene de la omisión del sábado. Rara vez practicamos el sábado: ningún séptimo día, ningún descanso. Dado que la obra en sí jamás llega a su fin, siempre tenemos más que hacer. El trabajo idealizado tiene un componente de elevada adrenalina. Las satisfacciones que provienen de hacer un magnífico trabajo, logrando una tarea difícil y siendo reconocido y apreciado son considerables... y fácilmente adictivas. El trabajo idealizado se idolatra a sí mismo.

El trabajo pietista evoluciona cuando dejamos de observar la manera en que conducía Jesús su trabajo. El pietista "espiritualiza" el trabajo. El trabajo deja de ser secular para convertirse en actos religiosos: oración, adoración, testimonio. O se profesionaliza para convertirse en las tareas de pastor, predicador, misionero, evangelizador. Esta espiritualización del trabajo le quita toda espiritualidad al mundo del trabajo, el trabajo que Kathleen Norris ha nombrado como "los misterios cotidianos"[2]. Éste es el trabajo diario de lo referido a menudo con displicencia como el "trabajo de las mujeres": lavar la ropa, preparar la comida, criar a los hijos, escribir a máquina y llevar y traer a los niños de la escuela. Además, en general, quita todos los trabajos no especializados de la semana de trabajo cristiana: trabajos de jornaleros, de obreros de cadenas de montaje, trabajos pesados. El único trabajo que queda para honrar y practicar las "buenas obras" es el trabajo de iglesia, a menudo identificado como "la obra del Señor" o "trabajo cristiano".

Pero esta distorsión pietista del trabajo sólo puede lograrse ignorando el trabajo de Jesús. Casi todas las metáforas que usaba Jesús para afianzar nuestro trabajo al mundo en el que él mismo habitaba provenían de lo ordinario, de lo cotidiano: semillas y flores, panes y sal, granjeros y constructores, gorriones y escorpiones, viudas y niños. La gente con la que pasaba la mayoría del tiempo eran marginados o de clase baja: recaudadores de impuestos, pescadores, prostitutas, leprosos. Ninguno de los apóstoles que convocó como discípulos tenía credenciales del lugar de trabajo religioso. Abiertamente, evitó las prácticas religiosas estándar del ayuno, la oración en público y el honrar el sábado, y lo criticaban mucho por ello. Con unas pocas excepciones, todas las obras de Jesús tuvieron lugar en un contexto secular.

* * *

Génesis y Jesús desarrollan una congruencia de la gracia y las buenas obras en nosotros, y Pablo nos asegura que podemos, de hecho, vivir de esta manera. Estar junto a ellos es la mejor manera que conoz-

---

[2] Kathleen Norris: *The Quotidian Mysteries: Laundry, Liturgy, and "Women's Work"* (New York: Paulist Press, 1998).

co para librarnos de todas las distorsiones idealizadas y espiritualizadas del trabajo. En compañía de Génesis y Jesús, las condiciones para la integración de la gracia y las buenas obras son favorables. Por difícil que sea, no nos resulta extraño. Fuimos creados para esto. De una manera u otra, el origen de Génesis y la práctica de Jesús harán su obra en nosotros. A medida que crecemos para alcanzar "una humanidad perfecta que se conforme a la plena estatura de Cristo", descubrimos que todo trabajo que obtengamos y toda tarea que nos sea asignada puede servir como un contenedor para la gracia, puede proporcionar una forma para la gracia de Dios, cuando practicamos la resurrección.

PARTE III

LA CREACIÓN DE LA IGLESIA

¿Por qué la gente en las iglesias parecen alegres turistas descerebrados en una gira turística hacia el Absoluto? Por lo general, no encuentro cristianos, fuera de las catacumbas, que estén suficientemente conscientes de las condiciones. ¿Tiene alguien la más remota idea sobre qué clase de poder invocamos tan alegremente? O, según sospecho, ¿no hay nadie que crea una palabra de ello? Las iglesias son como niños que juegan en el piso con sus juegos de química, mezclando una cierta cantidad de TNT para matar una mañana de domingo. Es una locura usar sombreros femeninos de paja y de terciopelo para ir a la iglesia: todos tendríamos que usar cascos protectores. Los ujieres tendrían que entregarnos chalecos salvavidas y luces de bengala; tendrían que amarrarnos a nuestros asientos. Porque el dios que duerme podría despertarse algún día y sentirse ofendido, o el dios que se despierta podría llevarnos a un lugar del cual no podremos regresar jamás.

ANNIE DILLARD: *Teaching a Stone to Talk [Cómo enseñarle a una piedra a hablar]*

Capítulo 6

La paz y el muro derribado: Efesios 2.11-22

Pero ahora en Cristo Jesús, a ustedes que estaban lejos, Dios los ha acercado mediante la sangre de Cristo. Porque Cristo es nuestra paz: de los dos pueblos ha hecho uno solo, derribando mediante su sacrificio el muro de enemistad que nos separaba.

EFESIOS 2.13-14

Sólo conozco a Dios a través de Jesús. La grandeza única del cristianismo es creer en un Dios pobre, como una herida en lo absoluto. Dios, el niño en un pesebre. Ningún hombre podría haber inventado algo semejante: ello requiere revelación.

JEAN SULIVAN: *Morning Light* [La luz matutina]

El mensaje de Pablo sobre cómo crecer en Cristo nos interrumpe con una apabullante exposición de lo que está ocurriendo en este mundo en el que vivimos (Efesios 1.3-14). Pisándole los talones viene una sorprendente redefinición de cómo nos entendemos a nosotros mismos los que vivimos en este mundo (1.15-23).

Lo que está ocurriendo es esto: Dios está continuamente en acción de una manera completamente gloriosa.

Y lo que entendemos es esto: cada parte de nuestra vida se ve afectada por estas acciones de Dios.

* * *

La mayoría de nosotros hemos tenido una enseñanza bastante detallada que nos permite comprender este mundo en cuanto a la astronomía y geografía e historia. Aprendemos que la tierra gira alrededor del sol, lo cual es una idea a la que tenemos que acostumbrarnos porque decididamente no lo parece. Aprendemos que vivimos sobre una esfera y no sobre una superficie plana (esto es algo que jamás podríamos haber adivinado sin la ayuda de un maestro). Aprendemos que han sucedido muchas más cosas que las que observamos en nuestros hogares y vecindarios: que Colón (¿o acaso fue Leif, apodado El afortunado?) descubrió América; que el rostro de Elena de Troya lanzó mil barcos; que Napoleón, un hombre que según Ezra Pound no era capaz de construir un gallinero, se convirtió en un hombre famoso al comenzar una gran guerra y matar mucha gente; que Rachel Carson alertó al país sobre el daño que nos estamos haciendo los unos a los otros y a los árboles y el aire, el agua y las aves que nos rodean, y que nos empujó a que hiciéramos algo al respecto.

Pero en todo esto no hay mucho sobre Dios. Cuando terminamos la escuela primaria, la mayoría de nosotros sabemos más sobre las fases de la luna, el ciclo de vida de los batracios y las aventuras de Lewis y Clark, que de Dios. Aquí hay una gran ironía, porque Dios representa la mayoría de las cosas que ocurren en este mundo. Si vamos a crecer, tenemos que saber qué está ocurriendo en el vecindario. Tenemos que saber sobre *Dios* en el vecindario. Tenemos que saber que Dios está continuamente activo en este mundo. Tenemos que saber que en y con, antes y después de todo lo que es y ocurre, Dios está presente y activo. Pablo nos lo dice. Pablo nos dice que todo lo que ocurre en este mundo, incluyéndonos a nosotros, tiene como propósito la "alabanza de su gloria" (Efesios 1.14).

* * *

La mayoría de nosotros sabemos bastante sobre nosotros mismos. Aprendemos el idioma del país. Aprendemos los rudimentos de lo que necesitamos para permanecer sanos y con vida. Con una buena dosis de ayuda de nuestros padres, aprendemos que tenemos que cepillarnos los dientes y lavarnos las manos. Aprendemos a atarnos los zapatos. Sabemos lo que necesitamos hacer para no meternos en problemas con nuestros padres y amigos. Aprendemos otros elementos de sobrevivencia en el camino: cómo completar la escuela, cómo conseguir un empleo, cómo casarnos y criar una familia. Descubrimos lo que nos gusta y qué es lo que sabemos hacer bien. Aprendemos acerca de las aptitudes y las emociones. Nos enamoramos. Nos desenamoramos. Aprendemos cómo llevarnos bien, o no.

Pero cómo figura Dios en todo esto día tras día es algo incierto. Sabemos de manera bastante detallada lo que implica ser un niño y tener (o no tener) padres. Sabemos lo que nuestros maestros piensan de nosotros y cuál es su lugar en nuestra vida. Sabemos qué es lo se siente al tener un buen amigo. Sabemos cómo nos sentimos cuando somos dejados de lado. Conocemos la descarga de adrenalina que sentimos cuando corremos rápido, andamos en bicicleta o en la montaña rusa. Pero no es perfectamente obvio que Dios esté con nosotros en estas maneras inmediatas que contribuyen al entendimiento de nosotros mismos.

Si no sabemos lo que Dios piensa de nosotros y qué es lo que tenemos que hacer con Dios, no podemos entender realmente lo que significa crecer. Tenemos que saber que Dios no es tan solo una "deidad en general", que no es alguien que está ocupado haciendo algo importante en el universo, lejos de quienes somos o lo que pensamos de nosotros mismos. Dios no está lejos; Dios está presente y activo en nosotros. La forma en que Dios piensa en nosotros y cómo nos trata no es tan solo un ítem más en una larga lista de esas otras maneras en las que aprendemos a entendernos a nosotros mismos. Es, de hecho, bastante diferente. Es una sorpresa, y una buena sorpresa. Es una redefinición radical de quienes somos de una manera diferente a todos los demás. Tenemos que entender que Dios está involucrado en todos los aspectos de nuestra vida, no tan solo los religiosos. Pablo en sus cartas nos dice que somos santos.

Lo que Pablo nos dice implica una completa reorientación de la manera en que hemos aprendido a conocer el mundo y a comprendernos. No excluye lo que hemos aprendido de nuestros padres y maestros y amigos. Pero coloca todo en una realidad mucho más amplia: una manera de ver el mundo y de comprendernos que lo cambia todo.

Aquí está la oración de cierre de esta completa reorientación: "Dios sometió todas las cosas al dominio de Cristo y lo dio como cabeza de todo a la iglesia. Ésta, que es su cuerpo, es la plenitud de aquel que lo llena todo por completo" (Efesios 1.22-23).

La iglesia: la entrada final en la letanía de las acciones de Dios, la cual establece las condiciones en las que crecemos en Cristo. Uno de los escritores con mayor discernimiento sobre Efesios lo dice con esta frase: "comenzamos una de las secciones más difíciles de la carta"[1]

LAS ZARZAS DEL INDIVIDUALISMO

Pablo debe presentir que va a ser difícil cambiar nuestra manera de pensar de lo que nos dicen nuestros padres y maestros y amigos sobre el mundo y nosotros mismos a lo que Dios revela, de modo que se toma su tiempo para explicarlo. No se abalanza sobre ello. Antes de encargarse de la "iglesia", ese tema culminante que abarca todo lo que ha ocurrido antes, Pablo despeja el camino para ayudarnos a atravesar un terreno escabroso. Lo que hace es guiarnos por las espinosas zarzas del individualismo.

El individualismo es la costumbre de entender el crecimiento como un proyecto aislado que obstruye el crecimiento e inhibe la maduración. El individualismo es el egocentrismo con aires de importancia. El individualista es la persona que está convencida que puede servir a Dios sin tener que lidiar con él. Ésta es la persona que está segura de que puede amar a sus semejantes sin saber cómo se llaman. Ésta es la persona que supone que "tomar la delantera" significa dejar atrás a los demás. Ésta es la persona que, habiendo obtenido la capacidad de conocer a Dios o la gente o el mundo, usa ese conocimiento para hacerse cargo de Dios o la gente o el mundo.

Sin duda, nosotros somos inherentemente individuos responsables por nuestras intenciones y el uso de nuestro libre albedrío. Dios no nos eviscera quitándonos nuestra individualidad cuando ingresamos a la iglesia. Más bien, la iglesia es donde cultivamos la sumisión al cuidado y autoridad de Dios.

---

1 Ernest Best: *A Critical and Exegetical Commentary on Ephesians* (Edinburgh: T. & T. Clark, 1998), p. 181.

Los Estados Unidos, acompañados de una forma degradada de evangelicalismo, son la capital mundial del individualismo. Por tanto, es comprensible que los cristianos americanos experimenten una tasa tan alta de heridas, e incluso bajas, al tratar de atravesar los cardos y las rocas y los baches del individualismo que tan seriamente obstaculizan nuestro crecimiento en Cristo.

Porque mientras el individualismo tenga rienda suelta en nuestra vida, no seremos capaces de aceptar la iglesia. El individualismo nos impide seriamente crecer hasta alcanzar una humanidad que se conforme a la plena estatura de Cristo. Si no prestamos atención podría ser fatal, destinándonos a una vida entera de inmadurez.

Pablo lo entiende. El desea que nosotros lo podamos entender. Por tanto, antes de aceptar el don de Dios de la iglesia, él nos ayuda a atravesar las sutiles traiciones del individualismo al mostrarnos cómo están integradas la gracia y las buenas obras (el tema del capítulo anterior). Si la gracia y las buenas obras están separadas, pueden convertirse en un caldo de cultivo para el individualismo: el vivir una vida "espiritual" (o intelectual o sacrificada o devota) sin acciones que correspondan a lo que creemos; o vivir una vida "práctica" (trabajando para la causa de Dios, ayudando a la humanidad, liderando causas dignas) sin ninguna relación personal con Dios. En pocas palabras, el especializarnos en Dios (la gracia) sin preocuparnos por la gente; o especializarnos en la gente (las buenas obras) sin preocuparnos por Dios.

¿Por qué es tan difícil superar los efectos, que debilitan el alma, del individualismo? Después de todo, en Jesús, que nos muestra el camino en todas las cosas, no hay ninguna discrepancia perceptible entre la gracia y las buenas obras. Ninguna. Él era totalmente Dios y totalmente humano. Su ser (la gracia) y su hacer (las buenas obras) estaban fusionadas. Y es en Jesús que crecemos. Si nos concentramos en Jesús en vez de concentrarnos en nosotros mismos, no creo que esto sea algo difícil de comprender. Lo que es difícil es acostumbrarnos a ello. Nos creemos demasiado importantes. Es Cristo, no yo, ni usted, ni nosotros, quien "lo llena todo por completo". Tenemos que acostumbrarnos a esta verdad..

"Una casa seria en tierra seria"

Una vez que hubo eliminado del suelo las zarzas del individualismo, Pablo estuvo listo para explorar su última anotación en el catálogo de las condiciones en las que maduramos como hombres y mujeres de Dios: la iglesia, "la iglesia... que es su cuerpo, es la plenitud de aquel que lo llena todo por completo" (Efesios 1.22-23). La iglesia no es simplemente la anotación final. La iglesia resume todo lo que Dios hace, todo lo que Dios es, todo lo que somos en Cristo. La iglesia está compuesta de todo lo que implica vivir la vida madura en Cristo.

Esto es importante. No podemos entender ni experimentar la iglesia como algo discreto. Y nosotros no maduramos tomando cursos sobre la madurez o leyendo libros sobre la madurez. La madurez es todo aquello a lo que comenzamos a prestarle atención y a responder, todo lo que Cristo es. No podemos ingresar en ella independientemente de todo lo que primero nos lleva a ella y luego emana de ella. Lo primero que nos lleva a la madurez es que la iglesia es mucho más de lo que creemos.

Lo que la mayoría de nosotros ve es un edificio en una calle de nuestro vecindario. Por lo general, aunque no siempre, tiene el aspecto de una iglesia. Pero no la podemos confundir ya que, usualmente, tiene un letrero que la identifica como "iglesia".

Para algunos de nosotros, ésta es la iglesia a la que nos llevaron nuestros padres cuando éramos niños. Otros pasan por la puerta cuando son ya mayores, a veces por curiosidad, otras veces debido a la invitación de amigos. Vamos a esta iglesia casi todos los domingos. Llegamos a conocer los nombres de los concurrentes y algunos de ellos se convierten en nuestros amigos. El pastor o el ministro nos invita a adorar a Dios, cantamos himnos y escuchamos sermones. Recibimos el sacramento de la Santa Cena del Señor y en algunas ocasiones hay algún bautismo.

Para otros, la iglesia es un edificio al que ingresamos sólo cuando hay una boda o un funeral. La única razón por la que acudimos es el afecto por las personas que contraen matrimonio o respeto por la persona que ha fallecido.

Pero lo que ocurre en el edificio de la iglesia, tanto para los de adentro como para los de afuera, es algo bastante común y corriente con personas normales, o por lo menos, así lo parece. No requiere ninguna capacitación ni habilidades que tengamos que dominar. Es tan solo gente que ora y canta y escucha, que intercambia votos, que es bendecida, que recibe a Jesús en el pan y el vino, que celebra su matrimonio, que honra a los muertos. Millones de hombres, mujeres y niños hacen esto en el Día del Señor por todo el mundo, y algunos de sus amigos los acompañan durante las ocasiones especiales. Ya lo hemos estado haciendo durante dos mil años.

Todo aquél que ingrese a estos edificios con la esperanza de que lo entretengan o de que lo alivien de una vida insípida y aburrida es probable que no regrese otra vez. Todo el que entre a una iglesia con la esperanza de ver un milagro o tener una visión, probablemente se alejará decepcionado. En las iglesias no se ve nada fuera de lo ordinario. Lo que vemos es lo que obtenemos. Y lo que vemos es dolorosamente común.

* * *

A mediados del siglo veinte, la concurrencia a la iglesia en Europa, con Norteamérica a sólo unos pocos pasos de distancia, comenzó un declive lento y luego precipitado. El obituario de Dios —¡Dios está muerto!— aparecía publicado infinitas veces en los periódicos y era elaborado en libros. La "espiritualidad"[2], una tendencia prometedora pero totalmente imprecisa, parecía en alza. Entretanto la iglesia, el lugar tradicional de reunión para adorar a Dios, estaba perdiendo terreno.

Mientras todo esto se llevaba a cabo, Philip Larkin, un poeta británico, escribía un poema titulado "Church Going"[3]. Era un poema sobre ir a la iglesia donde nadie iba a la iglesia. Al menos no iban a la iglesia para adorar a Dios, que es la razón por la que se construyen las iglesias.

Yo leí el poema durante una época en la que me habían encomendado la tarea de organizar y desarrollar una iglesia. Era a principios de los sesenta. Yo iba de puerta en puerta en una zona de crecimiento de población en el noreste de Baltimore, presentándome a la gente y relatándoles lo que estaba haciendo. Aunque no era mi finalidad, resultó que comencé a reunir evidencias directas de que cada vez iba menos gente a la iglesia. Muchos de ellos dieron como explicación el hecho de que estaban metidos "en la espiritualidad". Yo tenía la sensación de que estaba vendiendo y arreglan-

2 La palabra tiene un buen linaje, habiéndose originado en aquello que tiene que ver con el Espíritu Santo. Pero en el actual lenguaje común de los Estados Unidos, se reduce por lo general al espíritu humano con una referencia sólo tangencial al Espíritu de Dios. Pongo la palabra entre comillas para indicar ese uso reducido e individualista de la palabra. En ***Cristo actùa en diez mil lugares*** (Miami: Editorial Patmos, 2010), proporciono un comentario extendido sobre el término.

3 Philip Larkin: *The Less Deceived* (Hessle, Yorkshire: The Marvell Press, 1955), p. 28.

do bicicletas en un país donde las bicicletas habían sido el principal medio de transporte pero que ahora de repente habían sido reemplazadas por el automóvil. Las bicicletas eran obsoletas. Los coches eran lo que estaba de moda: más rápidos, más fácil de andar. ¡No tenían pedales!

El pedalear una bicicleta era ir a la iglesia. El conducir un automóvil era la espiritualidad.

¿Acaso tenía algún futuro el organizar y construir otra iglesia más donde cada vez más personas habían dejado de ir a la iglesia para dedicarse a la espiritualidad? ¿Acaso se había llevado a cabo un cambio de paradigma de la iglesia a la espiritualidad cuando yo no estaba mirando y pronto la iglesia sería parte de algo obsoleto junto con las escuelas de una sola habitación, la frenología y las señales de humo?

Ése fue el entorno en el que leí el poema de Larkin por primera vez. Capturó mi interés, pero al rato no le podía sacar los ojos de encima. Después de numerosas lecturas, yo estaba listo para dedicarme nuevamente a la iglesia.

* * *

El poema está narrado por un hombre que anda en bicicleta y que se detiene en una iglesia rural un día a mitad de semana. Al entrar en ella se quita el sombrero y los broches de los pantalones "en una torpe reverencia". Una iglesia no es territorio conocido para él, ciertamente no como lugar para adorar a Dios. Pero algo lo impulsa a entrar. Observa su entorno y entre otras cosas advierte "una expansión de flores frescas cortadas para el domingo". Avanza hacia el coro y presbiterio, desliza su mano por la fuente bautismal, se para detrás del atril, lee una pocas líneas de las Escrituras con una simulada seriedad y se va. Firma el libro en la entrada y dona "seis peniques irlandeses" al salir.

Se pregunta por qué lo hizo: "era un lugar donde no valía la pena detenerse". Sin embargo, se detuvo. A menudo se detiene en iglesias vacías en sus excursiones en bicicleta y entra en ellas. ¿Para qué sirven?, se pregunta. ¿Qué les ocurrirá cuando nadie concurra a adorar en ellas, que es lo que sin duda, tarde o temprano, va a ocurrir? Quizás algunas de las más grandes queden expuestas como piezas arquitectónicas de un museo, mientras que la lluvia y unas pocas ovejas pastando completan la lenta demolición del resto. Siguiendo la inevitable desintegración de la fe, la superstición también habrá de morir (los fantasmas y las historias de fantasmas, curas para el cáncer y oráculos susurrados en el viento a través de las ruinas). Con la ida de la fe y la superstición, ¿qué quedará? Nada más que un lugar para calcos de lápidas y quizás algún olorcillo de santidad recién evaporado. O como una parada para ciclistas causales como él, "aburridos y desinformados", preguntándose para qué sirven las iglesias si tanto Dios como su adoración han pasado ya de moda.

Luego, espontáneamente, sus reflexiones, a pesar de su cínico escepticismo, se profundizan. Él reconoce que ésta es "una casa seria en una tierra seria", donde "alguien va a sorprenderse eternamente al descubrir que el hambre que siente en su interior es un hambre verdadera". Y esa hambre "no puede ser jamás obsoleta".

Cuando todos dejan de ir a la iglesia, ¿siguen las iglesias siendo iglesias? Si Larkin tiene razón, y ahora estoy convencido de que es así, la respuesta es sí. La iglesia no "puede ser jamás obsoleta". Yo estaba ahora listo para volver a llevar adelante mis tareas en la iglesia.

* * *

En realidad, el asunto de la iglesia comprende muchas más cosas de las que creemos. Pablo nos dice lo que es. Así como el ciclista de Larkin pasa de lo externo que ve en la iglesia vacía, "la expansión de flores", Pablo nos hace partícipes del hecho bien documentado de que la iglesia es un lugar donde "alguien va a sorprenderse eternamente al descubrir que el hambre que siente en su interior es un hambre verdadera". Al dejar que Pablo forme nuestro entendimiento sobre lo que ocurre en la iglesia, lo que nos llama la atención es que, principalmente, la iglesia es la actividad de Dios en Cristo mediante el Espíritu Santo. Dios y Jesús son el sujeto de nueve verbos activos que nos dicen lo que está ocurriendo en la iglesia: Jesús es nuestra paz (Efesios 2.14), nos ha hecho uno solo (v. 14), derribó el muro de enemistad que nos separaba (v. 14), anuló la ley (v. 15), creó una nueva humanidad (v. 15), hizo la paz (v. 15), reconcilió (v. 16), dio muerte (v. 16), proclamó paz (v. 17).

Y en la medida en que estamos incluidos en la acción, ella no es algo que hacemos nosotros, sino que es algo que es hecho en nosotros. Pablo usa cinco verbos pasivos para decirnos cómo somos incluidos en la acción: somos acercados (v. 13), el Espíritu nos da acceso (v. 18), somos edificados sobre el fundamento (v. 20), somos unidos (v. 21), somos edificados juntamente (v. 22). Simples cópulas nombran las identidades que adquirimos a través de la acción de Dios. Se nos identifica como ciudadanos y miembros de la iglesia. Cuando somos atraídos hacia la acción, es Dios quien lo hace. Adquirimos nuestra identidad no por lo que hacemos, sino por lo que ha sido hecho en nosotros.

Esto es lo que transforma la iglesia que vemos en la iglesia que no vemos: "una casa seria en una tierra seria", un lugar donde alguien se sorprende al descubrir que "el hambre que siente en su interior es un hambre verdadera".

La iglesia ontológica

Pero es difícil conseguir esta forma de entender la iglesia, quizás especialmente en los Estados Unidos. Los estadounidenses hablan y escriben incesantemente sobre qué tendría que ser la iglesia y qué tendría que hacer la iglesia para ser más eficaz. Se analizan las aparentes fallas de la iglesia y se recomiendan estrategias reformadoras. Se entiende a la iglesia casi exclusivamente según su función, según lo que podemos ver. Si no lo podemos ver, no existe. Todo es visto a través de la lupa del pragmatismo. La iglesia es un instrumento que nos han dado para que llevemos a cabo lo ordenado por Jesús. La iglesia es el escenario donde se motiva a la gente para que continúe la obra de Cristo.

Esta forma de pensar, la iglesia como una actividad humana que puede ser medida por las expectativas humanas, es perseguida irreflexivamente. La enorme realidad de que Dios ya obra en todas las operaciones de la Trinidad permanece sentada en el banco de los suplentes mientras llamamos a un tiempo de espera, nos agrupamos con las cabezas bajas y tratamos de diseñar una estrategia mediante la cual podamos compensar la lamentable retirada de Dios a la invisibilidad. Esto es algo totalmente equivocado y es la causa de que no se le ponga fin a la superficialidad y experimentación para tratar de alcanzar el éxito y la relevancia y la eficacia que la gente puede ver. Las estadísticas proporcionan el vocabulario básico para llevar la cuenta de los tantos. Los programas proveen la estrategia del partido. Esta forma de hacer las cosas le ha ocasionado, y continúa ocasionándole, un tremendo daño a la iglesia de los Estados Unidos.

Esta forma de entender a la iglesia es muy, muy estadounidense y muy, muy errónea. No podemos entender a la iglesia de manera funcional, como tampoco podemos entender a Jesús de esa manera. Tenemos que someternos a la revelación y recibir a la iglesia como un don de Cristo que se corporiza en este mundo. Pablo nos dice que Cristo es la cabeza de un cuerpo, y el cuerpo es la iglesia. La cabeza y el cuerpo son una sola cosa.

"Ontología" es una palabra que nos permite pasar por alto todo este embrollo de funcionalidad. La ontología tiene que ver con el ser. Una comprensión ontológica de la iglesia tiene que ver con lo que ella es y no con lo que ella hace. Y su ser es mucho más amplio, profundo y elevado que lo que ella hace, o que lo que podemos controlar o manipular. El teólogo de Singapur, Simon Chan, alude a nuestra persistente costumbre de ver a la iglesia como instrumental y pragmática cuando escribe: "Cuando el propósito es entender a la iglesia, la sociología toma el mando"[4]. El ser de la iglesia es lo que nos concierne. La iglesia no es algo que hagamos a toda prisa para hacer algo para Dios. Es "la plenitud de aquel que lo llena todo por completo" (Efesios 1.23) que trabaja integralmente con y para nosotros.

* * *

Habiendo introducido el término "iglesia" en su carta de "crecer en Cristo" (Efesios 1.22-23) y habiéndonos guiado a través del escabroso terreno del individualismo, Pablo está listo para dejar de dar vueltas. Emprende la tarea de estimular en nosotros una imaginación que sea adecuada para incorporar todo lo que implica la iglesia.

Pablo comienza a renovar la comprensión que tenían los efesios de la iglesia, recordándoles lo que la iglesia no es. "Recuerden", dice Pablo, lo que solía ser vuestra vida anterior a la iglesia (2.11). Esto es

[4] Simon Chan: *Liturgical Theology* (Downers Grove, IL: InterVarsity Press, 2006), p. 36.

importante. Si vamos a poder entender lo que significa ser una iglesia, tenemos que tener presente lo que la iglesia no es, recordar nuestra vida anterior a la iglesia. ¿Recuerdan cómo ustedes solían ser definidos enteramente por lo que no eran? Pablo les ayuda a recordar mediante su énfasis en siete elementos negativos: gentiles (todos los efesios eran gentiles, o sea que no eran judíos), incircuncisos, sin Cristo, excluidos de la ciudadanía de Israel, ajenos a los pactos, sin esperanza y sin Dios.

Improvisando el *recuerden* de Pablo, lo escucho decir: "¿Recuerdan lo que fue esa transición cuando traspasaron el umbral de la iglesia, la transición de la exclusión a la inclusión? ¿Recuerdan la sorpresa al descubrir que tenían acceso a Dios y su revelación después de haber sido ajenos a ello? Recuerden esto bien, porque no podemos comprender a la iglesia por medio de elementos negativos, por medio de lo que no es. Y tampoco pueden ustedes".

Hay una considerable ironía en la probabilidad de que esta definición negativa le hubiera sido dada a los primeros cristianos gentiles por los cristianos judíos que representaban a la iglesia. Pero es comprensible. Los judíos tenían una larga trayectoria como pueblo de Dios con antepasados tales como Abraham, Moisés, Samuel, David, Elías y Eliseo, Isaías y Jeremías como parte de su árbol genealógico. Tenían un sentido bien desarrollado de ser un pueblo elegido, que por cierto lo eran. Eso era algo bueno. Pero junto con eso, habían desarrollado un serio prejuicio contra los que no eran judíos como pueblo rechazado, que por cierto no lo eran. El pacto de origen con Abraham era que "por medio de ti serán bendecidas todas las familias de la tierra" (Génesis 12.3, citado por Pablo en Gálatas 3.8). Más de mil años más tarde esta inclusión de la bendición del pacto fue reafirmada en la predicación de Isaías de todas las naciones confluyendo "al monte del Señor" (Isaías 2.2-3) y "la casa de oración para todos los pueblos" de Dios (56.7): la "casa seria en tierra seria" de Larkin.

Este prejuicio, formado de manera contraria a la autoridad magistral de Abraham e Isaías, no era algo bueno. Por lo tanto, cuando Jesús, con un sólido linaje judío, fue reconocido como el Mesías, y su crucifixión y resurrección fueron definitivas para la salvación, fue difícil para los judíos, que eran los primeros cristianos, aceptar a los gentiles como parte de la familia de la fe. A la larga los aceptaron, pero los primeros cristianos gentiles no la tuvieron fácil.

Pablo, con sus impecables credenciales como judío, quien se identificaba a sí mismo como "apóstol para los gentiles", aquellos percibidos como ajenos, extraños, extranjeros; no dejaba de insistir en que la iglesia no tolera divisiones, ni condescendencias, ni rechazo de nadie por ninguna razón. Pablo no admite excepciones: "Ya no hay judío ni griego, esclavo ni libre, hombre ni mujer, sino que todos ustedes son uno solo en Cristo Jesús. Y si ustedes pertenecen a Cristo, son la descendencia de Abraham y herederos según la promesa" (Gálatas 3.28-29), esa promesa de bendición citada de Génesis 12.3.

* * *

Las precondiciones de la iglesia no son diferentes a las precondiciones de la creación: "la tierra era un caos total, las tinieblas cubrían el abismo, y el Espíritu de Dios iba y venía sobre la superficie de las aguas" (Génesis 1.2). Dios habla sobre el vacío sin forma, ese caos oscuro y acuoso, y da a luz las formas de la creación.

El "Hijo unigénito del Padre" que estaba "en el principio con Dios" y por medio del cual "todas las cosas fueron creadas", Jesucristo (Juan 1.1-14), también habla sobre los escombros después de la caída, desintegración, desconexión, despersonalización, el caos de la humanidad escindida, almas vacía, familias divididas, y da a luz "de las entrañas de la aurora" (Salmo 110.3)… la iglesia.

La iglesia a la que Cristo Jesús da vida tiene como telón de fondo la creación a la que dio vida la Palabra que estaba en el principio con Dios.

Ésta es la iglesia ontológica. Ésta es la iglesia en todo su ser. Este ser es anterior a todo lo que hagamos o no hagamos. Nosotros no creamos la iglesia, sino que entramos y participamos en lo que nos dan. Por supuesto, lo que hacemos es importante. Nuestra obediencia y desobediencia, nuestra fidelidad e infidelidad, lo que *deberíamos* hacer y lo que *no deberíamos* hacer, son parte de ella. Pero lo que deseo decir es que hay más, mucho más, en la iglesia que nosotros mismos. Hay Padre, Hijo y Espíritu Santo. La mayor parte, aunque no todo, de lo que *es* la iglesia es invisible. Si insistimos en medir y definir a la iglesia por los roles que desempeñamos en ella, si insistimos en evaluar y juzgar a la iglesia por lo que pensamos que *debería* ser, perdemos de vista su complejidad y su gloria.

* * *

Hace cincuenta años me enamoré de una mujer que al poco tiempo se convertiría en mi esposa. Yo estaba tomando cursos de posgrado en la Universidad Johns Hopkins en Baltimore. Ella estaba por graduarse de la Universidad Estatal de Towson. Nuestros estudios eran muy exigentes y no teníamos demasiado tiempo para estar juntos, ni siquiera para ir al Parque de Druid Hill para pasear por el zoológico o al Inner Harbor para disfrutar de los malabaristas y magos y músicos que brindaban entretenimiento a los peatones. Tampoco teníamos demasiado dinero para ir al teatro o conciertos. La universidad les daba a los alumnos de posgrado un pase gratis a todos los eventos deportivos y, por lo tanto, íbamos a todos los partidos que se jugaban, nos importaran o no, ya que era un espacio libre donde podíamos estar juntos. Como todos los demás estaban mirando el partido, esto se convirtió también en un espacio esencialmente privado en el que podíamos continuar conociéndonos sin interrupciones, lo cual era, de todas maneras, la razón principal por la que estábamos allí.

Cuando llegó la primavera, el deporte era lacrosse, un deporte que ninguno de nosotros había visto jamás. En nuestro primer partido, por curiosidad, prestamos atención con la esperanza de poder entender algo de lo que estaba sucediendo. Pero no pudimos entender nada. Ante nuestros ojos sin experiencia, todo nos parecía como un caos organizado donde los jugadores en la cancha estaban atrapados en un torbellino de legítima violencia. No tardamos en volver a nuestro propósito inicial. Todos los sábados estábamos en las tribunas descubiertas en el campo de lacrosse, sin prestar casi ninguna atención al partido que no habíamos alcanzado a comprender. Estábamos aprendiendo a comprendernos mutuamente y cada vez lo hacíamos mejor, pero prácticamente renunciamos al lacrosse.

Durante ese tiempo, tuve que ir al hospital para que me arreglaran una antigua lesión de atletismo en la rodilla. Unos días después de haber sido dado de alta, me diagnosticaron una infección de estafilococos contraída durante la cirugía. Me llevaron a la enfermería de la universidad en el campus. La enfermería era una sola habitación de alrededor de treinta pies cuadrados con camas colocadas en su periferia. Había allí otros estudiantes, todos ellos jugadores de lacrosse que se habían lesionado practicando el deporte: uno se había roto el tobillo, otro se había roto una de las clavículas y el otro tenía una costilla rota. Tenían con ellos sus palos de lacrosse y una pelota y pasaban la convalecencia tirándose la pelota el uno al otro con el palo de lacrosse, rebotándola contra las paredes y contra el piso.

Su habilidad era asombrosa. La pelota iba a una increíble velocidad por todo el cuarto, pero también con una absoluta precisión. Llegué a temer por mi vida, ya que la pelota pasaba a pulgadas de mi cabeza. Pero no tendría que haber sentido ningún miedo: ellos sabían lo que estaban haciendo y sabían hacerlo muy bien. Estuve allí toda una semana. Durante ella, me dieron un curso intensivo sobre lacrosse. Con paciencia, me enseñaron los métodos de ese deporte. A partir de mi percepción original de caos y torbellino emergió un deporte intrincado y exquisito, lleno de gracia y hermosura en su ejecución.

Desde aquella semana en la clínica, he pasado cincuenta años como pastor de una iglesia donde muchas de las personas que concurren a ella no parecen tener idea de lo que está ocurriendo. Lo que ven es caos: hostilidades, heridas, quebrantamientos, peleas dentro de la iglesia, sordidez, arrogancia, luchas religiosas. Muchos de ellos encuentran un lugar en las tribunas junto con unos pocos que piensan como ellos y se conforman con lo que encuentran allí. Sobreviven mediante la negación de todo lo que les parezca confuso y que los desoriente. Alejan su atención de lo que está sucediendo en el campo de acción (en la congregación, en la denominación). Oran juntos, estudian juntos, socializan. La vida en las tribunas no es del todo mala.

Hay otras personas que están tan alteradas por lo que perciben como caos en el campo de juego, que deciden "hacer algo al respecto". Quieren un partido que tenga el aspecto de un partido, una iglesia que tenga el aspecto de una iglesia, donde nadie salga lastimado y todo esté en orden y en su lugar. Entienden que la iglesia es algo de lo que tienen que ocuparse. Y, por supuesto, hay muchas otras personas que simplemente se van y buscan un deporte que les resulte conocido o se van a su casa y encienden el televisor donde pueden satisfacer, si así podemos llamarlo, sus necesidades religiosas escogiendo una marca sin tener que lidiar personalmente ni con Dios ni con la gente.

* * *

Ninguna de estas tres respuestas a lo que se percibe como el desorden y caos apabullante de la iglesia carece de valor, ya sea el encontrar un lugar confortable, encontrar algo que arreglar o buscar algo que armonice con el temperamento y las circunstancias individuales de cada uno. Pero todas ella, al reducir la iglesia a una cuestión de función y preferencia personal, pierde de vista su riqueza, su complejidad, su vivacidad compleja que forma parte inherente de todo lo que ocurre.

Pablo desea que nosotros entendamos primero y luego participemos en la iglesia tal cual es, como el Cristo viviente. Desea que primero y principalmente comprendamos a la iglesia en relación a su ontología, su ser, no su función. Claro que hay funciones: ocurren cosas, se hacen cosas, hay trabajos que se deben hacer y tareas que se deben obedecer. Pero si no entendemos a la iglesia como el cuerpo de Cristo, siempre nos sentiremos insatisfechos, impacientes o disgustados por lo que vemos. Nunca percibiremos la elegancia y complejidad de la iglesia. Perderemos de vista la "alabanza de su gloriosa gracia". No discerniremos lo que ocurre justo delante de nuestros propios ojos en nuestra congregación. Mucho de lo que se puede observar en la iglesia es simplemente incomprensible como iglesia si no tenemos una ontología de la iglesia.

"[Jesús] es nuestra paz"

Paz es la palabra que elige Pablo para ayudarnos a entender la iglesia de manera ontológica. Comienza identificando a Jesús como "nuestra paz" (Efesios 2.14). A continuación, pasa a describir a Jesús como "haciendo la paz" (v. 15) y "proclamando la paz" (v. 17). Elabora esta triple evocación de paz diciéndonos que hemos "sido acercados" mediante Jesús (v. 13), que Jesús "de los dos pueblos [judíos y no judíos] ha hecho uno solo" (v. 14), que Jesús "ha derribado mediante su sacrificio el muro de enemistad que nos separaba" (v. 14), que Jesús "ha anulado la ley… para crear en sí mismo de los dos pueblos una nueva humanidad" (v. 15), y todo esto para que Jesús "pueda reconciliar con Dios a ambos en un solo cuerpo" (v. 16): cinco acciones diferentes de Jesús que se suman para alcanzar la paz. Cada una de estas cinco acciones aportan detalles y textura a nuestra comprensión de la paz: Jesús nos trae a casa, Jesús nos une, Jesús derriba las hostilidades, Jesús nos vuelve a crear como una humanidad unificada, Jesús nos reconcilia a todos con Dios. La paz es algo complejo y tiene muchas capas. Para lograr la paz se necesita mucha acción; y Jesús es la acción.

Hasta aquí todo marcha bien. Pero aquí hay un enigma: Si Pablo tiene razón, y yo no estaría escribiendo esto si no estuviera convencido de que así es, entonces, ¿por qué no es la iglesia con Cristo como su cabeza el lugar más destacado sobre la tierra como un sitio de paz y conciliación?

Tres cosas explican esta disonancia entre Jesús "nuestra paz" y la iglesia que muchas veces parece una zona de guerra. Estas tres cosas están relacionadas con la manera en que Jesús es nuestra paz.

Primero, Jesús es una persona. Esto significa que la paz es personal. Si no es personal, no es nada. No hay otra forma. No es posible alcanzar la paz de manera impersonal. No es una estrategia, ni un programa, ni una acción política, ni un proceso educativo. Jesús es siempre relacional, nunca una idea incorpórea, nunca un arreglo burocratizado. La paz no cobra realidad por decreto. Requiere participación en los caminos de la paz, participación en Jesús que es nuestra paz.

Segundo, Jesús nos respeta como personas. Él no se nos impone. Él no impone la paz. No nos coacciona. Jesús nos trata con dignidad. Su paz no es un decreto que todos deben aceptar sin lastimar o matar o despreciar a los demás. La paz no es nunca exterior. No es la ausencia de guerras o hambrunas o ansiedades que hace que nos sea posible vivir en paz. No la logramos librándonos de los mosquitos, adolescentes rebeldes y vecinos que siempre discuten. Tampoco la logramos quemando a los herejes en la hoguera.

Todos participamos de la paz. Jesús se está ocupando de llevarnos a nosotros y a todo lo que forma parte de nosotros (nuestras almas eternas) hacia una vida de conexión, de intimidad, de amor. Están ocurriendo muchas cosas, hay mucho involucrado en ello. Todos estamos implicados, nos guste o no. Lleva mucho tiempo porque Jesús no nos zarandea y nos obliga a entrar en vereda, no nos hace callar para evitar que perturbemos la paz. La paz está siempre en marcha. No es nunca un producto terminado.

Tercero, la manera en que Jesús se convierte en nuestra paz, y este es, literalmente, el quid de la cuestión, es mediante un acto de sacrificio. El sacrificio de Jesús es lo que hace que Jesús sea Jesús; es lo que hace que la paz sea paz; es lo que hace que la iglesia sea iglesia. Pablo lo dice de dos maneras diferentes: "mediante la sangre de Cristo" (Efesios 2.13) y "mediante la cruz" (2.16).

La iglesia es el lugar donde no se puede despersonalizar a los hombres y mujeres para convertirlos en ideas abstractas tales como los que están adentro y los que están fuera, los que forman la camarilla y los que no, los amigos y los enemigos. ¿La evidencia? Nuestra adoración: el Santo Bautismo, en el que se nos nombra personalmente en el nombre de la Trinidad, y la Santa Cena donde la paz se identifica inextricablemente con el sacrificio: el cuerpo quebrantado y la sangre derramada de Jesús que nos han sido dados para enfoque y aclaración y para llevarnos a una participación con la vida, muerte y resurrección de Jesús, que *es* nuestra paz.

* * *

No creo que tengamos que disculparnos por el hecho de que la iglesia no se destaque como lugar de paz. La paz es continua, compleja y trabajosa. Si la tomamos en serio, como en el caso de muchos de nosotros, no tardamos en darnos cuenta de que no existen atajos. Aceptamos las condiciones que nos son dadas como iglesia: Jesús, que no nos impone paz; nuestros vecinos, de al lado y de todo el mundo, a los que no les imponemos paz; y sacrificio, la única manera, la manera de Jesús, de traer paz sin violencia.

La iglesia, en lo más profundo de su ser, como es en sí misma, la iglesia ontológica, está compuesta de un vasto grupo de hombres y mujeres en diferentes etapas de madurez: bebés que chillan y gatean, adolescentes torpes e impulsivos, padres acosados y fatigados y ocasionales hombres santos y mujeres santas que lo tienen todo bajo control. Todos los que entendemos y practicamos la paz en compañía de Jesús, quien es nuestra paz, tenemos mucho que madurar. Cerca de la época en la que llegamos a ser maduros (si es que alguna vez lo logramos), descubrimos que hemos traído otra generación al mundo que tiene que pasar por el mismo proceso nuevamente. La humanidad no madura de una sola vez. Por lo tanto, la paz está siempre en elaboración, y también siempre en peligro. La iglesia es donde proclamamos a Jesús como "nuestra paz".

La iglesia es donde entendemos completamente la paz como Cristo presente y obrando entre nosotros. Pero ninguno de los que nos reunimos y adoramos juntos como iglesia fuimos admitidos en ese grupo gracias a la fortaleza de nuestra capacidad de paz. Todos tenemos mucho que crecer: aprender a adorar a Dios de manera personal; aprender a aceptar y abrazar a los demás como algo personal, como miembros de nuestra familia, y no como competidores o extraños; aprender a aceptar y seguir a Jesús con sacrificio por el camino de la cruz. Dado el grupo paralelo de circunstancias, que usamos mucho el vocabulario de la paz y que como niños que están aprendiendo a caminar, ninguno de nosotros lo hace demasiado bien, cuando alguien observa la iglesia como una actuación, ya sea desde el interior o desde el exterior, lo que más ven son rodillas raspadas y tobillos distendidos, intentos torpes y fallidos de mantener la paz. Pero también sabemos que en la fuente y centro de la iglesia, Jesús es nuestra paz. Así que no abandonamos la lucha.

Tampoco nos intimidan nuestros críticos, críticos que no saben nada de la iglesia ontológica, cuando se escandalizan por nuestros fracasos.

La iglesia hospitalaria

El eje de los cinco aspectos de la acción mediante la cual Jesús hizo y proclamó la paz se encuentra en la proclamación designada cerca del final de la carta (Efesios 6.15): "el evangelio de la paz" es Jesús mismo, derribando el muro, "el muro de enemistad que nos separaba" (2.14).

Jesús tira abajo la pared que separa a los que están dentro de los que están fuera, hombres y mujeres perdidos y sin hogar, extranjeros y foráneos. En su lugar, Jesús construye un lugar de paz. Tan pronto como son quitados los escombros, se construye una estructura para darles la bienvenida a los que solían ser hombres y mujeres alienados y hostiles a un lugar de hospitalidad.

Tres metáforas brindan los detalles de lo que implica esta realidad originada y habitada por Dios: "familia de Dios" (2.19), "templo santo en el Señor" (2.21), "morada de Dios" (2.22). Todas ellas son metáforas de la iglesia.

La utilidad de una metáfora es que es algo que podemos ver o controlar, pero que al mismo tiempo nos lleva a participar en algo que no podemos ver o controlar. Podemos ver una casa, un granero, una tienda, o en este caso, una familia, un templo, una morada. No podemos ver a Dios: Padre, Hijo y Espíritu Santo. Pero el edificio que vemos y el Dios que no podemos ver son lo mismo, ocupan el mismo espacio, están fusionados por las preposiciones "de", "en" y "de".

En un cierto nivel, la iglesia es algo que podemos ver. Es un edificio. Es un lugar en la tierra. Es local. Podemos ingresar por sus puertas, reunirnos con otras personas dentro de sus paredes, hablar y estudiar y orar bajo su techo. No es raro escuchar que la gente descarte el edificio de la iglesia como "nada más que ladrillos y cemento". En un mundo que obtiene su significado de "el Verbo se hizo hombre y habitó entre nosotros", lo que dicen es muy poco espiritual. Es lo mismo que decir: "Ella no es nada más que un rostro bonito", o "Él no es nada más que un felpudo", o "Jesús no es nada más que sangre y huesos". Nada es "nada más que".

La iglesia es algo que no podemos ver. No podemos ver la ascensión de Jesús. No podemos ver el "descenso de la paloma". No podemos ver los pecados que han sido lavados. No podemos ver el nacimiento de un alma. No podemos ver el río de vida. No es raro que la gente entre a la iglesia por simple curiosidad, mire a su alrededor, se marche, y luego les diga a sus amigos: "No pude ver nada de importancia". Esto es también algo muy poco espiritual, ya que muchas de las cosas que nos permiten vivir son invisibles, el aire que respiramos y las promesas que hacemos, para empezar.

* * *

Las tres metáforas de Pablo sobre la iglesia recogen varios aspectos de la iglesia como *lugar*, no sólo una idea, sino un lugar concreto de hospitalidad donde se nos da la bienvenida para participar con Jesús que es nuestra paz: la "familia de Dios", un lugar donde Dios reúne a su familia; un "templo santo en el Señor", un lugar donde nos apartamos para adorar a Dios; y una "morada de Dios", un lugar donde Dios se da a conocer en nuestro idioma y circunstancias, en palabras y sacramento.

Los aspectos locales, inmediatos, de participación de la iglesia se extienden mediante la descripción de los materiales de construcción usados para edificar la iglesia. Hombres, mujeres y niños son materiales al igual que maderas y ladrillos. Los apóstoles y profetas son piedras fundamentales, mientras que Jesús es la piedra angular y nosotros somos todo lo demás que forma la estructura: vigas y tirantes, pisos y techos, marcos de puertas y ventanas.

Cuando consideramos la iglesia, no podemos ser más espirituales que Dios. La iglesia es un lugar y un edificio, la iglesia es gente y relaciones, la iglesia es el Padre, el Hijo y el Espíritu Santo. Y todo esto a la misma vez: una, santa, universal y apostólica.

Capítulo 7

La iglesia y la multiforme sabiduría de Dios: Efesios 3.1-13

Los gentiles son, junto con Israel, beneficiarios de la misma herencia, miembros de un mismo cuerpo y participantes igualmente de la promesa en Cristo Jesús mediante el evangelio… El fin de todo esto es que la sabiduría de Dios, en toda su diversidad, se dé a conocer ahora, por medio de la iglesia, a los poderes y autoridades en las regiones celestiales.

EFESIOS 3.6

Tengamos cuidado de no hacer nada en este mundo
con demasiada facilidad o rapidez. Todo
es también un misterio y tiene su propia aura secreta a la luz de la luna,
su canción privada.

MARY OLIVER: "MOONLIGHT"

Pablo está en camino y cobrando impulso a medida que nos ofrece información confidencial para entender y participar en la iglesia. Lo más importante que tenemos que saber es que Cristo está involucrado en todo lo que sucede en la redención y juicio, reproche o bendición. En Efesios 1.22-23, Pablo usa la palabra "iglesia" por primera vez. Nos da a entender que Cristo y la iglesia están orgánicamente unidos como la cabeza y el cuerpo: Jesucristo es la cabeza de la iglesia; la iglesia es el cuerpo de Cristo. No podemos tener una cabeza sin un cuerpo; no podemos tener un cuerpo sin la cabeza. Es esencial que esta metáfora de la cabeza y el cuerpo sea tomada en serio, porque uno de los más frecuentes malentendidos de Cristo y la iglesia ocurre cuando separamos la cabeza y el cuerpo, Jesús y la iglesia, y luego los estudiamos o debatimos por separado.

Desde sus primeros renglones, Efesios nos satura de la primacía y presencia de Dios en todo. Con demasiada frecuencia, tratamos la vida cristiana en nuestra cultura como algo adicional, algo en lo que nos involucramos después de haber establecido nuestras necesidades básicas de sobrevivencia y luego nos damos cuenta de que las cosas no están completas aún. Entonces nos convertimos en cristianos. Eso está todo bien, pero no hay un a. de C. en nuestra vida, ningún "antes de Cristo". Tampoco hay un a. de C. en todos los que no son cristianos confesos. Cristo está *siempre* presente, para *todos* nosotros. Por el solo hecho de que no estemos conscientes de la presencia y acción de Dios antes de nuestro conocimiento de ella, no significa que Dios estaba ausente. No debemos suponer ingenuamente que la vida cristiana comienza con nosotros. Mientras pensemos en estos términos, juzgaremos todo y a todos según nuestra experiencia y circunstancias. Esa clase de pensamiento es comprensible en los adolescentes. Pero nosotros hemos sido llamados a crecer.

Pablo contrarresta con vigor las suposiciones a. de C.: nos informa sobre lo que estaba ocurriendo "antes de la creación del mundo" (Efesios 1.4). El mundo es inmenso y Dios obra en él de manera exhaustiva. No sólo esto, sino que todo lo que Dios hace, está haciendo y hará involucra toda nuestra vida (1.3-2.10). El crecer en Cristo significa crecer hasta alcanzar la estatura adecuada que nos permita responder con el corazón y el alma a la grandiosidad de Dios.

Efesios continúa expandiendo y profundizando lo que implica esta vida cristiana retomando la manera en que pensamos sobre la iglesia (2.11 y siguientes). La iglesia que es el cuerpo de Cristo tiene una larga historia previa. La formación del pueblo de Dios que comenzó con Abraham se concreta cuando la iglesia cobra forma en Pentecostés. La iglesia se forma en continuidad con Israel como una expansión de Israel, el "Israel de Dios" (Gálatas 6.16). Así como Israel, en el lenguaje de muchos de los profetas (Oseas 1-3; Jeremías 3.1-5; Isaías 54.4-7), era la esposa de Dios, así la iglesia es la novia de Cristo (Efesios 5.22-23; Apocalipsis 21.2, 9-11). Al convertirnos en cristianos, somos "injertados" en el olivo que es el pueblo de Dios (Romanos 11.17-24). Nos convertimos en conscientes participantes de la historia sagrada, un pueblo cuya vida recibe su identidad en Jesús y su resurrección, la encarnación del Hijo que existía "antes de la creación del mundo" (Efesios 1.4).

Paralelamente a la manera equivocada en que pensamos que el "cristianismo" es algo adicional que le sumamos a la vida, algo que mejora o completa lo que no era suficiente, así nuestra cultura piensa equivocadamente que la "iglesia" es algo que se le añade al "cristianismo". La iglesia no es un "agregado", un programa o animador que nos ayuda a ser fieles y mejores cristianos. Pensamos de manera equivocada cuando consideramos a la iglesia según lo que hace por nosotros, o (lo cual es aún peor) según lo que nosotros podemos hacer por ella. Mientras pensemos en la iglesia de esa manera, la evaluaremos según su capacidad de satisfacer las necesidades propias de cada uno, o según su necesidad de nosotros y de cómo la podemos ayudar. En el curso de todo esto, cortamos toda conexión con la intricada y rica historia de Israel.

Pablo no acepta nada de esto: en su mensaje de incursión a la iglesia (Efesios 2.11-14), Pablo usa cuatro veces el nombre de Cristo y usa ocho veces pronombres para Cristo (doce veces en total) al establecer el trabajo de base preliminar que nos habrá de mostrar cómo nace la iglesia y cómo tenemos cabida en ella. Es interesante que uno de los verbos que él usa es la gran palabra de Génesis "crear" ("Dios, en el principio, creó los cielos y la tierra"). Aquí, Pablo la usa en relación con Cristo que crea la iglesia ("para crear en sí mismo una nueva humanidad"). Es útil, pienso, dejar que nuestra imaginación agrupe esa magnífica historia inicial de la creación para que nos dé una perspectiva de esta segunda magnífica historia de la creación: la creación de la iglesia con su extensa prehistoria en el pueblo de Dios, Israel. Así como la creación proporciona el contexto para vivir en el pacto de Dios, la iglesia proporciona el contexto para la práctica de la resurrección de Jesús.

Sin embargo, a medida que Pablo continúa reordenando la manera en que experimentamos y pensamos sobre la iglesia, notamos un cambio de ritmo (Efesios 3.1-13). Hay una variación en la intensidad que había marcado su escritura hasta ese momento. Detectamos una leve disminución de la tensión. No es exactamente una digresión, porque el tema es el mismo, pero Pablo se permite ingresar en la conversación. El tono es más narrativo que dogmático. Las metáforas que eran tan llamativas en los primeros dos capítulos, le abren paso ahora al testimonio personal.

"Soy el más insignificante de todos los santos"

Por lo general, Pablo es reticente cuando habla de sí mismo. Tiene un tema mucho más importante del que ocuparse. Él está tratando de resolver el vasto territorio de la vida cristiana, las realidades amplias y profundas de la acción de Dios en la creación y salvación, la resurrección de Jesús que nos traslada de la muerte a la vida, la iglesia en la que somos edificados "para ser morada de Dios" (Efesios 2.22). No desea distraernos del mensaje del evangelio, de la presencia de Jesús, convirtiéndose en un intruso.

Pero, de vez en cuando, la puerta se abre un poco: una palabra, una frase que nos permite echarle una mirada a Pablo trabajando, escribiendo, orando. Detrás de estas frases hay una persona viva: un prisionero (3.1), un siervo (3.7), una alusión a su historia: "el misterio que me dio a conocer por revelación" (3.3). Su referencia de censura de sí mismo como "el más insignificante de todos los santos" (3.8) nos llama la atención creando una forma novedosa del adjetivo "insignificante" que duplica su énfasis comparativo. Traducida literalmente sería: "yo soy el *menos importante* o el *más pequeño* de todos los santos". En 1 Timoteo 1.15, se identifica como el "primero" de los pecadores. Último en la lista de santos; primero en la lista de pecadores.

Comienzan a aparecer los pronombres personales de primera persona "yo" y "me". Comenzamos a ver fragmentos de su historia. Pablo se introduce en la historia, pero de la manera menos conspicua posible.

Es suficiente recordar que el lenguaje de la espiritualidad madura no puede ser despersonalizado hasta convertirlo en "verdades" proposicionales abstractas. Este hombre vive todo lo que expresa. Esta vida de resurrección no es nunca incorpórea, nunca abstracta, nunca una verdad objetiva que se puede analizar y argüir y defender.

La vida madura, de resurrección, es irreduciblemente personal: trata acerca de nosotros. Pero es también una vida que en su mayor parte *no* trata acerca de nosotros. Trata acerca de Dios. Pablo la mantiene a un nivel personal, pero lo hace con considerable reticencia. No servimos bien a la espiritualidad cristiana con monólogos confesionales. La verbosidad centrada en el yo disminuye la autenticidad del lenguaje de testimonio. Sin duda, Pablo está presente. Pero está presente con modestia. Él no asume el mando.

* * *

Aquí hay otra observación: este tono inesperadamente sosegado interrumpe un enfoque muy intenso, comprimido y resuelto en la acción de Dios que nos ha traído hasta este lugar. Esta intensidad sin desviaciones es muy efectiva. Nuestra imaginación está siendo entrenada para pensar primero en "Dios" y "Cristo" y "Espíritu" y luego, cuando tenemos la oportunidad de recobrar el aliento, pensar en "mí" y "yo". Pero la intensidad puede ser agotadora. No la podemos mantener por mucho tiempo. Necesitamos un momento para retroceder, hacer una pausa, recuperar el equilibrio.

La vida cristiana tiene un objetivo que Pablo expresa famosamente en una carta anterior: "Sigo avanzando hacia la meta para ganar el premio que Dios ofrece mediante su llamamiento celestial en Cristo Jesús. Así que, ¡escuchen los perfectos! Todos debemos tener este modo de pensar" (Filipenses 3.14-15). La vida madura en Cristo no pierde el tiempo. No persigue modas pasajeras. Pero todo enfoque en una meta que descarta, ignora, y evita a cónyuges, hijos y vecinos que son percibidos como estorbos para seguir avanzando hacia el "llamamiento celestial", simplemente no comprende la manera en que funciona la *meta* en una vida madura.

La vida cristiana no es una carrera derecha en una pista diseñada por una declaración de objetivos formulada por un comité. Gran parte del tiempo, la vida serpentea. En nuestra determinación por alcanzar la meta sin estorbos ni distracciones, no podemos poner de lado las interrupciones no espirituales, la gente no anticipada, los eventos desagradables. El "fijarse metas", en el contexto y en los términos determinados por una mentalidad empresarial programada y obsesionada con el liderazgo que invade con demasiada frecuencia la iglesia, es mala espiritualidad. Demasiado queda fuera. Son demasiadas las personas que son dejadas de lado.

No podemos apurar, programar o jugar con la madurez. No existen esteroides que aceleren el crecimiento en Cristo. Los atajos impacientes nos depositan en los callejones sin salida de la inmadurez.

Mésec y las tiendas de Cedar

Pisándole los talones a la presentación exhaustiva de Pablo de Cristo "nuestra paz" (Efesios 2.14) como una manera de entender a la iglesia, hay un ítem más que requiere nuestra atención antes de regresar a una nueva elaboración de Pablo de la iglesia, a saber: la ausencia conspicua de paz en el mundo y en su vida mientras escribe. Esta exposición de Efesios de la vida madura en Cristo en la que la paz tiene un lugar prominente está escrita (o dictada) en la celda de una prisión. Todo el tiempo que Pablo usa un muro derribado como metáfora para la iglesia que le da la bienvenida a todos, él está encerrado detrás de las paredes de una prisión romana: "Yo, Pablo, prisionero de Cristo Jesús por el bien de ustedes los gentiles" (3.1). A la misma vez, sabemos que había considerable contienda en la mayoría, sino todas, las iglesias del primer siglo, según se informa y encara en el Nuevo Testamento. Y en los dos mil años desde ese momento, se han librado conflictos e incluso matanzas en el nombre de Jesús. ¿Qué le ha ocurrido a ese muro derribado?

Durante años he tenido una fotografía sobre mi escritorio, el mismo escritorio en el que preparaba mis sermones. Esta fotografía es una vista aérea de una subdivisión suburbana de casas que son una igual a la otra. Todas tienen un bonito cerco y todas tienen la misma piscina en su jardín.

A esta la fotografía, la rotulé: "Mésec y las tiendas de Cedar".

Encontré esta fotografía en una época en la que estaba organizando una iglesia en un suburbio al noreste de Baltimore. Era un suburbio nuevo. Yo me crié en un pueblo pequeño donde había cercos de vez en cuando para encerrar a un perro, pero la mayoría de los perros andaban sueltos y mis amigos y yo podíamos tomar atajos por el jardín de nuestros vecinos. Y teníamos una piscina municipal a la que podía concurrir todo el pueblo de manera gratuita.

Una sola piscina. Ningún cerco.

Cuando comencé mi trabajo en ese vecindario suburbano, pronto me di cuenta de que la gente no conocía a sus vecinos. Con toda inocencia, supuse que todos me darían la bienvenida a mí y a la iglesia propuesta como un lugar seguro donde conocer nuevos amigos, encontrar hermanos y hermanas suplentes, primos y tías y tíos, para reemplazar a las familias y vecinos que habían dejado atrás para buscar un mejor empleo.

Deseaba que las cosas fueran lo más directas y sencillas posible. Me concentraría en dos cosas: reuniría y lideraría una congregación para la adoración de Dios y los invitaría a participar en una vida de comunidad. Pensé que llamar a estos hombres y mujeres al culto sería la parte más difícil y que desarrollar un sentido de comunidad sería lo más sencillo.

Mi sensación era que esta gente estaba muy secularizada, con un mínimo sentido de reverencia, y ninguna práctica para ingresar en el misterio de Dios. Estaban acostumbrados a tomar la vida como una serie de problemas que debían resolver o superar. Interpretaban al mundo que los rodeaba según lo que podían obtener de él. Casi no sentían ninguna necesidad de Dios. El cultivar esa sensación sería todo un desafío. Por otro lado, todos habían dejado atrás sus hogares anteriores y nadie conocía a nadie. Estaban desplazados y solos. Extrañaban a sus amigos. Yo los presentaría, les daría un lugar seguro para conocerse y formar parte de algo más amplio que la sala de su propia casa y sus responsabilidades. Quizás no estuvieran interesados en Dios, pero seguro que estarían interesados en el vecindario. Eso era lo que yo pensaba. Sin embargo, pronto descubrí que estaba equivocado.

Al poco tiempo, tenía gente adorando a Dios los domingos por la mañana. No estaban totalmente cómodos. Tenían mucho que volver a imaginar sobre el Dios al que no le habían prestado mucha atención. Su vocabulario necesitaba extenderse para poder adquirir un lenguaje adecuado para hablar sobre aquello que no podían obtener en un centro de compras. Pero allí estaban, adorando a Dios.

Pero el conseguir que se interesaran el uno por el otro era un tema completamente diferente. No deseaban vecinos. Deseaban ser autosuficientes, independientes. Después de haber vivido seis semanas en el vecindario, una asociación de la comunidad que se acababa de formar se reunió para discutir qué clase de comunidad deseábamos y qué podíamos hacer para lograrlo. Yo fui, sin saber qué esperar. (Recuerden que yo me crié en un pequeño pueblo del oeste. No teníamos asociaciones de la comunidad allí. Nosotros éramos una comunidad.)

Lo que ocurrió en esa reunión fue toda una sorpresa. Fue la reunión más contenciosa a la que haya concurrido jamás. Después de media hora, me di cuenta: "A estas personas no les gustan los demás". No se conocían, pero lo que no sabían, no les gustaba. Cuando alguien hablaba, había un inmediato desafío o refutación. Se hablaba mucho, pero casi todo lo que se decía era descortés. Prácticamente, nadie escuchaba a nadie. Me quedé allí sentado, absorbiéndolo todo, y me di cuenta de que mi tarea no sería fácil.

Fue entonces cuando recordé la frase: "¡Ay de mí, que soy extranjero en Mésec, que he acampado entre las tiendas de Cedar!" Es una frase tomada del Salmo 120. Mésec y Cedar eran tribus bárbaras conocidas por su salvajismo. Eran vecinos de los hebreos bíblicos. La persona que ora el Salmo 120 estaba orando en la compañía de personas que estaban camino a adorar a Dios en Jerusalén, pero que se sentían sumergidos en enemistad, "labios mentirosos" y "lenguas embusteras". Él está entregado a un camino de paz, la paz de Dios, pero siente hostilidad a su alrededor. "Yo amo la paz", dice, "pero si hablo de paz, ellos hablan de guerra".

Esa es la manera en que me sentí esa noche en la reunión de la asociación de la comunidad. Yo había venido al vecindario para reunir a la gente en una iglesia donde adoraríamos a Dios. Apenas había comenzado, cuando me encontré rodeado por los descendientes de Mésec y Cedar, hombres y mujeres cuyo vocabulario consistía principalmente en palabras hostiles, conversaciones de guerra, que de alguna manera habían llegado a este suburbio de los Estados Unidos donde yo tenía la esperanza de comenzar una iglesia cuya cabeza era Cristo, "nuestra paz".

* * *

Fue un momento aleccionador. Desde ese momento, me vi enfrentado a las complejas dificultades de reunir una congregación de facciones opuestas en un lugar donde se había derribado el muro de hostilidad y en su lugar se erigiría una iglesia. Muchos de los que habían estado presentes en esa reunión de la comunidad se convirtieron luego en miembros de mi congregación. Algunos de ellos tardaron mucho en aceptar convertirse en los materiales de construcción que Jesús ajustaba y unía entre sí (literalmente "armonizaba" 2.21) para convertirlos en una morada para Dios. Un hombre, Rubén, el más injurioso de la antigua reunión de la comunidad, nunca se sometió. Veintisiete años después, celebré su funeral en la iglesia donde se había sentado cada domingo, tan enojado y resentido como la noche en que lo conocí.

Yo sé que hubo guerras y rumores de guerra por todo el mundo durante miles de años, y que las cosas no han mejorado con el tiempo. Pero, de alguna manera, no lo esperaba en unos "suburbios apacibles" y en una congregación que se reunía regularmente para convertirse en la "familia de Dios", un "templo santo" y una "morada para Dios" para adorar a Jesús, "nuestra paz".

Pero poco a poco lo aprendí. Aprendí que crecer en Cristo implica dolores de crecimiento. Aprendí que la "iglesia ontológica" es la realidad en la que adoramos y nos convertimos en comunidad, y que la madurez consiste en una vida prolongada y sin apuro de oración para reconciliarnos con Dios y los demás y, en el curso de esa vida, darnos cuenta de que cada uno de nosotros somos parte de "todo el edificio" (2.21) y que no está permitido "avanzar a solas" con impaciencia, dejando atrás a los más lentos o intransigentes. Ni siquiera a Rubén.

Esta es la razón por la que guardé esa fotografía, Mésec y las tiendas de Cedar, sobre mi escritorio durante tantos años.

El paisaje interior

No se puede describir o definir objetivamente la iglesia desde fuera. Sólo se puede ingresar en ella. Es una creación de Cristo para crecer en Cristo. No es un museo por el que podemos pasear y mirar exhibiciones de lo que ha ocurrido a lo largo de la historia, rotuladas con precisión con nombres, fechas y lugares. La iglesia se lleva a cabo en la historia, al igual que Jesús. Pero aquí hay algo más que historia. Está la vida de Cristo, la obra del Espíritu, el plan de Dios.

Es posible definir y describir muchos cosas sobre la iglesia: credos y líderes, conflictos y persecuciones, arquitectura y política. Pero todo esto no se suma para llegar a ser una iglesia.

Este complejo corazón interior de la iglesia está capturado en la frase "para dar a conocer ahora, por medio de la iglesia, su multiforme sabiduría" (Efesios 3.10). "Multiforme" guarda una imagen: un estampado intrincadamente bordado en un tapiz[1]. Y la sabiduría acarrea el sentido de un conocimiento vivido, o la revelación de Dios como vivida. La sabiduría es el conocimiento en acción, encarnado en la vida de la iglesia. La sabiduría es la práctica de la resurrección.

La iglesia es donde se lleva a cabo esta sabiduría, esta encarnación del conocimiento y revelación de Dios, donde se practica la resurrección. La iglesia es el taller donde el conocimiento se convierte en sabiduría, convirtiéndonos en lo que sabemos.

* * *

Gerard Manley Hopkins, un sacerdote jesuita y poeta del Gales e Irlanda del siglo diecinueve, acuñó un término que nos sirve para captar lo que está involucrado en la "multiforme sabiduría" dada a conocer en la iglesia. El término es "paisaje interior". El paisaje interior se forma por analogía pero no en contraste con el paisaje. El paisaje es lo que vemos que se extiende delante de nosotros hasta el

---

1 J. A. Robinson: *St. Paul's Epistle to the Ephesians,* segunda edición (London: Clark, 1922), p. 80.

horizonte. Es relativamente estable y se lo puede describir y pintar y cultivar: arboledas, campos de césped cortado, un río serpenteante, una cadena montañosa de glaciares esculpidos. El paisaje interior es el sentido intuitivo de que lo que vemos es una forma viva y orgánica que penetra a nuestra mente por los sentidos con una sensación de novedad y descubrimiento. El paisaje interior es lo que algo exclusivo, lo que sostiene unido lo que estamos mirando o escuchando, lo que le da su distinción: proporciones, tonalidades de luz, matices de colores, formas, relaciones, sonidos.

Un editor de los poemas de Hopkins, W. H. Gardner, nota que "esta sensación por la calidad intrínseca del diseño unificado de características esenciales [el paisaje interior] es la marca especial del artista"[2]. Los pintores usan óleos y telas para hacer visible aquello que quizás nunca percibiríamos en un rostro humano o una fuente de fruta. Los escultores tallan y dan forma al granito y la arcilla y el bronce para atraer nuestra atención a la manera en que el diseño, la forma y la textura afectan nuestra conciencia. Los poetas manipulan metáforas y símiles, vocales y consonantes, y nos alertan sobre el significado e importancia de palabras que pasamos por alto debido a nuestra preocupación con la mera información o nuestro derecho a votar. Los músicos combinan y les dan ritmo a diversos sonidos: una voz cantante, el soplo que pasa por la lengüeta de un oboe o cuerno, un arco tirante deslizado por una cuerda de tripa o de metal, y crean participación en y respuesta a aquello para lo que carecemos de palabras para designarlo. Los artistas nos convierten en participantes de la complejidad y belleza de aquello que encaramos todos los días pero que, a menudo, pasamos por alto. Atraen nuestra atención hacia lo que está allí delante de nuestros ojos, a nuestro alcance, nos ayudan a escuchar sonidos y combinaciones de sonidos que nuestros oídos aturdidos por el ruido no han escuchado jamás.

A menudo, un elemento de sorpresa acompaña esta experiencia de paisaje interior: "Jamás lo había visto antes…" "Nunca había escuchado algo así"… "Nunca me había sentido tan conmovido"… Pero, en reali-

---

[2] *Poems and Prose of Gerard Manley Hopkins,* seleccionados por W. H. Gardner (Baltimore:
Penguin Books, 1953), p. xx.

dad, todo lo que el artista nos presenta es algo que ya hemos escuchado, visto y tocado anteriormente. Estaba allí delante de nosotros en el árbol junto al que pasamos caminando todas las mañanas camino al trabajo, en el rostro que pensábamos que conocíamos palmo a palmo, en los susurros del viento en los sauces y en las olas que besan las orillas del mar.

El artista nos ayuda a ver lo que siempre hemos visto pero no hemos visto jamás, a escuchar lo que escuchamos todos los días pero no lo escuchamos, a sentir lo que hemos tocado cientos de veces pero que nunca nos ha tocado, a reconocer que estamos viviendo una historia y no simplemente yendo a la deriva por los apuntes en nuestro diario o fragmentos desconectados de habladurías.

¿Por qué son tan necesarios los artistas? ¿Y cómo lo hacen? Se le ha dado mucha atención a la tarea de comprender qué está aquí involucrado. La respuesta típica es que el artista nos hace conscientes de la belleza en contraste con lo insípido o feo o trivial. Esta es, obviamente, una respuesta insatisfactoria. Porque mucho de lo que exponen los artistas, con todo nuestro aprecio y agradecimiento, no es tanto belleza como realidad: la forma en que son realmente las cosas, ya sea el insoportable dolor retratado en el cuadro de Rouault de la crucifixión de Jesús o lo ordinario de una carretilla roja en un poema de William Carlos Williams. Nada de esto es "hermoso".

Gerard Manley Hopkins nunca definió el término que acuñó. Pero lo usó lo suficiente en sus diarios y notas como para darnos una idea de lo que pretendía alcanzar. Un día, entró en un granero y se sorprendió ante la mezcla de luz y sombras en sus vigas. Más tarde, él "pensó qué triste era que la belleza del paisaje interior no fuera conocida y estuviera enterrada fuera del alcance de la gente simple y sin embargo, cuán cerca estaba si tan sólo tuvieran ojos para verla y pudieran convocarla en todas partes otra vez". En otra ocasión, él miró por la ventana y vio el paisaje interior en los fortuitos terrones y cúmulos de nieve barridos por una escoba. Más tarde, señala: "Todo el mundo está lleno de paisajes interiores y la suerte librada al azar cae en un orden así como en un propósito"[3].

[3] Norman H. MacKenzie: *A Reader's Guide to Gerard Manley Hopkins* (Ithaca: Cornell University Press, 1981), p. 130.

El leer y recitar los poemas de Hopkins es una inmersión en el paisaje interior, un aprendizaje exhaustivo y glorioso para sentir lo invisible e inaudible que le da integridad y coherencia a todo lo que vemos y escuchamos y degustamos, no sólo su apariencia superficial, sino la esencia interior de la individualidad.

* * *

Norman H. MacKenzie, un lector muy perceptivo de Hopkins, lo resume todo de esta manera: "El paisaje interior es un carácter distintivo (casi una personalidad) dada por el Creador a una especie particular de piedras o árboles o animales. Cada especie por separado refleja mediante su paisaje interior alguna fracción de la perfección inclusiva de Dios[4]. Deseo agregar la iglesia a la lista de MacKenzie de las "especies particulares". Deseo considerar el paisaje interior de la iglesia, la "multiforme sabiduría de Dios" que le da estructura a la realidad de la iglesia.

Mucha gente (¿la mayoría?) mira la iglesia y sólo ve el exterior sin ninguna apreciación de lo que la mantiene unida, ningún sentido de patrones o proporciones, ninguna percepción de la energía interior que late a través de ella, ninguna sensación de estar en armonía con la realidad de lo que está allí, ninguna imaginación adecuada para responder a la "multiforme sabiduría". Es un edificio, casi siempre imposible de distinguir. Tiene una historia, gran parte de ella, una verdadera vergüenza.

El paisaje interior significa que la iglesia es más de lo que podemos percibir, escuchar o leer. No puede existir una iglesia invisible fuera de lo que nos aportan nuestros cinco sentidos físicos. Los que desean protegerse de la vergüenza y esfuerzo de lidiar con la iglesia como la "multiforme sabiduría" de Dios, creando de la nada una "iglesia mística", van camino a un callejón sin salida. Markus Barth nombra con impaciencia dichas prácticas como "tonterías sacrílegas"[5].

Es verdad que un estudio superficial de la iglesia saca a relucir muchas cosas, ideas y personas fortuitas y desconectadas. Pero el des-

---

4 MacKenzie: *A Reader's Guide,* p. 233.

5 Markus Barth: *The Broken Wall: A Study of the Epistle to the Ephesians* (Chicago: Judson Press, 1959), p. 121.

cartar todo lo que ofenda nuestra sensibilidad espiritual, dejándolo de lado y creando nuestra propia iglesia esterilizada e idealizada, rechaza la iglesia que nos ha dado Dios. La tarea es ver todo en relación y proporción, ver todas las luces y las sombras a la misma vez, ver todos los colores y tonos en conjunto, reconocer a todos los hombres, mujeres y niños como los músculos y tendones en el cuerpo que es la iglesia, con Cristo como cabeza.

Otro poeta, Czeslaw Milosz, uno de los grandes poetas cristianos del siglo veinte, expresa en otras palabras lo que Hopkins comunica mediante el paisaje interior. Al escribir sobre su niñez en Polonia y cómo mantuvo su identidad cristiana en medio de las fuerzas e ideologías en conflicto del comunismo soviético, fascismo nazi y secularismo francés, él escribe que se dio cuenta cada vez más que "uno tiene que dominar un talento, como nadar o correr, más que un cuerpo de conocimiento capaz de expresarse en teorías. La realidad [la "multiforme sabiduría" de Pablo]… es un tejido vivo y cambiante; producto de la trama de múltiples interdependencias de manera tal que aún el más pequeño detalle germina indefinidamente; y en las articulaciones que permiten que la estructura se mueva, que el hombre pueda insertar la palanca de un acto consciente"[6].

* * *

Esto es a lo que yo me refería antes cuando usé el término "ontología": *la iglesia ontológica*. Cuando se activan nuestros ojos y oídos, sentimientos y recuerdos para ver cómo funciona todo esto en conjunto, allí está el *paisaje interior*. Sin un sentido desarrollado del paisaje interior, estamos a la merced de irritantes y entusiasmos efímeros: las habladurías que siempre encuentran la manera de obstaculizar nuestra visión durante la adoración; los jóvenes de dieciséis años con una ingenuidad avasallante que nos relatan cómo tres semanas de obra misionera en México construyendo casas para víctimas de un huracán "les ha cambiado la vida"; un recuerdo flotante de la inquisición y las cruzadas que se entromete en el sermón; el laborioso pedestrismo de los cristianos que encontramos en los cen-

[6] Czeslaw Milosz: *Native Realm: A Search for Self-Definition* (Berkeley: University of California Press, 1968), p. 267.

tros de compras abofeteando a sus hijos para que se porten bien; los aleluyas en Pascua; el último escándalo sexual o financiero de un famoso de la iglesia. Todo eso también, pero dentro y a través de la "multiforme sabiduría".

En un sermón sobre los Cantares, Gregorio de Nisa expande la noción de la "multiforme sabiduría". Él enumera las difíciles yuxtaposiciones que componen la iglesia: vida creada a través de la muerte, el alcance de la gloria mediante la deshonra, la bendición por medio de la maldición, el poder por medio de la debilidad, y más[7]. Esta es la iglesia como nos la da Dios. Esta es la iglesia *real.* ¿Vamos a recibir lo que Dios nos da? ¿O fabricaremos nuestra propia iglesia. "El que tenga oídos, que oiga".

La labor de la sombra

Judith es una artista. Su medio principal son las telas. La mayoría de las veces, ella comienza su trabajo con lanas o algodones crudos. Ella carda, hila, tiñe y luego teje sus telas. Sus tejidos son generalmente en pequeña escala —un nido de huevos de pájaros, un retrato de la Abigail de David, tres cuervos— que ella enmarca y da como obsequio a sus amigos. Se gana la vida reparando tapices en museos.

Judith tiene un esposo alcohólico y un hijo adicto a las drogas. Durante años, ella había mantenido la unidad de su vida y su familia concurriendo a reuniones de doce pasos. Un domingo, cuando ella tenía unos cuarenta años, entró en la iglesia donde yo era pastor. La habían invitado unos amigos que había conocido en las reuniones: "Tienes que venir a la iglesia. Te encontramos allí". Jamás había concurrido a una iglesia. No sabía nada acerca de ella. Se había criado en un hogar con un alto sentido de moralidad, pero no estaba familiarizada con ninguna religión institucional ni formal. En su familia, Dios no formaba parte de su vocabulario. Ella leía mucho sobre poesía y política y psicología, y tenía amplios conocimientos de arte y artistas. Pero nunca había leído la Biblia. Si había escuchado historias de la Biblia, nunca les había prestado atención. Y no recordaba haber estado jamás dentro de una iglesia.

---

7 Véase Markus Barth: *Ephesians 1–3,* The Anchor Bible, vol. 34 (Garden City, NY: Doubleday, 1974), p. 356.

Sin embargo, algo le llamó la atención cuando entró en la iglesia, así que continuó viniendo. A los pocos meses, ella se convirtió al cristianismo y yo me convertí en su pastor. Me encantaba observarla y escucharla. Todo era nuevo: las Escrituras, adoración, oración, bautismo, santa cena, ¡iglesia! Para mí era un tónico escuchar y ver a través de sus entusiasmadas percepciones todo lo que yo había vivido durante toda mi vida. Todas sus preguntas eran exclamaciones: "¡Dónde he estado toda mi vida! ¡Estas historias son increíbles, por qué nadie me las contó! ¡Cómo es posible que esto haya estado sucediendo a mi alrededor y yo no lo haya sabido!" Nuestras conversaciones eran una delicia. Nos convertimos en buenos amigos.

Entretanto, su principal comunidad estaba compuesta por artistas: pintores y poetas y escultores en su mayoría, con unos pocos amigos de las reuniones de doce pasos entremezclados aquí y allá.

Después de unos cuatro años, yo me mudé al otro lado del continente para asumir una nueva tarea. Las cartas reemplazaron a nuestras conversaciones. La siguiente es una porción de una carta que es un testimonio de lo que siente la persona recién llegada frente al paisaje interior y la multiforme sabiduría de la iglesia.

Querido Pastor: Entre mis amigos artistas, yo siento que debo defender mi vida, mi ida a la iglesia. Ellos no tienen idea de lo que estoy haciendo y muestran su desconcierto. Así que yo trato de ser discreta. Pero a medida que mi vida en la iglesia cobra cada vez más importancia —siendo ahora esencial para mi sobrevivencia— me cuesta protegerla de mis amigos. Siento que debo protegerla, y no deseo que la descarten o minimicen o la conviertan en algo trivial. Es como si yo tratara de protegerla de la profanación o del sacrilegio. Pero es fuerte, y me cuesta cada vez más ocultarla. No es que sienta vergüenza o pudor: no quiero que la menosprecien.

El otro día, un viejo amigo laico, y un extraordinario artista, estaba desconcertado: "¿Qué es lo que dicen que estás yendo a la iglesia?" Otro se enteró de que yo estaba yendo a un viaje misionero de tres semanas a Haití. No lo podía creer: "Tú, Judith, ¡tú estás yendo a Haití con un grupo de la iglesia! ¿Qué te está pasando?" Yo no me siento lo suficientemente fuerte como para defender mis acciones. Mis amigos me aceptarían con mucha más facilidad si descubrieran que soy parte de alguna secta extraña cuyas actividades son exóticas y raras como la magia negra o experimentos de levitación. Pero ir a la iglesia está marcado como algo terriblemente común y ordinario.

Pero eso es lo que me hace quererla, tanto a la iglesia como a los programas de doce pasos, esta fachada de cosa común y corriente. Cuando uno descorre el velo de lo ordinario, descubrimos la vida más extraordinaria detrás. Pero me siento aislada e inadecuada cuando intento explicarles a mi esposo y amigos cercanos —¡incluso a mí misma!— qué es lo que es. Es como si me tuviera que desvestir delante de ellos. Quizás si estuviera dispuesta a hacer eso, no se atreverían a despreciarme. Lo más probable es que sentirían lástima de mí y se ajustarían un poco más el nudo de la corbata.

Me siento en carne viva, con frío, vulnerable y algo tonta. Dentro del contexto del mundo secular, no me importa demasiado ser una tonta. De acuerdo con la manera en que me miran, no tengo mucho que mostrar de mi nueva vida. No puedo señalar una vida remediada. Muchas de las penas y dificultades parecen remediadas por un tiempo, pero después vuelven a aparecer. Pero, a decir verdad, desde junio que no tomo ningún medicamento y siento gratitud por ello.

Cuando trato de explicarme delante de estos amigos, siento como si estuviera suspendida de un ala delta entre lo material y lo inmaterial, proyectando una sombra a lo lejos. Ellos dicen: "Ven, no es nada más que la labor de la sombra". Quizás se necesite ser un tonto para saborear la alegría de la labor de la sombra, de la sombra que proyecto cuando atiendo a lo desconocido, lo que no se paga, lo que se da sin costo alguno.

* * *

Judith lo entiende. Ella no tiene ilusiones románticas sobre la iglesia. Ella sabe que no la puede defender o explicar hasta satisfacer a sus amigos. Nadie tiene idea de lo que ella está haciendo. Judith siente que tiene que justificarlo. Pero abraza lo que le han dado: esa aparentemente frágil iglesia que como un ala delta la mantiene suspendida en el misterio, en lo que no se paga, en lo que se da sin costo alguno. Ella está aquí. No puede *no* estar aquí. No esperaba encontrar gente amable, gente con logros, artistas. Ella es una artista de la iglesia: "No me miren a mí, vean la sombra allí abajo. Miren la labor de la sombra. Quizás vean lo que está haciendo Dios".

Por novata que sea, por poco que sepa sobre las controversias y complicaciones de la iglesia, Judith sabe lo que la iglesia es, visible pero no glamorosa, suspendiéndola en su misterio, en sus propias palabras: "lo desconocido, lo que no se paga, lo que se da sin costo alguno". Sabe muy poco sobre la iglesia pero, sin embargo, sabe lo que es. Es una artista que conoce algo sobre el paisaje interior y la múltiple sabiduría. Con la intuición de un artista, ella percibe la energía (el Espíritu Santo) que mantiene en el aire los ligamentos y tendones y tela del ala delta al que está sujeta, esta aparentemente frágil iglesia que proyecta sobre la tierra lo que ella denomina la labor de la sombra.

* * *

La iglesia como el cuerpo de Cristo no es algo obvio. Pero tampoco lo es Jesús como el redentor del mundo. Cuando pensamos en función del paisaje interior y la múltiple sabiduría y la labor de la sombra, aprendemos a penetrar su obvia normalidad. Pero mientras sigamos empleando valores seculares e insistiendo en que la iglesia sea como nosotros pensamos que debería ser, formulando este "debería" según lo que vemos que funciona en nuestra cultura aunque muy alejado de Dios, jamás vamos a reconocer la iglesia que está justo delante de nosotros. Mientras sigamos pensando que la iglesia compite con el mundo, que es una manera de superarlo, jamás la podremos entender.

El contraste entre el mundo y la iglesia con respecto a esto es muy marcado: la cultura de los Estados Unidos está haciendo todo lo posible con sus celebridades, consumismo y violencia para mantenernos en un estado de perpetuo estancamiento en la adolescencia. Y sin embargo, durante todo ese tiempo, la iglesia nos sumerge calladamente y sin falsa publicidad en las condiciones necesarias para que maduremos hasta alcanzar la plena estatura de Cristo.

Capítulo 8

La oración y toda la plenitud: Efesios 3.14-21

Y pido que, arraigados y cimentados en amor, puedan comprender, junto con todos los santos, cuán ancho y largo, alto y profundo es el amor de Cristo; en fin, que conozcan ese amor que sobrepasa nuestro conocimiento, para que sean llenos de la plenitud de Dios.

EFESIOS 3.18-20

Tenemos que volver a aprender la verdad esencial que la oración cristiana es como lavar un automóvil. Cuando tenemos la suerte de tener un auto nuevo, lo lavamos y lustramos con entusiasmo, es una tarea de devoción. Cuando desaparece lo novedoso, el auto se convierte más bien en un fastidio, en algo aburrido, pero todavía lo podemos limpiar eficientemente, y este es el punto vital: no hay ninguna diferencia en el resultado.

MARTIN THORNTON: *Christian Proficiency*

La oración es el lenguaje de cuna de la iglesia. Esta es nuestra lengua materna. De modo que es natural y conveniente que la carta de Pablo que más alude a la iglesia esté expresada en el lenguaje de la oración. Pablo comienza con un torrente extenso y explosivo de oración: "Alabado sea Dios, Padre de nuestro Señor Jesucristo…" (Efesios 1.3-14). Luego se dirige a sus lectores, pero después de una sola frase, está nuevamente orando: "Pido que el Dios de nuestro Señor Jesucristo… les dé el Espíritu de sabiduría y de revelación…" (1.17-23).

Ahora, en el centro de transición de la carta, Pablo regresa a su tarea, de rodillas, orando delante del Padre (3.14-21). En un par de páginas más, lo encontramos concluyendo su epístola instando a sus lectores (¡nosotros!) a que ellos también participen por medio de la oración de todo lo que él ha estado orando y escribiendo: "Oren en el Espíritu en todo momento… oren también por mí… oren para que lo declare [el misterio del evangelio] valerosamente…" (6.18-20).

Pablo ora. Aun cuando sus oraciones no sean explícitas, el lenguaje es el lenguaje de la oración. Pablo vive sus oraciones. Él ora aun cuando no sabe que está orando. Comienza estableciendo el fundamento en una oración de bendición y luego avanza orando por aquellos a quienes les está escribiendo. Ahora aquí, en el centro de la carta, nos topamos con esta oración estratégicamente ubicada que hace que la carta se centre en la oración. Al final de la carta, Pablo nos aconseja orar. Esto hace que la iglesia siga orando, no discutiendo, no hablando sobre la oración, sino orando.

La iglesia comienza en oración, permanece centrada por medio de la oración, y finaliza en oración.

"Gloria en la iglesia y en Cristo Jesús"

Esta oración centrada es una sola frase que está controlada por su frase final: "gloria en la iglesia y en Cristo Jesús" (Efesios 3.21). Este es un breve compendio de toda la carta: el tema de la gloria (1.6, 12, 14) según se expresa en Cristo y la iglesia.

Cristo y la iglesia, la iglesia y Cristo. Cuando estamos lidiando con la iglesia, lidiamos con Cristo. Cuando estamos lidiando con Cristo, lidiamos con la iglesia. No podemos tener uno sin el otro, no hay Cristo sin la iglesia, no hay iglesia sin Cristo.

La cosa más extraordinaria sobre Jesucristo es que es humano y divino a la vez. No sólo humano. No sólo divino. Ambas cosas a la misma vez. Para mantener juntas estas dos cosas aparentemente opuestas, simultáneamente, es la tarea más difícil de los seguidores de Jesús.

La cosa más extraordinaria sobre la iglesia es que es humana y divina a la vez. No sólo humana. No sólo divina. Ambas cosas a la misma vez. Los paralelos entre Cristo y la iglesia no son exactamente los mismos, porque lo que es divino en la iglesia proviene de la divinidad de Cristo. Sin embargo, mantener juntas estas dos cosas aparentemente opuestas, simultáneamente, es la tarea más difícil de los miembros de la iglesia.

* * *

Es bastante fácil entender a Jesucristo como humano. Ponemos mucho esfuerzo personal para ser humanos: eso es lo que somos. Y sabemos que no lo hacemos demasiado bien. Generalmente se trata de pruebas y errores. Si hay ayuda disponible, estamos dispuestos a probar. Parece que vale la pena probar a Jesús. Él tiene una amplia reputación como el mejor y más refinado ejemplo de humanidad en toda la extensa historia del género humano. Su sabiduría, compasión, amor por sus enemigos, sufrimiento voluntario, enseñándonos quién es Dios y la manera en que obra, enseñándonos quiénes somos y cómo vivir una buena vida, cuidado de los pobres y aceptación de los marginados, concisos aforismos y relatos que amplían la imaginación, todo esto y más son cosas fáciles de discernir y admirar en Jesús. No creo que haya muchos que no estén de acuerdo con ello.

Por supuesto, hay muchos que saben todo esto pero no siguen a Jesús. No es porque piensen que es (o fue) una mala persona. Simplemente no piensan que el seguir a Jesús los habrá de llevar a donde quieren ir en este mundo, que les dará éxitos y salud, que va a satisfacer sus ambiciones y deseos, que les va a garantizar hijos obedientes y una buena jubilación.

Es también bastante fácil creer que Jesucristo es divino. A lo largo de la historia de la humanidad, en cada época y lugar del que tengamos noticia, los hombres y mujeres creían en un dios o dioses a quienes adoraban. La vida es más que nacer y tener un empleo, casarse y tener hijos, jugar al golf e ir a pescar, subir por la escalera del éxito y "dejar una marca". Hay verdades que conocer, amor que experimentar, un cielo y un infierno que considerar, almas que alimentar, belleza que incorporar, misterios eternos que aún no han sido revelados. La pregunta de Robert Browning: "El alcance de un hombre tendría que exceder sus conocimientos porque si no, ¿para qué existe el cielo?" nos da apertura y sensibilidad hacia lo que está más allá de nosotros, lo que no podemos controlar, el misterio divino que le infunde significado a nuestra vida. Hay informes ampliamente difundidos de que Jesucristo era el Hijo de Dios, nacido milagrosamente en esta tierra para mostrarnos y hablarnos sobre esas cosas, quien luego regresó a la "diestra del Padre" entronizado en el cielo. Los seres humanos parecemos tener la tendencia innata a creer en el Cristo sobrenatural. Para muchos, Cristo es el principal candidato como revelación de Dios, "Dios con nosotros".

Por supuesto que hay muchos que no creen que Jesús es divino, la revelación de Dios, pero no porque no conocen los informes en sí. Es que no piensan que creer sea una opción adulta. El creer que Cristo es Dios es una superstición. El tomar en serio lo sobrenatural es cosa de niños. Es algo ingenuo que no sirve para nada. Si hay algo que podemos decir de Dios o de los dioses es que son una manera de hablar de nosotros mismos, del "dios interior". Si es que existe una divinidad en la que debo creer, esa divinidad soy yo. El creer seriamente que Cristo es Dios significa que yo *no* soy Dios, que no poseo atributos divinos. El convertirnos en adultos significa que hemos tomado la gran decisión a nuestra manera. A los dioses no les gusta la competencia. Si usted insiste en la divinidad de Cristo, yo no estoy interesado.

Los cristianos se han esforzado mucho y pensado y orado y conversado entre ellos para poder entender y seguir y creer que Jesucristo es completamente humano y completamente divino: muy Dios, muy Hombre. No ha sido fácil, y aún sigue habiendo desacuerdos sobre esta unidad de ambos lados. Sin embargo, por lo menos en la iglesia, se mantiene el consenso.

* * *

Los cristianos están interesados en entender y participar en la vida de la iglesia de la misma manera que solíamos entender y participar en la vida de Cristo: humana y divina a la misma vez, sin diluir ni comprometer ninguno de los dos elementos. Efesios, más que ningún otro texto en las Escrituras, une a Cristo y la iglesia. Once veces en esta breve epístola, Cristo y la iglesia están colocados uno al lado del otro como entrelazados, inseparables.[1] Cuando se disminuye o desprecia la divinidad de la iglesia, lo "humano" llena el vacío: tenemos una religión que improvisamos a las carreras mientras nos satisfacemos como estetas de lo sublime, honrando a Dios en la periferia. Es a menudo una religión magnífica: música espléndida, deslumbrantes tapices y obras de altar, dramáticas liturgias, lenguaje elegante, retórica emocionalmente cargada, arquitectura asombrosa, teologías cuidadosamente escritas e intelectualmente competentes (pero sin plegarias). Por supuesto, todo para la gloria de Dios, pero sobre todo, algo meramente formal. Jesús, haciendo la obra del Padre —sanando, salvando, bendiciendo, perdonando— es reverentemente ignorado.

Cuando se disminuye o desprecia la humanidad de la iglesia, la reemplaza una sutilmente desencarnada "divinidad" falsa y obtenemos una espiritualidad que trata sobre todo acerca de las personas con almas eternas que hay que salvar y tareas espirituales que tenemos que desempeñar. El nombre de Cristo se usa de manera sobresaliente, pero también es muy obvio quién está al mando de todo: *nosotros*, con Cristo como respaldo en caso de necesitar un milagro. A veces lo enrolamos a Cristo para que nos ayude a desarrollar nuestra vida interior de devoción mediante estudios bíblicos y la práctica de la oración. A veces lo convocamos para que nos ayude a llevar adelante programas o cruzadas o misiones. La iglesia que desprecia la humanidad desarrolla con frecuencia una impresionante espiritualidad: intensos estudios bíblicos, oración y ayuno, programas y causas, sueños y visiones, cruzadas y llamados que nos inspiran a mover montañas. Per es también una espiritualidad curiosamente carente de relaciones humanas, que no da la bienvenida ni ofrece hospitalidad. Los hombres y mujeres, incluyendo nuestra propia alma, son despersonalizados y abstraídos hasta convertirse en una causa que hemos de tratar de alcanzar o un problema que tenemos que resolver. La iglesia se convierte en un proyecto impersonal. Todo en el nombre de Jesús, por supuesto, aunque no parece haber mucho de la humanidad de Jesús en los detalles.

---

[1] Efesios 1.22-23; 2.15, 26; 3.6, 7-10, 21; 4.15-16; 5.23, 25, 29, 32.

Cuando la iglesia no acepta la divinidad de Cristo como su propia divinidad atribuida —el perdón y la salvación de Dios, el amor y la santificación de Dios— traiciona su identidad esencial como cuerpo de Cristo.

Y cuando la iglesia no acepta la humanidad de Jesús como su propia humanidad —personal, local, llana, humilde— traiciona su identidad esencial como un lugar donde habita Dios.

* * *

Cuando la iglesia, el cuerpo de Cristo, carece de la divinidad o humanidad de su cabeza, deja de ser el cuerpo de Cristo y ya no es iglesia. Deseo tomar en serio la unión osada y enérgica de la identidad de la iglesia como derivada de la identidad de Jesús. No buscamos la perfección, sino las señales de madurez, aun cuando hayan sido concretadas de manera imperfecta. Nunca hubo una iglesia perfecta y sin pecado, y jamás la habrá.

Considero útil sumar la experiencia de Juan en Patmos y sus siete iglesias a la de Pablo y su iglesia de Éfeso para colocar un letrero de advertencia: ¡Peligro! Tengan en cuenta de que la iglesia no es un conclave seguro, aislado del pecado". Se requiere una atención constante para lograr que la humanidad y divinidad de Jesucristo permanezcan unidas orgánicamente. Mantener orgánicamente unidas la humanidad y divinidad de la iglesia requiere esa misma atención.

Pablo le escribe su carta a los efesios unos treinta años antes de asumir Juan sus responsabilidades como pastor de un circuito de siete iglesias que incluía a Éfeso. Esta carta determina lo que entendían los efesios que era la iglesia en continuidad con lo que entendían que era Cristo. Una generación más tarde, esa identidad formada por Cristo es atacada en las congregaciones de Juan por falsos maestros y Satanás y por la malvada presencia de la idolatría y la violencia, las mentiras y la persecución que impregnaban el mundo griego y romano. En su epístola fundamental, de formación de la identidad, Pablo les había dicho que este tipo de cosas era parte de ser una iglesia, y les había advertido que la iglesia no tenía inmunidad diplomática ante las fuerzas del mal.

Ahora le llega el turno a Juan. Las acusaciones discernidas por el Espíritu que pronuncia Juan de Patmos en contra de las siete iglesias que servía (Apocalipsis 2-3) son una advertencia aleccionadora de no construir la iglesia en "nuestra imagen" en ningún momento o de ninguna forma. Usa su visión del cuerpo de resurrección de Jesucristo como el texto para entender a la iglesia (Apocalipsis 1.12-20). Luego, con fuertes palabras, les plantea a las siete congregaciones sus traiciones imprudentes, deliberadas e indiferentes del cuerpo de Cristo.

La iglesia de Éfeso es la primera en ser acusada por haber abandonado su primer amor (Apocalipsis 2.4). Lo insípido ("no eres ni frío ni caliente, sino tibio") de la última iglesia que nombra, la de Laodicea, hace que Jesús diga: "Estoy por vomitarte de mi boca" (3.16). Él usa el nombre Satanás ("sinagoga de Satanás", 2.9; "trono de Satanás" "donde vive Satanás", 2.13) para conmocionar a algunas de las otras congregaciones al punto que reconocen que lo que está ocurriendo delante de sus ojos es diametralmente opuesto al Cristo que se ha revelado como muy Dios y muy Hombre entre ellas. ¿Son acaso tan ingenuos e inocentes de todo pecado y de todo mal que no ven los juegos de Satanás, el "ángel de luz"? Cristo los condena por las falsas prácticas y enseñanzas que aparentemente circulaban entre ellos: "la doctrina de los nicolaítas" (2.15), "la doctrina de Balaam" (2.14), "Jezabel, esa mujer" (2.20), los "profundos secretos de Satanás" (2.24). ¿Acaso no podían escuchar la radical diferencia entre las enseñanzas recibidas que eran como una flameante espada de doble filo de la boca de Jesucristo y lo que estos supuestos profetas y profetizas estaban diciendo? No se nos dice cuál era la naturaleza específica de esas enseñanzas, pero tres de los nombres asociados con ellas: Balaam, Jezabel y Satanás, claramente las identifican como mentiras, perversiones y distorsiones de lo que esas iglesias sabían de Moisés y Elías, Jesús y Pablo y, más recientemente, del mismo Juan.

No es probable que los términos "Satanás" (cuatro veces), "nicolaítas" (dos veces), "Balaam" y "Jezabel" aludan a algún pecado o enseñanza terriblemente atroz que estuviera llevándose a cabo en las iglesias de Juan. Rara vez se desafía y reta a la iglesia, la cabeza y cuerpo de Cristo, directamente desde su interior. El pecado y las mentiras dentro de la iglesia obran a un nivel más sutil. Por lo general, aparecen como una prometida mejora o una extensión de lo que ya ha sido definitivamente revelado en Jesucristo.

Lo que Juan nombra para sus iglesias como Satanás y los nicolaítas, Balaam y Jezabel, y los profundos secretos de Satanás, Pablo había nombrado anteriormente como "las artimañas del diablo... potestades que dominan este mundo de tinieblas... fuerzas espirituales malignas en las regiones celestiales" (Efesios 6.11-12). La iglesia siempre ha sido presa del asalto e infiltración del enemigo. Siempre lo será. La iglesia de Éfeso había recibido una clara advertencia sobre la manera en que la gente malvada y "este mundo de tinieblas" estaban desarmando y destruyendo la identidad fundamental de Jesús de las iglesias bajo su cuidado como pastor.

Juan contrarresta la amenaza contra sus congregaciones con una magnífica visión de Jesús vivo, en acción y presente en medio de la iglesia. Mediante esa visión, cada iglesia se vio a sí misma como parte de la iglesia en gran escala, adorando a Dios y observando cómo Jesús enfrenta el mundo entero de Satanás y Balaam y Jezabel, las artimañas del diablo, las tinieblas presentes y las fuerzas espirituales malignas "como vencedor, para seguir venciendo" (Apocalipsis 6.2).

La visión era una hazaña. Desde ese momento, ha desempeñado un rol sumamente importante en la iglesia a lo largo de los siglos y en todo el mundo, imaginando y reforzando el lugar central, exclusivo e irremplazable de Jesucristo como la cabeza de la iglesia que Pablo identifica como el cuerpo de Cristo.

"ME ARRODILLO DELANTE DEL PADRE"

La acción física de "arrodillarse delante del Padre" (Efesios 3.14) es un acto de reverencia. Es también un acto de vulnerabilidad voluntaria. Mientras estoy de rodillas, no me puedo escapar. No puedo afirmarme. Me coloco en una postura de sumisión intencionada, vulnerable a la voluntad de la persona delante de la cual me estoy arrodillando. Es un acto mediante el cual me retiro de la acción para poder percibir cómo es la acción sin mi presencia, sin estar yo ocupando espacio, sin decir yo ninguna palabra. De rodillas, ya no puedo flexionar mis músculos, no puedo pavonearme pero tampoco agazaparme, no puedo ocultarme en las sombras, pero tampoco presumir sobre el escenario. Paso a ser menos para poder estar consciente de más: asumo una postura que me permite ver qué aspecto tiene la realidad sin los lentes de distorsión de mi tímida evasión o de mi violento dominio. Por un tiempo, pongo de lado mis planes y me aquieto, presente a Dios.

Esta postura no está de moda en un mundo donde los medios de comunicación, nuestros padres, nuestros empleadores, nuestros maestros y, tal vez el más exigente de todos, nuestro yo nos dicen que saquemos el máximo partido de nosotros mismos. De rodillas delante del Padre, Pablo ora.

* * *

La oración es la lengua franca de la humanidad. Todo el mundo ora. Al menos todos comienzan haciéndolo. Entonces, ¿por qué la práctica de la oración en la así llamada América cristiana es tan esporádica y confusa? ¿Por qué avergüenza a tantos o por qué se convierte en una causa política? Esta es una pregunta que planteo muchas veces.

Como pastor, gran parte de mi tarea consiste en alentar y enseñar a la gente a orar. Pero nunca me ha resultado fácil. ¿Por qué es tan difícil esta enseñanza? Si la oración está virtualmente en todas partes y, al menos en una mínima medida, en todos, ¿por qué hay tan poca fluidez? Los hombres y mujeres con los que he trabajado toda mi vida aceptan con gusto que yo ore por ellos, de hecho, a menudo me lo piden. ¿Por qué está la gente tan dispuesta a nombrar a un representante que ore en su lugar? ¿Por qué se habla tanto de la oración, pero la oración es tan poca? ¿Por qué hay tantas más dudas expresadas y preguntas planteadas sobre esta forma de lenguaje que de otras?

Una respuesta adecuada, al menos el comienzo de una respuesta, comienza a cobrar forma cuando observamos la manera en que usamos el lenguaje cuando no estamos de rodillas. Cuando escuchamos cuidadosamente el lenguaje que se usa a nuestro alrededor todos los días cuando vamos de compras, a la escuela, al banco, al trabajo, y encendemos nuestras computadoras, no podemos dejar de percibir que el uso principal del lenguaje es impersonal.

Se puede usar el lenguaje de muchas maneras: para nombrar cosas, describir acciones, suministrar información, ordenar conductas específicas, decir la verdad, decir mentiras, maldecir, bendecir. El lenguaje es increíble y eternamente versátil. Pero en nuestro mundo extremadamente tecnológico y consumidor, la mayoría de las palabras que decimos y escuchamos prácticamente todos los días carecen de toda profundidad relacional o personal. Son en cambio palabras relacionadas con un mundo de cosas y actividades, máquinas e ideas.

Pero el lenguaje en su esencia y en su grado más óptimo revela. Usando palabras, yo puedo relacionarme con otra persona. Le puedo decir quién soy, cómo me siento y la manera en que pienso. Y al escuchar las palabras que me dice la otra persona, puedo establecer una relación con él o con ella. El lenguaje en su estado más óptimo da comienzo y desarrolla relaciones personales. También hace todo lo demás que he mencionado, pero es como revelación que alcanza su máximo potencial.

Desde la infancia, todos aprendemos el lenguaje de esta manera personal, relacional y reveladora. Antes de poder articular palabras, los sonidos que emitimos desarrollan afectos íntimos, una confianza básica, promesas y bienestar. Pero pronto aprendemos a nombrar y exigir cosas. El lenguaje convierte al mundo y la gente que nos rodea en objetos. A medida que perfeccionamos nuestro uso del lenguaje para nombrar y definir y describir, los aspectos personales y relacionales del lenguaje disminuyen mientras aprendemos a abrirnos camino por un mundo compuesto sobre todo de cosas que arreglar y tareas que llevar a cabo. Desgraciadamente, en el curso de todo esto transformamos a las personas en "cosas". Con demasiada frecuencia, las palabras que usamos y escuchamos están dentro del contexto de los roles que se nos han asignado: estudiantes, clientes, empleadores, trabajadores, competidores, todos los que bien podrían ser, y con frecuencia son, anónimos. Gradualmente, nuestro primer instinto del lenguaje con intimidad se va erosionando y, junto con ello, la capacidad misma de intimidad. Al poco tiempo, la mayor parte de nuestro lenguaje se usa, según se lamentaba Wordsworth, para "obtener y gastar". Cuando el lenguaje se torna impersonal, el mundo se despersonaliza. Cuando llega el momento de casarnos, apenas sabemos cómo decir "te quiero", así que vamos y compramos una tarjeta de Hallmark con unos versos superfluos para que lo haga en nuestro lugar.

Pero ese es el asunto: la oración es lenguaje personal o no es nada. Dios es personal, enfáticamente personal: personal de tres personas. Cuando usamos un lenguaje impersonal en la más personal de todas las relaciones, el lenguaje no funciona. Y cuando escuchamos en las Escrituras y en silencio lo que el Dios personal tiene para decirnos como personas únicas, anticipando información o respuestas y no escuchando nada remotamente parecido, no sabemos qué hacer con ello. Nos alejamos diciendo o pensando: "Dios no me habla… Ni siquiera me escucha jamás". El lenguaje que hablamos con fluidez, el lenguaje al que estamos acostumbrados, tiene que ver con datos impersonales y roles funcionales. La práctica de la oración, si es que deseamos que sea algo más que listas de deseos y quejas, requiere la recuperación de un lenguaje personal, relacional y revelador, tanto en lo que escuchamos como en lo que decimos.

El libro de texto clásico para recuperar el lenguaje personal de la oración son los Salmos. La inmersión en los Salmos es la manera principal en que los cristianos adquirimos fluidez en el lenguaje personal, íntimo, honesto y llano de la oración y ocupamos nuestro lugar en la gran compañía de nuestros antepasados que oraban. Porque aun cuando la oración es siempre personal, no es jamás individual. Cuando oramos, formamos parte de una gran congregación, nos demos cuenta de ello o no. El orar los Salmos nos acostumbra a estar en una congregación de hombres y mujeres que oran. Nunca estamos menos solos que cuando oramos, aun cuando no haya nadie más en la habitación. Estamos orando por otros que no saben que estamos orando por ellos. Otros están orando por nosotros, aunque no lo sepamos. Esto es importante, porque aun cuando la oración sea el lenguaje en su forma más personal, también es inherentemente interrelacional: es el lenguaje de *iglesia.* Cuanto más íntima es nuestra relación con Cristo, tanto más conscientes estamos del cuerpo de Cristo y relacionados con él. Cuando oramos, no estamos encerrados en nosotros mismos. El orar los Salmos nos sitúa en una escuela de oración que nos mantiene despiertos y con los oídos abiertos, alertas y con la lengua articulada, tanto a la palabra de Dios como a las voces de alabanza y dolor del pueblo de Dios.

"Toda la plenitud"

La oración de Pablo por su congregación no es nada sino exuberante. No hay ninguna cautela ni moderación en su oración. Cuando ora por los Efesios, las intercesiones trasuntan generosidad: "riquezas de su gloria… poder por medio del Espíritu… arraigados y cimentados en amor… puedan comprender… cuán ancho y largo, alto y profundo… el amor de Cristo que sobrepasa nuestro conocimiento… llenos de la plenitud… muchísimo más que todo lo que podamos imaginarnos o pedir…" Oramos en un ámbito de extravagancia.

Es totalmente asombrosa, esta oración de intercesión por los cristianos efesios. La intercesión generalmente comienza cuando oramos por alguien que necesita ayuda: intercedemos por familias que están llorando una muerte, por la salud de los enfermos, por sabiduría para nuestros líderes políticos, por claridad y dirección para los que están confundidos, por la paz en el Medio Oriente, por los que padecen hambre en el mundo, por los que no tienen techo, por el fin de toda discriminación y lucha racial, por los que no tienen empleo.

Esto es comprensible. En cualquier congregación, en cualquier domingo, no lleva mucho tiempo mirar a nuestro alrededor y localizar y nombrar una docena de personas cuya identidad es sinónimo de necesidad: una madre soltera con tres hijos a quien le acaban de diagnosticar un cáncer inoperable; un padre que acaba de llevar a su hijo adolescente adicto a las drogas a un centro de rehabilitación; una abuela que acaba de ser abandonada por su esposo de treinta y cinco años; un desaliñado forastero que no parece "calzar" en esta congregación. En cualquier santuario, siempre habrá un espacio reservado para las necesidades que requieren y reciben oraciones de intercesión.

Las oraciones de intercesión de Pablo agregan otra dimensión, el enorme depósito de plenitud del que fluyen las intercesiones. Sus oraciones de intercesión fluyen de la plenitud de Dios. La plenitud de Dios, no las penurias de la condición humana, es la que apuntala las intercesiones. Pablo ciertamente conoce las necesidades de la congregación a la que le está escribiendo. Después de todo, él es un pastor. Pero sus oraciones no nacen de la lástima o de la desesperación ante la condición humana. Dios es quien les da forma y energía: el Padre, el Hijo y el Espíritu Santo. Los ocho "verbos cohete" detonados por Dios en su oración de apertura (Efesios 1.3-14), la identidad de los "santos" creada por la resurrección por la que Pablo da gracias cuando recuerda a su congregación en oración (1.15-25), las "incomparables riquezas" de la salvación que reemplaza los ansiosos esfuerzos con una asombrosa gracia (2.1-10), el muro que Cristo derribó para que todos en todas partes pudieran tener acceso a "nuestra paz" (2.11-22), la "multiforme sabiduría" —el "paisaje interior" y la obra de la sombra de la iglesia— todas estas cosas nos dan ojos para ver y oídos para escuchar lo que está ocurriendo en el mundo, *realmente* ocurriendo.

Herman Melville le escribió cierta vez a un amigo: "Amo a todos los hombres que *bucean*". Pablo bucea. Va profundo y explora las condiciones que nos mantienen a flote. No desconoce ni es indiferente a lo que sucede sobre la superficie, pero en sus intercesiones, él se zambulle, escucha y nombra lo que Dios es y siempre está haciendo debajo de nosotros, y cuando emerge de lo profundo, ora que "por medio del Espíritu y con el poder que procede de sus gloriosas riquezas, los fortalezca en lo íntimo de su ser" (3.16), "que por fe Cristo habite en sus corazones" (3.17), que "puedan comprender" (3.18), y "que sean llenos de la plenitud de Dios" (3.19). Aquí hay cuatro intercesiones, oraciones para que nosotros ingresemos en la presencia de Dios y participemos en Dios, el Dios que antecede todo lo que somos y todo lo que hacemos, el Dios que antecede todo lo que ha ido mal en nuestra vida. Nuestros problemas no nos definen: Dios nos define. Nuestros problemas no son ni la primera ni la última palabra de quiénes somos: Dios es.

* * *

Dos amigos, Fred y Cheryl, fueron a Haití hace veinticinco años para buscar a una niña que habían adoptado. Addie tenía cinco años. Sus padres habían fallecido en un accidente automovilístico que la había dejado sin familia. Mientras caminaba por la pista que la conducía al avión, la pequeña huérfana había estirado la mano para tomarse de la mano de los nuevos padres que acababa de conocer. Después, ellos nos contaron acerca de ese momento de "nacimiento" en el que la confianza inocente, sin temor, de la niña, expresada en un acto físico, les había parecido algo tan milagroso como el nacimiento de sus dos hijos 15 y 13 años atrás.

Esa noche, de regreso en Arizona, ellos se sentaron a la mesa para cenar por primera vez con su nueva hija. Había una fuente de costillas de cerdo y un bol de puré de papas sobre la mesa. Después de servirse una vez, sus dos hijos adolescentes siguieron sirviéndose comida. Pronto ya no quedaba más nada. Addie jamás había visto tanta comida junta en su vida. Y jamás había visto tanta comida desaparecer tan rápido. Sus ojos estaban abiertos de par en par mientras miraba como sus nuevos hermanos, Thatcher y Graham, satisfacían su apetito voraz de adolescentes.

Fred y Cheryl notaron que Addie se había quedado muy callada y se dieron cuenta de que algo no andaba bien: ¿agitación... asombro... inseguridad? Cheryl supuso que era la comida que había desaparecido. Sospechaba que como Addie había padecido hambre toda su vida, cuando no quedaba más comida sobre la mesa, ella debía pensar que ya no comería más nada por algunos días. Cheryl había estado acertada. Tomó la mano de Addie y la llevó al cajón donde guardaba el pan y lo abrió, mostrándole que había tres panes más. Luego la llevó al refrigerador, abrió la puerta, y le mostró las botellas de leche y de jugo de naranja, las verduras frescas, los frascos de mermelada y de jalea y de manteca de cacahuate, un cartón de huevos y un paquete de panceta. La llevó a la alacena con sus contenedores de papas, cebollas y zapallos, y los estantes de alimentos enlatados: tomates y duraznos y conservas en vinagre. Abrió el congelador y le mostró a Addie tres o cuatro pollos, unos paquetes de pescado y dos cartones de helado. Todo el tiempo le aseguraba a Addie que había mucha comida en la casa, que no importaba cuánto comieran Thatcher y Graham, y con qué rapidez, siempre habría más, que nunca más volvería a sentir hambre en su vida.

No sólo le dijo que nunca jamás volvería a padecer hambre en su vida, sino que le mostró lo que había en esos cajones y detrás de esas puertas, o sea las carnes y las verduras, y se lo colocó en las manos. Era suficiente. La comida estaba allí, pudiera verla o no. Sus hermanos ya no eran sus rivales en la mesa. Ella estaba en casa. Nunca más volvería a pasar hambre.

Ellos nos contaron esta historia a mi esposa y a mí hace veinticinco años atrás. Desde ese momento, cada vez que leo y oro esta plegaria de Pablo, pienso en Cheryl llevando a Addie de la mano y mostrándole toda la comida que había en la cocina y en la alacena, asegurándole de las "incalculables riquezas" (Efesios 3.8) y "la plenitud" (3.19) inherente en la casa donde ella ahora vivía.

"En lo íntimo de su ser"

Oración es estar atentos a Dios. Con toda diligencia, Pablo lo ha estado haciendo. Pero la oración es también cultivar lo que a veces designamos como nuestra vida interior. O sea, Dios es más que conocer detalles sobre él y "sus gloriosas riquezas" (Efesios 3.16). La oración une lo que sabemos de Dios con una respuesta personal a Dios. Es así que Pablo ora: que el Padre "por medio del Espíritu y con el poder que procede de sus gloriosas riquezas, los fortalezca a ustedes en lo íntimo de su ser, para que por fe Cristo habite en sus corazones" (3.16-17).

La frase "lo íntimo de su ser" es literalmente, en el griego de Pablo, el "hombre interior". La mayor parte de los que estudian este texto entienden que significa nuestra vida interior, nuestro corazón, la vida del alma. Pero Markus Barth plantea un caso exhaustivo (y, según mi opinión, convincente) de que debemos mantener la traducción literal, "hombre interior", y luego va un paso más allá al ponerlo en mayúsculas "Hombre Interior" como título de Jesús. Él traduce: "que mediante su Espíritu sean ustedes fortalecidos con el poder para crecer hacia el Hombre Interior para que, mediante la fe, el Mesías pueda habitar en sus corazones". El Hombre Interior es sinónimo con Mesías, que habita en nuestros corazones.[2] Ya Pablo había utilizado un lenguaje similar cuando les escribe a los gálatas: "He sido crucificado con Cristo, y ya

---

[2] Markus Barth: Ephesians 1–3, The Anchor Bible, vol. 34 (Garden City, NY: Doubleday, 1974), p. 391.

no vivo yo sino que Cristo vive en mí. Lo que ahora vivo en el cuerpo, lo vivo por la fe en el Hijo de Dios" (Gálatas 2.19-20).

* * *

Lo que me atrae de la exégesis de Barth del Hombre Interior como Jesús es que nos protege del peligro de divinizar nuestra vida interior aparte de Jesús. La extrema subjetividad en la oración amenaza contra la naturaleza misma de la oración: la sustancia *relacional* de la oración. Mientras estoy de rodillas delante del Padre, Cristo está orando por mí (Juan 17) y en mí, fortaleciéndome con poder mediante su Espíritu. En contraste, la traducción "ser interior" es percibida a veces como una opaca abstracción espiritual que tengo la libertad de colorear con uno o todos los colores del arcoíris. Pero si el "Hombre Interior" es específicamente Jesús —Dios revelado en palabras que puedo meditar, acciones en las que puedo participar— mis oraciones están arraigadas en la historia real, en la encarnación verdadera, y no están controladas por mis humores o fantasías, por mis temores o deseos.

La oración es subjetiva: *tiene* que ver con mi ser interior, mi corazón. Pero hay tanto más, tanto más dentro de mí que "yo". Está Dios, revelado en Jesús. Hay una "morada interior" celebrada y elaborada por Teresa de Ávila que necesariamente me incluye, todo lo que yo soy: cuerpo y alma, emociones y pensamientos, recuerdos y sueños, padres y familia, y toda la gente que ha desempeñado un rol en la historia de mi vida. Pero la "morada", la persona en oración, incluye tanto más: todo lo que Dios es, en todas las operaciones de la Trinidad: Padre, Hijo y Espíritu Santo. Cuando oro no estoy yo solo delante de Dios: el Hombre Interior está allí, y ora conmigo, pronunciando la palabra de Dios. La oración trasciende todo lo que yo soy trayéndome a una relación atenta y participativa con el Hombre Interior, con Jesús, quien revela a Dios.

La oración no es algo que me pone en contacto con mi verdadero yo, como se dice con frecuencia. Es la práctica en la que dejo de preocuparme por mí mismo para prestar atención y responder a Dios. Es el alejamiento voluntario de un estilo de vida centrado en el yo para pasar a un estilo de vida centrado en Cristo. Es sin duda verdad que buscamos a Dios en debilidad y sed y desesperación, pero la realidad más amplia y exhaustiva es que Dios ya nos está tendiendo su mano. La oración se origina en el movimiento de Dios hacia nosotros.

Esto es coherente con todo el tenor de Efesios. Todo comienza y se completa en Dios. El crecer en Cristo no es un asunto de "nacer de nuevo" y luego, con ese maravilloso don de vida, tener la responsabilidad de alimentarlo para que madure.

* * *

Al instalar al Hombre Interior en el lugar donde oramos, Pablo nos protege para que no nos preocupemos del estado de nuestro "ser interior". Es algo bastante común que los cristianos, cuando oran, comiencen a interesarse más en ellos mismos que en Dios, a veces de manera obsesiva. Esto surge cuando hablamos mucho sobre la oración, corremos de un lado a otro a lugares de oración, leemos muchos libros sobre la oración, la convertimos en una especialidad. La autoconciencia en los asuntos de la oración no es una buena señal, no es una señal de salud, no es una marca de santidad. Con Jesús, el Hombre Interior, en nuestras oraciones, estamos protegidos de las oraciones que se convierten en un ensimismamiento neurótico.

Otra perversión de la oración de la que nos protege Pablo es el tratar la oración como si fuera una curiosidad despersonalizada: fenómenos sobrenaturales, señales y maravillas, experimentos de laboratorio para validar las ESP (percepciones extrasensoriales), los efectos de la oración en el crecimiento de las plantas, el recoger testimonios de lugares remotos sobre levitaciones y bilocaciones. Esta curiosidad fácilmente se degenera en una búsqueda a tientas de métodos para ponernos en contacto con esferas trascendentales mediante técnicas de meditación o cartas astrológicas o induciendo estados psicológicos mediante danzas o ayunos o drogas, que nada tienen que ver con Jesús ni con ninguna otra persona y, por cierto, nada que ver con vivir para "la alabanza de su gloria". Pero si sabemos que Jesús, el Hombre Interior, está aquí "viviendo" con nosotros en el lugar y la acción de orar, con su Espíritu que nos fortalece para poder crecer hasta alcanzar la "plena estatura de Cristo" (Efesios 4.13), no nos distraeremos con episodios de voyeurismo espiritual. Si el contexto de la oración es un aspecto de mí mismo, de mi ser interior, es fácil desarrollar curiosidades impropias sobre lo que puede estar sucediendo. Pero con el Hombre Interior en la habitación, cualquier curiosidad de ese tipo quedará expuesta como sacrílega.

Pablo ora, nosotros oramos, en compañía de la Trinidad.

* * *

Para entender la iglesia nos tenemos que sumergir en el vocabulario que revela a Dios y la sintaxis saturada de oración en la que se nos es dado, un vocabulario y una sintaxis que son muy llamativos en Efesios. Aparte de esta inmersión, es imposible comprender a la iglesia. Los que están fuera de ella no la pueden entender. Al carecer de un vocabulario que revela a Dios y una sintaxis saturada de oración, sólo pueden malentenderla.

Los malentendidos son numerosos, pero se destacan dos que son los que acosan continuamente a la iglesia. Uno es que la iglesia es lo que hacemos. Es común pensar que la iglesia es lo que construimos, organizamos, lo que se puede medir y contar. Son personas y ladrillos, causas y programas, liturgias y llamados al altar. La iglesia es nuestra tarea en lo que respecta a misiones y salvación. La forma que asume la iglesia puede oscilar desde una burocracia religiosa bizantina a una pequeña tienda a la calle a una iglesia sentimental: iglesias estatales, denominaciones establecidas, iglesias independientes "libres" e iglesias "bíblicas". Lo que se lleva a cabo en la iglesia depende de nosotros.

El segundo malentendido es que la iglesia, la "iglesia real" es invisible. La iglesia es la compañía mística de almas que poco tienen que ver entre sí aparte de una que otra reunión de vez en cuando de almas que piensan igual y comparten "buenas vibraciones". Poco tiene que ver, quizás nada, con cuerpos y edificios. Los cuerpos y los edificios están bien donde están, pero no son la iglesia. La iglesia es enteramente espiritual.

Hay variantes en la manera en que se expresan estos malentendidos, pero ambos son una negación esencial de lo que revelan las Escrituras como iglesia. El primer malentendido, que la iglesia es lo que hacemos, es negar la acción central del Padre, Hijo y Espíritu Santo en la creación y continuación de la iglesia. Esto no significa que esta gente no cree o no ora o no sirve a Dios. Algunos de ellos lo hacen con gran devoción. Otros lo hacen como costumbre religiosa, u obligación moral, o porque les agrada la estética sagrada. Lo que tienen en común es que ellos mismos, estén o no conscientes de ello, son la medida de la iglesia. Las decisiones que toman y los sentimientos que tienen triunfan sobre todo aquello en lo que no tienen voz o decisión. Esas formas de iglesia pueden ser formales o espontáneas, tradicionales o innovadoras, pero el pragmatismo es lo primordial: lo que hacemos por Dios y en el nombre de Dios. A veces el pragmatismo se presenta vestido con un atuendo religioso; otras veces es descaradamente informal.

El segundo malentendido, que la iglesia está compuesta por un grupo místico selecto que no podemos identificar con lugares designados y personas con nombre y apellido, es esencialmente una negación de la creencia y experiencia característica de la fe cristiana, la Encarnación: que Dios se hizo carne y vivió entre nosotros, nosotros que somos de carne también. Dios no obra sin carne y huesos, maderas y ladrillos. La iglesia cristiana es histórica. Existe en el tiempo y en el espacio. La fe cristiana nació en un cuerpo humano nacido en Belén. La iglesia cristiana nació unos treinta años más tarde en una compañía de seres humanos en Jerusalén.

Hay mucha gente —siempre la hubo— que ignora o que es indiferente a la Trinidad y la Encarnación, determinada a rehacer la iglesia según los métodos que han aprendido de vendedores y sociólogos. Podemos ignorarlos tranquilamente. No saben de lo que están hablando. Es mejor que regresemos al texto de Efesios con su vocabulario que revela a Dios y su sintaxis saturada de oración y que trabajemos con la abundancia de imágenes para entender a la iglesia: la plenitud de aquel que lo llena todo por completo (1.23), nueva humanidad (2.15), miembros de la familia de Dios (2.19), templo santo (2.21), morada de Dios (2.22), cuerpo de Cristo (4.12), un solo cuerpo (5.31-32), hermanos (6.23).

Dios sabe de lo que está hablando cuando se trata de la iglesia, aun cuando nosotros no sepamos de lo que estamos hablando.

Capítulo 9

Uno y todos: Efesios 4.1-16

Esfuércense por mantener la unidad del Espíritu mediante el vínculo de la paz. Hay un solo cuerpo y un solo Espíritu, así como también fueron llamados a una sola esperanza… de este modo, todos llegaremos a la unidad de la fe y del conocimiento del Hijo de Dios, a una humanidad perfecta que se conforme a la plena estatura de Cristo.

EFESIOS 4.3-4, 13

Los bautizados son traídos a una relación con Dios y con los demás en el mismo acto, por virtud de compartir en comunión con el único Padre, mediado por el Hijo y realizado por el Espíritu. Los que están en Cristo, están en la iglesia: traídos a una relación con Dios y a una comunidad a la misma vez.

COLIN GUNTON: The One, the Three, and the Many

En Efesios estamos en una transición, yendo de una exploración exuberante de quién es Dios y la manera en que obra a un relato detallado de quiénes somos y cómo obramos. "Por lo tanto" es la palabra que sirve de bisagra. Pero la transición no es abrupta. No es como si pudiéramos acaso separar el ser de Dios del ser humano y tratarlos por separado. Pero los separamos. La práctica de la resurrección une lo que hemos "separado". La resurrección de Jesús restaura la intimidad original que nuestros primeros padres disfrutaban en aquellas conversaciones nocturnas sin inhibiciones con Dios en el Edén. No podemos separar la "vida" en compartimientos. Menos aún podemos dividir la vida cristiana en compartimientos: primero, quién es Dios y lo que hace por nosotros y luego, después de haber dominado eso, quiénes somos nosotros y qué hacemos para Dios.

Estamos anticipando coherencia, integridad y madurez "que se conforme a la plena estatura de Cristo" (Efesios 4.13). Pablo no tiene apuro. Con paciencia y aptitud nos ha ayudado a comprender la iglesia según la creó Dios. Con esa misma paciencia y aptitud, discierne nuestra parte en ella. La iglesia es el tiempo y lugar escogidos para una conversación entre dos "seres": el ser de Dios y el ser humano. Ambos "seres" reciben el mismo tiempo.

Dios creó la iglesia como un lugar agradable y accesible sobre la tierra para estar presente, escuchándonos y hablándonos en nuestro territorio. De manera simultánea, es un obsequio que nos ha dado, un lugar en nuestro vecindario a corta distancia de nuestra casa para que nosotros podamos estar presentes, escuchando y hablando con Dios. Todo lo que Dios es y todo lo que somos nosotros se entrecruza localmente en compañía de nuestra familia y amigos y las circunstancias inmediatas de nuestra vida.

No tenemos que dejar nuestro vecindario para encontrar un momento y un lugar propicios para estar en la presencia de Dios. No tenemos que "subir al cielo" (Romanos 10.6) para tener una audiencia con Dios. No tenemos que "bajar al abismo" (10.7) para descubrir lo que Dios está haciendo en lo profundo del alma, de la historia y entre las bancas. La iglesia nos da la bienvenida, tal como somos, a la conversación. Dios no es abstracto, remoto, inaccesible. La iglesia es común, local, inmediata, personal y nos da la bienvenida a la compañía de Jesús, que es Dios con nosotros, quien abraza la condición humana y habla nuestro idioma. No se sientan intimidados: no hay nada aquí tan profundo como para que no lo entienda la gente común.

La iglesia en su forma más simple y más obvia es un lugar protegido, un tiempo disponible para que Dios tenga una conversación con nosotros y para que nosotros tengamos una conversación con Dios junto con el pueblo de Dios. A la misma vez, es mucho más que esto. Dios habla y actúa donde y cuando quiere, pero es al menos esto: un lugar y momento agradable para cultivar la presencia de Dios.

Cuando abrazamos a la iglesia, nos damos cuenta de que formamos parte de una conversación en desarrollo entre lo que sabemos y experimentamos de Dios y la manera en que vivimos con los demás, con nuestras familias, en el lugar de trabajo, de una manera moral, ética y personal. Hay muchos que abandonan la conversación para ir solos en búsqueda de un artilugio religioso formado con fragmentos de Dios o rumores escuchados en oscuros callejones, mercados de pulgas y programas de entrevistas: un sistema de fe (o incredulidad) provisorio, propio de aficionados, que se adapta a su estilo de vida particular. Otros, impacientes con las complejidades y ambigüedades en la conversación, se erigen como expertos en lo trascendente, buscando experiencias de éxtasis, tomando fotografías de atardeceres, coleccionando libros y música que los inspire.

Para muchos, estas prácticas parecen funcionar muy bien, aliviando el tedio de lo cotidiano. Sin embargo, todo esto resulta en una clase de pastiche espiritual de momentos desconectados en el que se busca distraerse o escapar de los confines del yo. Este abstenerse de la conversación que se lleva a cabo en la iglesia tiene sus atractivos. Nada de lo que se hace parece destructivo. No es como que los ausentes andan por ahí destruyendo el vecindario o cometiendo delitos a escondidas. A la misma vez, ninguno de estos métodos contribuye a la madurez: a crecer y, más específicamente, crecer en Cristo.

Dios, quien es y lo que hace, es mucho más que lo que podemos improvisar con nuestros propios recursos. Y nosotros, nuestra vida terrenal y nuestras almas eternas, somos mucho más de lo que se puede comprender creando un mosaico con fragmentos de belleza. Dios está en todas las obras de la Trinidad: ¡qué imponente… en toda la tierra! (Salmo 8.1). Y luego estamos nosotros, sólo "un poco menos que un dios, y lo coronaste de gloria y de honra (8.5).

El ser maduros significa rehusarnos a vivir una vida disminuida, rehusando una espiritualidad minimalista. La iglesia es el obsequio que recibimos al mantener una relación coloquial con todo lo que Dios es y todo lo que somos nosotros, de modo que podamos llegar a vivir "para la alabanza de su gloria", para que podamos finalmente —¡aunque va a llevar mucho tiempo!— crecer hasta alcanzar "la plena estatura de Cristo".

* * *

El aparecer en la iglesia en esta tierra y en nuestra historia no garantiza que vayamos a vivir atentos a la completa revelación de Dios en nuestra vida y que vayamos a entender todo lo que somos y hacemos en conversación con Dios. Los obsequios, por su misma naturaleza de ser obsequios, se pueden recibir o rechazar con toda libertad. No hay coerción posible en un obsequio.

A lo largo de los tres primeros capítulos de Efesios, Pablo ha estado entrenando a nuestra imaginación para que podamos reconocer y abrazar la naturaleza del obsequio de Dios de la iglesia. Está casi listo para elaborar en detalle (desde 4.17 hasta el final) las maneras en que podemos entrar en acción, vivir el obsequio. Pero no nos empuja por la puerta, sino que se toma su tiempo, reflexionando en las dificultades implícitas en el madurar en Cristo junto con todos los demás que están creciendo con nosotros, y junto con la cantidad considerable de personas que no están interesadas, al menos no todavía, en crecer. Efesios 4.1-16 es un punto de transición, que nos conduce gentilmente para que no desviemos abruptamente la atención depositada en Dios hacia nosotros y perdiendo, de esa manera, nuestra distintiva orientación de la *iglesia*: cabeza *y* cuerpo, Cristo *y* nosotros, en una conversación continua y respetuosa.

"EL LLAMAMIENTO QUE HAN RECIBIDO"

Pablo reúne todo lo que ha escrito hasta aquí en una sola palabra que nos prepara para lo que sigue. La palabra es "llamamiento". La palabra de Dios a nosotros es inherentemente un llamado, una invitación, una bienvenida a su presencia y acción. Cuando respondemos a ese llamado, vivimos un llamado[1]. El llamado nos da un destino, determina lo que hacemos, da forma a nuestra conducta, forma una vida coherente. Vivimos en el mundo y las relaciones a las que hemos sido llamados. Nuestra palabra en español, derivada del latín para "llamar" (*vocare*) es "vocación". Vocación, llamado, es un estilo de vida. Un trabajo es algo diferente. Un trabajo es una tarea asignada. Cuando se termina el trabajo, se termina el empleo y regresamos a ser simplemente nosotros mismos, con la libertad de hacer lo que escojamos hacer. Una vocación, por el contrario, es exhaustiva.

Jesús nos llama. Cuando escuchamos el llamado y respondemos, vivimos ese llamado. De ahí en adelante, el llamado da forma a nuestra vida, le da contenido y caracteriza la manera en que la vivimos. "Por eso yo, que estoy preso por la causa del Señor, les ruego que vivan de una manera digna del llamamiento que han recibido" (Efesios 4.1).

El verbo "llamar" es la raíz de la palabra en griego para iglesia, *ekklesia*. Pablo usa la palabra nueve veces en Efesios[2]. Para los griegos, no era una palabra religiosa o sectaria. Significaba, sencillamente, una asamblea, una reunión de gente, hombres y mujeres que habían sido convocados a un lugar en particular. En la traducción griega de la Biblia hebrea, la palabra se traduce como "congregación" (*qahal*), pero siempre con el significado implícito de "congregación de Dios", la "asamblea del pueblo de Dios". Hay algunos que han sujetado la palabra a una silla y han tratado de extraer etimológicamente mediante torturas un sentido espiritual o teológico. Nuestros mejores eruditos nos han aconsejado que tales exégesis forzadas son inútiles[3]. No. Ella es una palabra común tomada de la vida común: reuniones públicas, celebraciones, reuniones familiares, lo que sea, para referirse a una asamblea de gente. Eso en sí me parece importante, porque se opone con fuerza al deseo de romantizar o embellecer o espiritualizar la palabra "iglesia" aparte de las condiciones en que se nos es dada.

---

1 Éste es el eje central de Efesios que yo elaboré en el capítulo 2, "El mensaje a los efesios".

2 Efesios 1.22; 2.10, 21; 5.23, 24, 25, 27, 29, 32.

3 Véase el *Theological Dictionary of the New Testament*, ed. Gerhard Kittel, traducido por Geoffrey W. Bromiley (Grand Rapids: Eerdmans, 1965), vol. 3, pp. 530-36.

En su raíz, la utilidad de esta palabra es que nos mantiene conscientes de que esa asamblea, esa congregación, esa familia de Dios, ese templo de Dios, ese cuerpo de Cristo, es la comunidad de los llamados, que ahora tienen un llamamiento. El llamado de Dios y nuestro llamamiento se funden en la iglesia. Los verbos son el sistema circulatorio de la iglesia. El llamado y el llamamiento son los latidos sistólicos y diastólicos del cuerpo de Cristo.

El lenguaje de la paraclesis

Hasta aquí, el tono característico del lenguaje de Pablo ha sido kerigmático. *Kerygma* es la transliteración de la palabra griega para predicar, proclamar, publicar un decreto, anunciar noticias urgentes. "Predicar" es la traducción usual. Pero dado que los oídos americanos tienden a detectar matices de condescendencia y piedad en la palabra ("deja de predicarme"), deseo usar la palabra "kerigmático" para captar la exuberancia marcada, urgente, entusiasta y extravagante que satura el lenguaje de Pablo cuando escribe sobre Dios y la gloria, Cristo y la gracia, la iglesia y la abundancia, el Espíritu y la oración.

Y deseo contrastarla con otro uso bastante diferente del lenguaje que Pablo trae a la escena: "Por eso yo, que estoy preso por la causa del Señor, les ruego que vivan de una manera digna del llamamiento…" (Efesios 4.1). Este verbo, "les ruego", en contraste con el marcado vigor kerigmático del lenguaje de Pablo en el que hemos estado inmersos, introduce un tono más tranquilo, más coloquial, algo así como "estoy aquí a tu lado, conversemos sobre esto, consideremos juntos cómo podemos participar de todo lo que está haciendo Dios". Al final de Efesios, Pablo vuelve a utilizar el mismo verbo, traducido esta vez como "para que cobren ánimo" (6.22). El estilo del lenguaje que se desarrolla a partir de este verbo es aludido a veces como *paraclético*. Como la iglesia (*ekklesia*), que tiene en su raíz el verbo "llamar" (*kaleo*), "les ruego" o "para que cobren ánimo" (*parakaleo*) también tienen "llamar" (*kaleo*) integrado en ellos. "Paraclético" nombra el estilo del lenguaje usado en la iglesia mientras discernimos y encarnamos el llamamiento al que hemos sido llamados los cristianos.

En la iglesia, hay tres clases de lenguaje que se usan comúnmente: kerigmático, didáctico y paraclético. La predicación, la proclamación (el lenguaje kerigmático) es el más obvio. Hay que predicar el evangelio. Pablo, cuando les escribe a los romanos, lo pone de manera memorable: "¿Cómo oirán si no hay quien les predique (*kerussontos*) y quién predicará (*keruxosin*) sin ser enviado? Así está escrito [está citando a Isaías]: '¡Qué hermoso es recibir al mensajero que trae buenas nuevas!'" (Romanos 10.14-15). El predicar es el lenguaje distintivo de la iglesia. "Sí, el mundo es una nave en su pasaje de salida, y no un viaje completo; y el púlpito es su proa"[4]. Jesucristo es la revelación de Dios de la salvación: "¡Arrepiéntanse y crean en el evangelio!" Las iglesia tienen santuarios y púlpitos para que el lenguaje de la predicación sea lo principal. La predicación está dirigida a la voluntad, llamándonos a tomar una decisión y seguir el camino de Jesús.

Luego sigue la enseñanza (el lenguaje didáctico). Tenemos Escrituras que comprender. Existe un mundo de incredulidad que hay que diagnosticar. Hay preguntas que tenemos que hacer y responder. La vida cristiana implica un reaprendizaje de toda nuestra vida y todo el mundo a la luz de la revelación de Dios. Hay mucho que aprender y entender. La creación y el pacto trazan nuestra existencia, y tenemos que aprender a leer los mapas y usar la brújula para encontrar nuestro camino en este territorio. Las iglesias tienen salones de clase y atriles que nos ayudan a mantener la mente alerta y activa para entender quién es Dios y quiénes somos nosotros, quién es este complejo y variado grupo de gente (la iglesia) en el que estamos injertados. La enseñanza está dirigida a la mente, para conocer la mente y los métodos de Dios revelados en las Escrituras y experimentados en la iglesia.

El discernimiento (el lenguaje paraclético) no tiene el mismo elevado perfil de sus hermanos, pero no es menos importante. Sin embargo, como se lo habla en voz más baja, solemos pasarlo por alto o, si lo notamos, no lo tomamos tan en serio como los otros lenguajes hermanos. La predicación tiene un púlpito y un santuario que dignifican su autoridad. La enseñanza tiene atriles y salones de clase que

---

[4] Herman Melville: *Moby Dick* (1851;NewYork: W. W. Norton & Company, Inc., 1976), p. 40.

definen su tarea en el espacio. Pero el discernimiento se lleva a cabo informalmente, en cualquier momento y en cualquier lugar, sin que nadie esté oficialmente al mando. El entorno para esta clase de lenguaje abarca desde un par de sillas mecedoras en el porche de un hogar de ancianos hasta dos hombres tomando un café en un restaurante, hasta una conversación telefónica entre una madre y su hija que viven lejos la una de la otra. Podría llevarse a cabo en una carta o serie de cartas que tratan de los asuntos del corazón y el alma, o entre tres o cuatro amigos en una reunión semanal antes de ir al trabajo, leyendo y meditando juntos la manera en que el discurso de Jesús en Juan 6 se cruza con las horas que tienen por delante ese día.

El discernimiento es una conversación dirigida a las intuiciones y decisiones, las conductas y las prácticas, que emerge cuando escuchamos las buenas nuevas y conocemos la verdad de las Escrituras que luego oramos y encarnamos en la vida en la que estamos ahora. Dadas mis emociones, mi historia, mis padres, mis antiguos pecados y los malentendidos acumulados de una cultura secular, estas intuiciones no son siempre obvias. El mensaje del evangelio que parecía tan simple y directo en el santuario el domingo desarrolla graves complicaciones cuando ingresamos al lugar de trabajo el lunes. Nuestras familias enturbian las aguas que parecían tan claras, tan definidas, tan en orden sobre un pizarrón en el salón de clase.

Gerhard von Rad, a mí parecer el erudito hebreo más perspicaz del siglo veinte, observa que la primera aparición en nuestras Escrituras del lenguaje de paraclesis es en Deuteronomio, donde toma su lugar junto al indicativo "evangelio" y el imperativo "ley". No debe ser confundido con la ley, y asume que existe una participación constante en el evangelio de la salvación. Es bastante distinto del evangelio (*kerygma*) o la ley (*didache*). La paraclesis es el lenguaje usado con hombres y mujeres que ya han recibido la palabra de salvación y la enseñanza de la ley, pero que necesitan consuelo o aliento o discernimiento en los confusos detalles de lo cotidiano[5]. Esta es una clase de lenguaje comúnmente identificado en la vida de la iglesia como "curación de almas" y "dirección espiritual".

---

[5] Véase Gerhard von Rad: *Old Testament Theology*, traducida por D. M. G. Stalker (New York: Harper & Row, 1965), vol. 2, p. 393.

Y este es un estilo de lenguaje absolutamente requerido en la iglesia en el proceso de maduración, de crecer en Cristo. Las tres clases de lenguaje: kerigmático, didáctico y paraclético, funcionan juntos en esto, pero el que a menudo se desprecia, al menos en la iglesia de los Estados Unidos con su gusto por el indicativo (decir las cosas tal cual son) y el imperativo (ordenarle a la gente que haga algo al respecto), es el paraclético. Esta es la clase de lenguaje que le presta atención a la manera en que los lenguajes precedentes de la predicación y la enseñanza ingresan en los elementos particulares personales de cada persona cuando está en compañía de hermanos y hermanas, extraños y vecinos. Se le otorga dignidad a la individualidad, pero siempre en el contexto de la congregación. El escuchar, que requiere silencio, es un elemento sustancial en el lenguaje de paraclesis.

Paraclesis es el lenguaje que impregna a Isaías, uno de nuestros principales guías para ingresar a la vida madura de la fe: "¡Consuelen, consuelen a mi pueblo!... Hablen con cariño a Jerusalén" (Isaías 40.1-2). Es el lenguaje del Salmo 23 que ha guiado por los valles a más de un alma confundida: "tu vara de pastor me reconforta" (Salmo 23.4). Este es el lenguaje que utiliza Jesús en la segunda de las bienaventuranzas, cuando bendice a los que lloran: "porque serán consolados" (Mateo 5.4). En cada uno de estos pasajes representativos, el verbo que lidera es *parakaleo*: "consuelen"... "me reconforta"... "no están solos en esto"... "estoy con ustedes siempre".

Y este es el lenguaje que utiliza Jesús en su última conversación con sus discípulos (Juan 13-18). Durante los años que habían estado con Jesús, ellos habían escuchado magníficos sermones: ¡El reino de los cielos está cerca!" Habían escuchado increíbles enseñanzas: "El reino de Dios se parece a..." Pero esa noche, esa última noche con ellos, Jesús entabla con ellos una larga, tranquila e íntima conversación. Usa el lenguaje de paraclesis. Ellos saben qué es lo que ha sucedido en Jesús: reino, salvación. Saben lo que significa el llamado. Las parábolas y los discursos y las oraciones han hecho que todo sea más vívido. Ahora es necesario asimilar y digerir todo esto. Necesita metabolizarse para convertirse en músculos y huesos, terminaciones nerviosas y células cerebrales del cuerpo de Jesús. Ahora tienen una nueva identidad básica: amigos, discípulos, seguidores de Jesús. Pero acaban de empezar. Necesitan crecer, convertirse en lo que saben, madurar: crecer en Cristo.

Para aclarar exactamente qué es lo que habrá de suceder y cómo, Jesús introduce una nueva palabra: "Paracleto", que se la traduce en nuestras Biblias como "Abogado", "Consejero", "Consolador", "Amigo". Jesús la utiliza cuatro veces (Juan 14.16, 26; 15.26; 16.7). No los deja tratando de adivinar quién o qué es el Paracleto; Jesús lo identifica como el "Espíritu de verdad", el "Espíritu Santo". Les promete a sus discípulos que el Paracleto, el Espíritu Santo, continuará pronunciando sus palabras. No los deja tratando de resolver cómo se arreglarán cuando estén solos: "No los voy a dejar huérfanos" (Juan 14.18).

El lenguaje paraclético es el lenguaje del Espíritu Santo, un lenguaje de relaciones e intimidad, una manera de hablar y escuchar que hace que las palabras de Jesús penetren en nosotros para *convertirse* en nosotros. No es información nueva. No es una explicación. Es la palabra de Dios a nuestro lado, en nuestro interior, resolviendo los detalles en las circunstancias de nuestra vida.

* * *

Cuando Pablo cambia a esta forma paraclética de lenguaje, describe la vida paraclética que legitimiza el lenguaje. El lenguaje paraclético es únicamente verosímil cuando se lo habla desde una vida paraclética, una vida que él describe como vivida "siempre humildes y amables, pacientes, tolerantes unos con otros en amor. Esfuércense por mantener la unidad del Espíritu mediante el vínculo de la paz" (Efesios 4.2-3).

Ninguna de estas cinco marcas del "llamamiento que usted ha recibido" que contribuyen a la fluidez del lenguaje paraclético tiene nada que ver, como tal, con saber las palabras exactas o entender el significado correcto. Aluden a la manera en que se dicen las palabras y el elemento de relación en el que se comunican. La única manera adecuada, "digna" de articular este llamado en la iglesia y por la iglesia, esta compañía de los llamados (la *ekklesia*) es con humildad, amabilidad y paciencia. O sea, sin arrogancia, sin dureza, sin apuro. El madurar lleva mucho tiempo, con muchas paradas para descansar por el camino; no podemos apurarlo. El madurar es un proceso complejo que desafía toda simplificación; no existen atajos.

El único clima propenso para el lenguaje paraclético es una comunidad en la que se persiguen activamente el amor y la paz. Esto significa que el tratar a las personas de manera despersonalizada (no tolerándonos en amor) transgrede la naturaleza misma de los que comparten el llamamiento. Y esto significa que tratar a los demás de manera competitiva (no tratar a los demás como compañeros unidos en un pacto de paz) transgrede las condiciones de "muro derribado" creadas por Cristo que hacen que la iglesia sea *iglesia.*

Lo que deseo decir, siguiendo a Pablo, es que no importa cuán brillante y enérgicamente prediquemos las buenas nuevas de la salvación (el *kerygma*), y no importa cuán adecuada y minuciosamente enseñemos la verdad del reino (la *didache*), si no dominamos el idioma de la paraclesis, las posibilidades de crecer hasta alcanzar "la plena estatura de Cristo" son escasas.

Deometría

Es mucho lo que tenemos que tomar en serio en nuestro llamamiento: el torrente de metáforas de la iglesia, la cascada de verbos activados por Dios, las espléndidas dimensiones involucradas en todas las direcciones: "ancho y largo, alto y profundo" (Efesios 3.18). Nos marea la profusión de gracia. Y ahora Pablo nos alienta a vivir aquí, estableciendo una residencia permanente en este país, obteniendo trabajo, aprendiendo el idioma, criando familias, poniéndonos cómodos en nuestra nueva patria, creciendo y envejeciendo aquí.

Todo esto está bien. Pero corremos el peligro de sentirnos abrumados, paralizados ante todo lo que tenemos por delante. ¿Dónde comenzamos?

Como buen judío, completamente versado en las Escrituras hebreas, Pablo comienza con una sola palabra: "uno", tomada del credo de Israel: "Oye, Israel: El Señor nuestro Dios, el Señor es uno" (Deuteronomio 6.4). Uno. Pablo repite la palabra siete veces: un, un, una, un, una, un, un. UNO. El uno es enfático.

Sí, es mucho lo que está ocurriendo. Y sí, hay mucho que hacer. Pero no son muchas cosas aisladas, al azar, gente desconectada, un montón de partes con las que tratamos de fabricar algo viable. El vivir un llamamiento se convierte en "la unidad del Espíritu… de este modo, todos llegaremos a la unidad de la fe y del conocimiento del Hijo de Dios, a una humanidad perfecta que se conforme a la plena estatura de Cristo" (Efesios 4.3, 13). La unidad subyacente y que todo lo abarca que es la iglesia fluye de la unidad subyacente y que todo lo abarca que es Dios. La unidad resuena en la unidad subyacente y que todo lo abarca que es el llamamiento cristiano, la vida cristiana.

Las repeticiones en este contexto no son, pienso, una continua insistencia en el monoteísmo como un dogma en el que hemos de creer; ésta es una promesa tranquilizadora dulce y pastoral de que estamos involucrados en una vida de una básica sencillez. Pero no es una sencillez simplificada en demasía. La sencillez de nuestra participación en la unidad de la Trinidad es profunda y difícil de conseguir. No es una vida de prioridades en competencia, sino que es una vida en la que "Dios dispone todas las cosas para el bien de los que lo aman, es decir, de los que él ha llamado…" (Romanos 8.28). No es una vida llena de ansiedad sobre cómo complacer a Dios, sino simplemente "de desear una sola cosa" (Kierkegaard). No es una vida como la de Marta repleta de preocupaciones y distracciones por muchas cosas, sino una vida como la de María en la que "sólo una cosa es necesaria" (Lucas 10.41-42).

Esta unidad básica e inherente está a la vista en todo lo que observamos y todo lo que tocamos. Pablo identifica siete dimensiones de esa unidad: "un solo cuerpo… un solo Espíritu… una sola esperanza… un solo Señor, una sola fe, un solo bautismo; un solo Dios y Padre de todos, que está sobre todos y por medio de todos y en todos (Efesios 4.4-6).

Siete es más que una simple enumeración. Los lectores que conocen la Biblia detectan un sentido simbólico aquí: lo completo de los siete días de la creación, los siete "truenos" de la voz del Señor en el Salmo 29, los siete "sietes" que estructuran la conclusión global del libro del Apocalipsis. Y también aquí: los siete ítems no indican que cada uno de ellos sea una unidad en sí, sino que cada uno mide la unidad básica de Dios y la iglesia, el llamamiento cristiano en sus múltiples dimensiones.

Henry Adams, en su brillante estudio de las maravillas —teológicas, espirituales y arquitectónicas— de dos iglesias medievales: Mont-Saint-Michel y Chartres, conduce a sus lectores por un peregrinaje por estos elaborados lugares de adoración y los hombres y mujeres que vivieron y oraron en ellos. Él acuñó la palabra *deometría* para nombrar su tema: tomar la medida de Dios como la unidad que produce diversidad[6]. Esto es esencialmente lo que Pablo está haciendo, pero con esta diferencia: Henry Adams está escribiendo un estudio histórico y estético de la iglesia en el siglo doce, mientras que Pablo le está escribiendo a una iglesia o iglesias del primer siglo que están experimentando realmente un llamamiento que es unidad y diversidad a la vez, el uno y el todo. Para Pablo, la deometría no es un tema del pasado que se tenga que estudiar. Implica observar la práctica en la que participan él y sus lectores mientras son edificados juntos para formar la iglesia.

Hay otras cosas que tenemos que observar. Cada parte del credo está agrupada en dos tríadas de igual extensión: cuerpo-Espíritu-esperanza seguida de Señor-fe-bautismo. La segunda tríada contiene tres géneros de "uno" en una secuencia gramaticalmente precisa de masculino, femenino y neutro (*heis, mia, hen*). El séptimo ítem: "Dios y Padre de todos" se cierra con una tríada de preposiciones: "sobre todos y por medio de todos y en todos"[7].

Las simetrías y repeticiones desarrollan una especie de ritmo litúrgico que tiene el efecto de armonizar "todo" en "uno". Las muchas dimensiones de esta vida de llamamiento, esta vida cristiana, esta vida de iglesia de Todos, toma la medida del Uno. Cuanto más vivamos este credo, tanta más coherencia tendrá la vida. Cuanto más entremos en la unidad, tanto más nos encontraremos "juntos".

Cuando "vivimos de una manera digna del llamamiento que hemos recibido", gradualmente asimilamos el ritmo establecido por las variaciones timpánicas en el uno: un cuerpo, un Espíritu, una esperanza, un Señor, una fe, un bautismo, un Dios y Padre de todos nosotros. El mo-

---

6 Henry Adams: Mont-Saint-Michel and Chartres (Garden City, NY: Doubleday Anchor Books, 1959), p. 338.

7 Markus Barth: Ephesians 4–6, The Anchor Bible, vol. 34A (Garden City, NY: Doubleday, 1974), pp. 429 and 467.

vimiento en crescendo de las preposiciones al final —"sobre todos y por medio de todos y en todos"— crea una unidad de los "todos" concebibles.

* * *

Hace algunos años, Jan y yo pasamos un año en Pittsburgh. Nunca habíamos estado allí antes, así que no estábamos familiarizados con las calles y la gente y el trabajo. Habíamos dejado atrás las rutinas y rituales de treinta años. Sentíamos lo diferente, extrañábamos lo conocido. Ambos nos propusimos ambientarnos en este nuevo llamado. Una de las cosas que hacíamos era caminar todos los días al mediodía a un parque que quedaba a una milla, paseábamos alrededor de un gran estanque, observábamos los pájaros y las plantas, y reflexionábamos sobre el significado de este cambio abrupto en nuestra vida y en qué acabaría en el futuro.

Un día, mientras caminábamos por nuestro estanque de meditación, nos pasó un hombre en bicicleta, quien luego se detuvo y esperó que lo alcanzáramos. Sin presentaciones ni preámbulos, nos preguntó: "¿Cuánto tiempo han estado casados?" Nos quedamos atónitos ante esta pregunta inesperada, pero pudimos soltar una respuesta amable, aunque algo perpleja: "Treinta y tres años.

—Me lo imaginaba —nos dijo—. ¿Se han dado cuenta de que caminan al mismo paso los dos? Están perfectamente sincronizados. Mi esposa y yo hemos estado casados cinco años y todavía no logramos hacerlo. Estamos siempre a un micro segundo de distancia.

Eso fue todo. Enseguida se volvió a subir a su bicicleta y se marchó.

Reiniciamos la marcha, contentos de que a lo largo de treinta y tres años de matrimonio habíamos dominado este milagro de caminar juntos en perfecto ritmo. No teníamos idea de que habíamos logrado algo en nuestro matrimonio que podía detener de golpe a un ciclista. Esto requería más comentarios y conversaciones futuras. Pero en el momento en que tomamos conciencia de ello, no pudimos continuar haciéndolo. Nos sentíamos torpes, sin coordinación alguna. Cuanto más tratábamos de recuperar nuestro ritmo conyugal, tanto peor. Por fin, dejamos de intentarlo y nos dedicamos sólo a caminar. Sin embargo, observamos que caminar en perfecta sincronía no es algo que uno establece como meta o que consigue practicando una hora por día.

Más tarde se nos ocurrió que vivir una vida coherente y madura en Cristo no se logra de manera consciente: son demasiados los detalles y muchas las condiciones. Quizás esto es lo que quiso decir Jesús cuando dijo: "El reino de Dios no se puede someter a cálculos" (Lucas 17.20).

EL BARÓN VON HÜGEL

En el siglo veintiuno, los Estados Unidos no ofrecen condiciones propicias para crecer. La madurez no es el sello de calidad de nuestra cultura. Nuestra cultura se destaca por su obsesión con "obtener y gastar". En vez de ser más, obtenemos más o hacemos más. Por lo tanto, no debe sorprendernos que tanta gente esté ofreciendo vendernos una guía sobre cómo vivir mejor sin tener que crecer, para obtener una mayor seguridad financiera, gratificación sexual, apreciación musical, destreza atlética, un mejor automóvil, un mejor empleo, una mejor educación y unas mejores vacaciones.

Lo que ocurre es que estas guías nunca nos llevan a donde deseamos ir: cuanto más obtenemos y hacemos, tanto menos somos. Retrocedemos a la condición de "niños, zarandeados por las olas y llevados de aquí para allá por todo viento de enseñanza y por la astucia y los artificios de quienes emplean artimañas engañosas" (Efesios 4.14). Es difícil saber si las cosas han empeorado desde la época en que escribió Pablo, pero con los múltiples billones de dólares que se gastan todos los años en los Estados unidos para financiar "astucias" y "los artificios de quienes emplean artimañas engañosas" en los negocios y el entretenimiento y el gobierno y, lo más penoso de todo, la iglesia, no hay duda de que todo está cada vez peor. Pablo tenía sin duda otros planes para nosotros.

Un amigo mío pasó recientemente unos días de retiro en un monasterio benedictino. Su fundador, San Benito, les enseñó a sus primeros monjes en Monte Cassino en el siglo dieciséis que "recibieran a cada huésped como si fuera Cristo mismo". Durante más de mil quinientos años, los monjes benedictinos han estado haciendo esto. Su reputación de hospitalidad crece con cada siglo. Mi amigo me contó que la primera noche después de la cena, el encargado de los huéspedes los reunió y les dijo: "Si se dan cuenta de que necesitan algo, acérquense a uno de los hermanos y él les dirá como arreglarse sin ello".

No hay guías para alcanzar la vida madura y, por cierto, tampoco lo hay para alcanzar la vida madura en Cristo. El crecer involucra la asimilación de todo, el "todo" y el "uno". El "todo" de padres, biología, escuela, vecindario, adoración, Escrituras, amigos, oraciones, decepciones, accidentes, lesiones, canciones, depresión, política, dinero, pecado, perdón, ocupaciones, juegos, novelas, niños, poemas, matrimonio, suicidios —y el "uno" de Dios, también aludido cuatro veces en Efesios como "la plenitud" (*pleroma*)[8]: Padre, Hijo y Espíritu Santo.

* * *

De modo que, si no hay guías, ¿qué hacemos? Nos olvidamos de conseguir una guía. Descartamos la experiencia de las "respuestas". Dejamos de definir nuestra vida por lo que pensamos que necesitamos. No hay atajos para alcanzar la unidad, el uno, el centro. Cuando la vida es abrumadora y nos enfrentamos a voces que compiten entre sí, las soluciones simples son inmensamente atractivas. Pero también son normalmente engañosas y nos conducirán a un callejón sin salida de continua inmadurez.

La alternativa del evangelio a esta mezcolanza cultural de consejos simples y astutos engaños, seducciones y promesas vacías de una vida mejor es la iglesia. La iglesia tal como es, revelada en el Uno y el Todo de Pablo: el Uno haciendo circular las células sanguíneas por el cuerpo de Cristo. Nos sumergimos en esta comunidad que brinda condiciones propicias para crecer hasta alcanzar "la plena estatura de Cristo". Informados por la orientación de Pablo, nos acomodamos en los verbos de Dios y su gloria, en compañía de Pablo y todos los santos, en el mundo de la gracia y las buenas obras, en la obra de Cristo que trae paz y crea la iglesia, en la múltiple sabiduría de Dios y la oración, jugando como niños en la diversidad del "todo" y contentos de madurar lentamente en el "Uno".

* * *

Pero con esta salvedad: la iglesia no es ideal. No es, ni nunca tuvo la intención de ser una reunión de la gente más amable del pueblo.

---

8 Efesios 1.10, 23; 3.19; 4.13.

Dios no es quisquilloso en cuanto a sus relaciones. Hay abundantes pecadores, miles de hipócritas, los maleducados y desaliñados. Nos decepcionaremos sobremanera si esperamos conocer a hombres y mujeres que se conformen a "la plena estatura de Cristo". Estos son hombres y mujeres que *están camino a crecer* hasta alcanzar la plena estatura de Cristo. No muchos lo han logrado todavía. Nosotros nos encontramos entre cristianos de todas las edades en todas las etapas de crecimiento: niños aún en pañales; niños inocentes y puros que están descubriendo lo que significa ser hijos de Dios; adolescentes entusiastas y rebeldes a la vez; madres y padres jóvenes que están luchando por aceptar las exigencias y responsabilidades de la crianza de los hijos; personas de mediana edad que se distrajeron hace algunos años con el trabajo y la familia y están buscando ahora lo que piensan que pasaron por alto, con la esperanza de que no sea demasiado tarde para hacerlo; los ancianos que se enfrentan a la muerte en una cultura que niega la muerte y que usa todas las estratagemas posibles para posponerla médicamente y evitarla emocionalmente.

De vez en cuando —y no es algo tan raro como podríamos imaginar— conocemos a alguien que parece haber alcanzado "la plena estatura de Cristo". La cultura de la iglesia de los Estados Unidos ha sido infiltrada a un grado alarmante por la glorificación secular de lo infantil y la celebración de la adolescencia, de modo que si no sabemos qué es lo que estamos buscando, sin duda no lo percibiremos. Pero los hombres y mujeres de estatura madura están allí.

Yo me crié entre personas que identificaban la vida cristiana con exagerados estados emocionales. La grandiosidad era un epidemia. Lo ordinario era para la gente "sin Cristo". Nos estaban capacitando para el éxtasis. Pronto me cansé de ello. Comencé a buscar hombres y mujeres que se las habían rebuscado para crecer. Ubicarlos nunca fue fácil ni inmediato. Pero la paciencia produjo resultados. Nunca estuve en congregaciones donde no los encontrara. Algunos se convirtieron en mis amigos y guías. Otros, me era suficiente conocerlos y observarlos a la distancia.

Pronto aprendí que el camino hacia la madurez atravesaba lo común y corriente. Tuve que desaprender mucho: aprender a no intentar hacer demasiado, a no esforzarme por lograr epítetos o resoluciones sublimes, aprender a ser fiel a lo esencial de la vida presente en las vidas que me rodeaban en la congregación y las Escrituras que formaban mi identidad.

* * *

La más formativa de esas guías para mí fue un hombre que nunca llegué a conocer. El barón Friedrich von Hügel murió siete años antes de que yo naciera. Según las mediciones de mi examen físico anual y mis títulos académicos, yo era un adulto, pero según las mediciones de los estándares de Pablo de madurez, yo era aún un niño "llevado de aquí para allá por todo viento de enseñanza" (4.14), lejos de ser maduro vocacional o espiritualmente. Uno de mis guías, el filósofo cuáquero Douglas Steere, me recomendó leer los libros de von Hügel. A las pocas páginas, me di cuenta de que estaba en la presencia de un hombre maduro que sabía lo que significaba alcanzar la "plena estatura de Cristo". Lo he estado leyendo desde entonces.

Von Hügel me proporcionó una imagen que llegó en el momento justo. Yo no desconocía la fe cristiana. Pero la iglesia como una institución en el tiempo y en el espacio, la teología como pensamiento crítico acerca de Dios, y la oración como la práctica de la resurrección eran como planetas separados que trazaban una órbita alrededor del centro oscilante que era yo. Von Hügel usa la analogía del crecimiento físico —infancia, adolescencia, edad adulta— para elaborar sobre la integración de la vida cristiana. La infancia corresponde a lo institucional; la adolescencia corresponde a lo intelectual; la vida adulta es análoga a la oración mientras todo lo que vivimos se une en una vida de resurrección. Las tres etapas son edades a través de las cuales llegamos a la madurez. No podemos omitir ninguna de ellas. Y no podemos dejar ninguna atrás: la madurez emerge cuando cada etapa es asimilada por la etapa siguiente, dando como resultado una sola vida coherente.

Este resumen no le hace justicia al tratamiento ricamente texturizado que proporciona von Hügel. Sólo tengo aquí la intención de dar testimonio de la influencia formativa que ha tenido él en mi vida, sólo siendo superado en estos asuntos de la madurez por San Pablo en Efesios. No podemos resumir al Barón, como tampoco podemos resumir al Apóstol. Estoy plenamente convencido de que las intricadas complejidades que resultan de sus lúcidas claridades sólo pueden ser directamente recibidas de su propios escritos[9].

* * *

Muchas de las experiencias profundamente vividas y extensamente contempladas de von Hügel como un laico cristiano, enraizado y afirmado en la vida de Cristo y, a la misma vez, en las realidades terrenales y domésticas de una esposa, tres hijas y un perro llamado Puck, proceden de sus cartas escritas a mano a un asombroso número de correspondientes. Una nota constante en su consejo, que suena con insistencia, es que el camino hacia una vida de madurez no es un "camino de ladrillos amarillos", sino que implica considerables dificultades que no podemos derribar a la fuerza. Esta porción de una carta escrita a su sobrina es temática:

Cuando decidí a los dieciocho años capacitarme moral y religiosamente, la gran alma y mente que me llevó de la mano —un noble dominicano— me advirtió: "¿Deseas tener más virtud, servir a Dios, amar a Cristo? Bueno, tú crecerás y alcanzarás estas cosas si haces que sean un lento y seguro, totalmente real, ascenso a la montaña, dispuesto a acampar durante semanas y meses en desolación espiritual, oscuridad y vacío en las diferentes etapas de tu marcha y crecimiento. Toda exigencia de luz constante… todo intento de eliminar o minimizar la cruz y las pruebas, es una gran locura y nimiedad pueril[10].

Por magnífica que sea la vida cristiana, en lo que respecta a crecer en Cristo en la práctica de la resurrección, von Hügel no permite atajos, no permite idealizaciones que le resten valor a lo ordinario, no permite "cortar nudos por más difíciles que sean, ni rebeliones, ni evasión de

[9] Véase el Barón Friedrich von Hügel: *The Mystical Element of Religion as Studied in Saint Catherine of Genoa and Her Friends* (London: J. M. Dent & Sons, 1961 [primera edición, 1907]),
vol. 1, pp. 3-82.

[10] Friedrich von Hügel: *Selected Letters 1896-1924*, ed. Bernard Holland (New York: E. P. Dutton & Co., 1933), p. 266.

abusos por irritantes y embotadores que sean"[11], sino una insistencia en que el camino hacia la madurez necesariamente sigue una ruta que, en sus palabras, a menudo es "aparentemente obtusa, costosamente sabia, no brillantemente inteligente, rumiante, lenta, si me lo permiten, estúpida, ignorada, derrotada y, sin embargo, creadora de vida"[12].

Es un axioma bien documentado en la práctica de la resurrección que sólo podemos conocer esta vida *convirtiéndonos* en ella, alcanzando en todo sentido una madurez que es sensata, estable y robusta. El Apóstol, con el Barón secundando la moción, no nos permitiría aceptar nada menos que la "plena estatura de Cristo".

[11] Von Hügel: *Selected Letters*, p. 38.
[12] Von Hügel: *Selected Letters*, p. 137.

PARTE IV
LA CONGREGACIÓN EN ACCIÓN

El ser un testigo no consiste en dedicarse a la propaganda o entusiasmar a la gente, sino en ser un misterio vivo. Significa vivir de tal manera que nuestra vida no tendría ningún sentido si no existiera

CARDENAL SUHARD

Capítulo 10

La santidad y el Espíritu Santo: Efesios 4.17-32

Con respecto a la vida que antes llevaban, se les enseñó que debían quitarse el ropaje de la vieja naturaleza... ser renovados en la actitud de su mente; y ponerse el ropaje de la nueva naturaleza, creada a la imagen de Dios, en verdadera justicia y santidad.... No agravien al Espíritu Santo de Dios, con el cual fueron sellados para el día de la redención.

EFESIOS 4.22-24, 30

... un hecho muy penetrante es que ustedes tienen todo lo necesario a su disposición para una vida en santidad.

FRIEDRICH VON HÜGEL *CARTAS DEL BARÓN FRIEDRICH VON HÜGEL A UNA SOBRINA*

A veces, una sola palabra puede ocultarse tras una aparente insignificancia y, no obstante, servir como eje de las palabras más "apasionantes" que la rodean. El "pues" de Pablo marca el comienzo de la transición en Efesios 4.1, la transición de la manera en que Dios crea y habita en la iglesia a la manera en la que ahora vivimos apropiadamente como la iglesia que Dios crea y habita: "Yo pues, preso en el Señor, os ruego que andéis como es digno de la vocación con que fuisteis llamados...” El “pues” de Pablo conecta todo lo que Dios es y hace (el tema de la carta hasta este punto) con todo lo que nosotros somos y hacemos (el tema del resto de la carta). El pasaje de transición, Efesios 4.1-16, nos lleva desde la iglesia que Dios crea y habita a la iglesia que nosotros habitamos y en la que participamos, el suelo en el que crecemos hasta madurar y alcanzar “la plena estatura de Cristo”. La vida cristiana, un estilo de vida condicionado por la iglesia, tiene que ser congruente con quien Dios es y la manera en que obra en la iglesia, en *nosotros*. Y no en pedacitos, sino maduramente.

Pablo coloca un segundo “pues” (4.17) para marcar el fin de la transición[1]. Ahora nos dedica toda su atención. Por el resto de la carta, la luz del reflector se concentra en nosotros: lo que hacemos y cómo lo hacemos.

Quizás la palabra “reflector” no sea la apropiada, ya que nunca somos el centro de lo que está ocurriendo en la iglesia. Dios lo es. Los “pues” de Pablo nos mantienen conscientes de nuestra conexión con todo lo que ha ocurrido antes. No estamos solos. La iglesia no es un trabajo en el que se nos da la responsabilidad de administrar y adaptarnos a todo lo que vemos que se necesita hacer. La iglesia ya está completa, en las palabras del credo niceno: es “una, santa, *católica* (universal) y apostólica”.

Así que para estar seguro de que no nos vayamos por nuestra cuenta en las cuestiones de la iglesia, en los capítulos del 4 al 6, Pablo repetidamente usa la conjunción “pues” para que nuestro lugar y nuestra conducta en la iglesia, nuestro llamado, permanezcan orgánicamente unidos al que nos ha llamado. Él usa la palabra nueve veces[2]. Cuando se mantiene la conexión intacta, la vida que vivimos representa la justicia y santidad que acaba de crear en nosotros el Espíritu Santo.

El término “espíritu” cobra todo su sentido en este lugar de la carta en una frase en la que Pablo presenta su plan para nosotros, o sea, que hemos de ser “renovados en la actitud de [nuestra] mente... [una] nueva naturaleza, creada a imagen de Dios, en verdadera justicia y san-

---

1 Es la misma palabra que en 4.1. Pero la NVI lo traduce: “Así que les digo esto...”, una excelente traducción, excepto que oscurece la repetición del primer “por eso” en 4.1. La RVR1960 lo traduce “pues”, preservando así la repetición.

2 Su término usual es *oun*: Efesios 4.1, 17; 5.1, 7, 15; 6.14 —seis veces. Sus sinónimos: *dio* (4.25; 5.14) y *dia touto* (6.13) son los otros tres.

tidad" (Efesios 4.23-24). Esa es la traducción usual, donde "actitud" se entiende como una alusión directa al espíritu humano, la persona interior. Pero Gordon Fee, uno de los mejores exégetas de los textos paulinos, lo traduce de una manera bastante diferente, entendiendo que "actitud" no se refiere al espíritu humano sino al Espíritu Santo: "sean renovados en sus mentes por el Espíritu". El énfasis general de Efesios en la obra del Espíritu Santo para vivir la vida de Dios en nosotros se mantiene. La obra de exégesis de Fee sobre este texto, respaldada por la obra de varios otros eruditos, tanto antiguos como modernos es, para mí, irresistible[3]. Significa que es la renovación del Espíritu de nuestra mente lo que da como resultado la creación del Espíritu de justicia y santidad en nosotros, una vida amoldada a Dios a la vez que Dios crea nuevamente su carácter en nosotros. En 4.30, Pablo retoma este rol del Espíritu Santo.

Stalamus Chief

A sesenta millas al norte de donde yo solía vivir en el oeste de Canadá, había una montaña muy popular entre los escaladores que se llamaba Stalamus Chief. Es un bloque vertical de granito liso de dos mil pies de altura. En el verano, los escaladores estaban desparramados en diversos niveles de ascenso de su faz. De vez en cuando, los escaladores pasaban la noche en hamacas que colgaban como capullos sujetos a los costados de un granero. Me parecía una manera extremadamente peligrosa de divertirse.

Siempre me fascinaba ese espectáculo. Cada vez que estaba cerca de allí, salía del camino y miraba un rato con mis binoculares. No era la acción lo que atraía mi atención, ya que no había mucha acción allí arriba. Los escaladores se movían muy lentamente, con cuidado, calculando y ensayando cada movimiento. En este deporte no hay espontaneidad, ni emociones arrebatadas. Salvo la emoción máxima de no caerse: de no morir. Quizás lo que llamaba mi atención era la muerte, el riesgo de muerte, la vida pendiendo de un hilo.

Por más peligroso que fuera, yo sabía que no era tan peligroso como aparentaba. Cuando miraba desde el valle sin binoculares, los

3 Gordon D. Fee: *God's Empowering Presence* (Peabody, MA: Hendrickson, 1994), pp. 709-10.

escaladores parecían no tener gravedad, pero con mis binoculares podía ver que cada escalador estaba equipado de sogas y mosquetones y pitones. Los pitones, sólidas clavijas construidas con un metal liviano, son básicos. Yo tengo dos hijos que escalan rocas y los he escuchado cuando planean sus ascensos. Pasan mucho más tiempo planificando que escalando. Confabulan meticulosamente su ruta y luego, cuando escalan, colocan lo que ellos llaman "protección": las clavijas que clavan en las pequeñas grietas de la superficie de la roca, con sogas atadas a ellas que detienen un rápido descenso a la muerte. Los escaladores que no usan protección, tienen carreras muy cortas.

Un día, mientras observaba a los escaladores en Stalamus Chief, se me ocurrió (estaba mentalmente preparando una clase sobre este pasaje de Efesios en ese momento) que los "pues" de Pablo funcionan como las clavijas colocadas en la superficie vertical de la roca de la iglesia (que se extiende entre el cielo y la tierra), en donde se despliega el llamado cristiano. Un "pues" es una clavija, una protección de los malos humores y el clima, de cálculos equivocados y de fatigas. La visión ("¡tú eres el Cristo!) y el riesgo ("niégate a ti mismo y toma tu cruz") y la inspiración ("la alabanza de su gloria") son las cosas que tenemos más presentes cuando emprendemos la tarea de crecer hasta alcanzar la plena estatura de Cristo. Cuando no hay "protección", la supervivencia es precaria.

La vida en la iglesia es peligrosa. Gran parte del peligro proviene de sentirnos tan cómodamente familiarizados con la fe que sentimos que estamos por encima de nuestra situación inicial como meros cristianos. Desarrollamos tanta destreza en aprender y trabajar para Jesús que nuestra relación con él comienza a desgastarse. El peligro constante —y esto ha estado ocurriendo durante mucho tiempo en la iglesia— es que asumimos un rol, un rol religioso, que gradualmente destruye la vida del alma[4].

Pero nuestra participación en la vida de la iglesia no nos lleva a un nivel avanzado de vida evangélica. La fe es una vida en peligro. El amor es una vida en peligro. La adoración es una vida en peligro. La

4 La novela de Aldous Huxley: *Grey Eminence*, es una seria advertencia de este descenso de un amor devoto y flexible de Jesús y la iglesia a un rol político cruel y anquilosado (New York: Harper & Brothers, 1941, primera edición).

familiaridad con Dios y la iglesia y la congregación puede aletargar la conciencia de lo que está en juego de modo que olvidamos colocar una protección. Cada "pues" es una clavija hundida en la roca para mantenernos conectados con la superficie de granito. Pablo nos proporciona abundantes clavijas. Vamos a necesitar cada una de ellas.

Karl Barth insiste elocuentemente que siempre somos y seremos principiantes en esta vida cristiana. No importa cuánto sepamos, no importa cuán diligentes seamos, jamás nos vamos a graduar como "cristianos" para pasar a un nivel superior. Ni la vida cristiana, ni el servicio cristiano, ya sea como pastores o como laicos, puede ser "nada más que la obra de principiantes… Lo que hacen los cristianos se convierte en una autocontradicción cuando toma la forma de una rutina capacitada y dominada, de un arte aprendido y practicado. Pueden ser maestros e incluso virtuosos en muchas cosas, pero nunca en aquello que los hace ser cristianos, hijos de Dios[5]".

Aquí hay una enorme ironía. Los cristianos que mantienen su distancia con la iglesia, que se mantienen al margen de ella, que tienen esporádicos escarceos con ella, están generalmente exentos de estos peligros. Pero aquellos que nos identificamos fuertemente con la iglesia y asumimos sus responsabilidades, atraemos naturalmente la atención de los demás. Somos los escaladores de Stalamus Chief. Algunas personas nos critican, otras nos admiran, pero de una manera u otra, estamos conscientes de que nos tratan como si perteneciéramos a otra clase. Somos cristianos curtidos. Lo hemos logrado, somos maduros. Gradualmente sentimos que pertenecemos al grupo selecto.

Las palabras de Jesús, "a menos que… se vuelvan como niños…" (Mateo 18.3) mantienen su relevancia sea cual sea nuestro lugar o reputación en la iglesia cristiana. Pero cuando hemos pasado varios años aprendiendo cómo manejar las sogas en la cultura de la iglesia, con los demás admirándonos como maduros, o líderes, o, que Dios se apiade de nosotros, como "santos", es extremadamente difícil considerarnos como niños. La humildad decrece a medida que aumenta la competencia.

Es algo sutil y tardamos generalmente años en lograrlo, pero sin "protección", sin el tejido conectivo de los "pues" que nos mantienen

5 Karl Barth: *Church Dogmatics, IV/4: The Christian Life* (Grand Rapids: Eerdmans, 1981), p. 79.

orgánicamente unidos como partes del cuerpo a la cabeza, suele suceder que en vez de vivir como lo hicimos al comienzo —niños que siguen a Jesús— nos convertimos en jefes en su nombre. A veces somos buenos jefes que buscamos el bienestar de los demás; otras veces somos bravucones piadosos que apenas podemos ocultarlo.

Espacio negativo

El cambio de énfasis en la iglesia como el ser y la obra de Dios a la iglesia como nuestra participación en el ser y la obra de Dios comienza con un mandato negativo: "no vivan más como los paganos" (Efesios 4.17). Por más familiarizado que esté con esta carta, cada vez que llego a esto, me parece un bache en el camino. Hasta ahora, virtualmente todo ha sido expresado con una brillante afirmación. Pablo tiene un entusiasmo extravagante. Es imposible detener su alabanza. Parece como si nada hubiera sido alabado lo suficiente y él no viera el momento de superar el déficit —si fuera necesario, sin la ayuda de nadie. La energía de su lenguaje derrama metáforas y símiles, estirando la sintaxis hasta alcanzar su punto máximo.

Las descoloridas, austeras y negativas palabras: "no vivan más como los paganos" parecen algo fuera de lo normal. ¿Por qué no sencillamente transfiere Pablo este entusiasmo por lo que Dios hace a un entusiasmo equivalente por lo que esta congregación puede hacer ahora con y para Dios? ¿Por qué no los desafía a hacer "cosas más grandes por Dios"? Hay un creciente impulso. ¿Por qué no los hace participar de la acción? ¿Por qué este "no" justo cuando estaban por involucrarse en cada "sí" que Dios estaba haciendo en ellos y para ellos?

Me pregunto si sería porque no confiaba en su madurez. Estos hombres y mujeres recién convertidos al cristianismo se habían criado en una cultura que no era judía. Habían venido a la iglesia sin todos esos siglos repletos de historias y adoración y práctica moral que eran propios de los judíos. Estos gentiles efesios eran nuevos a todo esto. Como gentiles, ellos provenían de un mundo en el que los dioses y diosas griegos y romanos proporcionaban las historias que servían de marco a la vida cotidiana. Esas historias, aunque ciertamente religiosas, no tenían un contenido moral. En esa cultura, la inmoralidad sexual y la violencia invadían lo sobrenatural.

En la imaginación pagana de esa época, no se mezclaban lo religioso y lo moral. No quiere decir que la moral estuviera ausente de su cultura. Había filósofos que tenían cosas muy sabias que decir sobre la vida moral, las que aún siguen siendo vigentes hoy día. Los intelectuales eran los que proporcionaban la guía moral. Pero los hombres y mujeres comunes y corrientes, la mayoría sin ninguna educación, junto con una considerable población de esclavos, no eran demasiado influenciados por los filósofos. En la imaginación de la gente común, Zeus y Hera presidían sobre un panteón de dioses sexualmente libertinos y criminalmente rapaces. Las historias que los gentiles contaban acerca de sus dioses y diosas mostraban a veces una interesante percepción psicológica y eran muy entretenidas, pero carecían de contenido moral. Artemis, la diosa que reinaba en la ciudad de Éfeso, era una figura pornográfica de la fertilidad exhibida públicamente: un ídolo esculpido que poseía miles de senos.

De modo que este es el mundo que seguramente está detrás del termino "pagano" en este pasaje: no tanto una designación étnica en contraste a los judíos, sino una alusión a esa cultura abundante en imaginaciones religiosas, pero empobrecida moralmente.

Así que mientras Pablo dirige su atención al mundo cotidiano de la obra y conducta de esos gentiles cristianos que viven su vida de resurrección para "la alabanza de su gloria", él está consciente como pastor de lo fácil que sería para ellos aceptar inconscientemente ese maravilloso nuevo evangelio pero, a la vez, no dejar atrás los símbolos de la antigua cultura. Por costumbre, quizás continuaran suponiendo que la religión no tenía nada que ver con la moral. Cuando Pablo caracteriza este antiguo estilo de vida pagano, lo describe como "oscurecido" entendimiento, "alejados de la vida que proviene de Dios… se han entregado a la inmoralidad, y no se sacian de cometer toda clase de actos indecentes" (4.18-19).

Si Pablo le estuviera escribiendo a una congregación mayormente judía, dudo que habría repasado tan cuidadosamente los elementos básicos de la moral. Los judíos se habían criado en la cuna de los Diez

Mandamientos. Ellos oraban el Salmo 15: "¿Quién, Señor, puede habitar en tu santuario? ¿Quién puede vivir en tu santo monte?" (v. 1). Ellos respondían esas preguntas con una lista de diez acciones simples en las que no había ambigüedad: sencillos actos morales. También oraban el Salmo 24, que planteaba una doble pregunta parecida a la anterior: "¿Quién puede subir al monte del Señor? ¿Quién puede estar en su lugar santo?" (v. 3), respondida esta vez con tres actos morales obvios. Los judíos tenían siglos de minuciosa educación que habían cultivado el suelo de su corazón para poder recibir los dones de Dios y crecer en justicia y santidad, las dos palabras que Pablo usa para designar la vida vivida apropiadamente en la iglesia en respuesta a Dios.

Pero los gentiles no habían crecido bajo la tutela de Moisés o las oraciones de David. Habían crecido con las historias de Artemis y Elena, Odiseo y Aquiles, Orfeo y Eurídice, Edipo y Yocasta. De modo que Pablo, al conducirlos hacia el mundo de vivir con fe, cultivando una vida que responda a los dones de la gracia, una vida que pueda florecer al mismo tiempo que crece en justicia y santidad, establece algunas negativas. No es nada complejo ni difícil, sólo unas simples directrices que ayudan a los gentiles a desarrollar una vida moral que les suministre el suelo propicio para crecer en Cristo.

La vida cristiana no comienza con una conducta moral. No nos comportamos bien para ganar a Dios. Pero al ingresar en las obras de Dios, la conducta moral proporciona la manera de madurar hasta alcanzar una vida de resurrección. Los actos morales son formas en el sentido en que un vaso de cerámica le da forma a un ramo de flores, en el sentido en que un balde brinda el recipiente para transportar agua desde el pozo hasta la cocina, en el sentido en que una trompeta le da forma a una columna comprimida de aire para que se pueda tocar a silencio. Los actos morales son formas artísticas de componer y dar expresión a la resurrección.

* * *

Una mujer de casi treinta años comenzó a asistir a mi congregación invitada por unos amigos. Después de algunas semanas me preguntó si podía tener una conversación conmigo. Deseaba convertirse al cristianismo. Prácticamente no sabía nada sobre la fe cristiana, ni tenía idea de lo que implicaba "ser cristiana". Hablamos y oramos. Ella estaba lista. Tomó el compromiso de seguir a Jesús y se presentó para ser bautizada.

Pero no conocía casi nada de la fe. Nunca había ido a la iglesia, nunca había leído la Biblia, había más o menos seguido la cultura en la que se había criado y había hecho lo que sus amigos hacían. Me pidió si podíamos tener más conversaciones juntos. De modo que nos reuníamos cada dos o tres semanas en mi estudio, hablábamos y orábamos juntos, explorábamos el significado y las implicancias de esta nueva vida en la que se había embarcado. Todo era muy fresco y novedoso: una vida interior que ella jamás había sabido que tenía, una comunidad que no sabía que existía. Era una "gentil" al estilo americano que no sabía nada acerca de la iglesia.

Las conversaciones de este tipo son siempre interesantes. El escuchar el observar mientras la fe cristiana, esta práctica de la resurrección, cobra vida en un persona por primera vez. Ella lo absorbía todo y aceptaba todo con gozo y alegría. Pero había una cosa que me intrigaba. Ella vivía con su novio. A la larga, yo me enteré de que ella siempre había vivido con sus novios, comenzando cuando tenía veinte años. Las relaciones nunca duraban más de seis meses. Ella no estaba interesada en casarse. Esto me lo dijo sin apologías y no como una confesión sino casualmente, mientras nos conocíamos. Me pregunté si debería decir algo. Estaba seguro de que ella sabía que la vida cristiana tenía implicaciones sexuales para la manera en que uno vive. Ella venía todos los domingos a la iglesia. Se estaba acostumbrando a ella: a esta comunidad cristiana. Yo supuse que a la larga se daría cuenta, así que esperé que ella sacara a relucir el tema.

Un día, por impulso, le dije: "Hemos estado teniendo estas conversaciones durante siete meses. Astrid, ¿podrías hacer algo por mí?

—Seguro. ¿Qué necesita?

—Vive en celibato por seis meses.

Sorprendida, ella dijo: "¿Por qué habría de hacer tal cosa?

—Porque te lo he pedido. Confía en mí. Pienso que es importante.

Más adelante, me enteré de que su novio se había mudado de su casa antes de terminar la semana. Un mes más tarde, ella me vino a ver, pero no lo mencionó. Pero al mes siguiente, sacó el tema: "Cuando usted me pidió que yo viviera en celibato por seis meses, yo no tenía idea de lo que usted estaba haciendo. Usted me pidió que yo confiara en usted, y eso fue lo que hice. Ya han pasado dos meses y pienso que entiendo lo que usted estaba haciendo. Me siento tan libre. Nunca me sentí 'yo misma' jamás, nunca me sentí tan a gusto con mí misma. Pensaba que todo el mundo hacía lo mismo que yo, ya que todos mis amigos lo hacían. Yo pensaba que eso era algo típico americano. Y ahora me estoy dando cuenta de muchas cosas sobre mis relaciones con los demás: parecen tanto más íntegras y puras. Sin tanto revoltijo. ¿Y sabe qué? He estado pensando que quizás quiera casarme algún día. Gracias".

La decisión del celibato sobrevivió los seis meses y continuó durante dos años más, cuando ella y su prometido intercambiaron votos y yo bendije su casamiento cristiano.

* * *

Los artistas usan el término "espacio negativo" para nombrar la importancia de lo que no está allí en una escultura o pintura. Un artista tiene que saber qué dejar fuera así como qué incluir. El espacio abierto, el vacío, el lugar para respirar y lo que no vemos brindan el espacio adecuado para ver la obra creada. El espacio negativo es tan parte de la obra de arte como lo que uno ve.

Al comenzar nuestra práctica de la resurrección, las negativas son importantes. Mantienen el orden. Al introducirnos a la imagen de la iglesia, Pablo actúa con cautela. No nos aturde con imperativos de lo que tenemos que hacer, de las oportunidades que nos aguardan. Con cuidado, no nos alienta a hacernos cargo de los negocios del reino. En cambio, nos prepara diciéndonos lo que no tenemos que hacer. Ninguna de sus negativas requiere nada heroico, sino una modesta contención, un mínimo esfuerzo: dejar de lado las mentiras, no dejar que el sol se ponga mientras estamos todavía enojados, no robar, evitar toda conversación obscena, no agraviar al Espíritu Santo de Dios, abandonar toda amargura, ira y enojo, gritos y calumnias y toda forma de malicia, y no fornicar. Estas negativas nombran acciones o actitudes que eran aceptadas como algo común y corriente, incluso sancionadas en la cultura pagana de los efesios. También en la cultura gentil de los americanos. Las cosas no han cambiado demasiado.

Gran parte de la vida cristiana es una respuesta a lo que Dios dice y hace. No son las negativas lo que define nuestra vida, sino las afirmativas de Dios. Lo que hacen las negativas es dejar espacio para la acción principal, la acción de Dios. Cuando hablamos mucho o hacemos mucho, entorpecemos lo que está haciendo Dios. Nos convertimos en una distracción. Al sumergirnos en la iglesia, nos damos cuenta de que hay prácticas culturalmente aceptables, estilos gentiles de vida, que debemos dejar de lado. Nos damos cuenta de que hay cosas en esta cultura pagana en la que hemos crecido que son extremadamente admiradas y premiadas por la sociedad secular. Pero son cosas que no debemos hacer. Algo bueno, dicho o hecho en el lugar equivocado o en el momento equivocado, es algo malo. Cuando maduramos "hasta que lleguemos a la plena y completa medida de Cristo" (NTV), la práctica de la resurrección, requiere mucho espacio negativo: mucho que no decir, mucho que no hacer.

El miembro tímido de la Trinidad

La premisa que yace tras todas estas negativas: "no vivan más como los paganos" es una enorme afirmación: Dios está activo, increíblemente activo, activo más allá de lo que podemos imaginar. A esta altura, pienso que ya hemos notado en nuestra lectura de Efesios que se alude a Dios a veces como Padre, otras veces como Hijo (o Jesús o Cristo) y otras veces como Espíritu Santo. Las tres personas están sobre nosotros, creando y proveyendo; con nosotros, revelando y salvando; presentes en nosotros, bendiciendo y santificando.

En las tres personas existe una unidad versátil y dinámica, aunque también hay roles y acciones principales que provienen exclusivamente del Padre, Hijo y Espíritu. Dios el Padre: Dios que trae todo a la vida y mantiene todo unido mediante su palabra. Dios el Hijo: Dios que ingresa en nuestra historia y nos muestra a Dios en acción en términos humanos que podemos reconocer, logrando la salvación para todos. Dios el Espíritu: Dios presente en nosotros y con nosotros, invitándonos, guiándonos y aconsejándonos, llamándonos a participar en todas las maneras en que Dios es Dios. Todas estas operaciones de Dios están en evidencia cuando Pablo nos dirige y acompaña en el proceso de crecimiento en Cristo. La doctrina de la Trinidad es la forma de pensar de la iglesia acerca de Dios que mantiene unidas a todas estas operaciones de Dios y en relación la una con la otra.

Cuando asimilamos y participamos de todas las maneras en que Dios es Dios, es esencial que adquiramos una manera trinitaria de mirar a Dios, comprendiendo que siempre que una de las personas de Dios está al frente, las otras dos están implícitamente involucradas también. El Padre no está nunca separado del Hijo y del Espíritu; el Hijo no está nunca presente sin el Padre y el Espíritu; el Espíritu no puede ser experimentado sin el Padre y el Hijo. Hay un solo Dios, pero este Dios no puede ser jamás entendido como una abstracción, una idea, un principio, una verdad, una fuerza. Todas las maneras en que Dios es Dios son totalmente personales, no impersonales; relacionales, no dispares; particulares, no generales, y *sólo* personales, relacionales y particulares.

Una visión trinitaria evita que el Dios "único" sea definido matemáticamente, que el Dios vivo sea reducido a una cifra inerte y sin vida. Los números son la forma más abstracta e impersonal del lenguaje. Nada los supera en su trato con lo impersonal, máquinas y planetas y mercados bursátiles, pero son prácticamente inútiles para tratar con las personas, y menos aún como un lenguaje con Dios y acerca de Dios. De modo que no es posible entender a la Trinidad mediante operaciones numéricas, tratando de resolver cómo uno equivale a tres o tres equivale a uno. La Trinidad no tiene nada que ver con la aritmética. La Trinidad es la manera que tiene la iglesia de aprender a pensar y responder relacionalmente a Dios cuando él se nos revela como Padre, Hijo y Espíritu Santo. Dios es tres veces personal, enfáticamente personal, implacablemente personal. El crecimiento en la práctica de la resurrección también debe ser implacable y enfáticamente personal.

Hasta este punto, Pablo se ha referido casi siempre a Dios como Padre e Hijo, lo cual tiene lógica ya que lo que Pablo está haciendo es ayudarnos a comprender todo lo que Dios está llevando a cabo en dos frentes: haciéndonos quienes somos (hijos de Dios, redimidos, escogidos para vivir para la alabanza de su gloria) y haciendo que la iglesia sea lo que es (el cuerpo de Cristo, una comunidad de resurrección, una congregación de cristianos que crecen para alcanzar madurez en Cristo).

Las citas de Pablo de la presencia de Dios con nosotros como Espíritu Santo no son tan frecuentes como aquellas del Padre y del Hijo[6], pero la primera aparición es estratégicamente prominente ya que suministra la conclusión a esa larga oración de apertura que nos hace entender todas "las bendiciones espirituales en las regiones celestiales" "en la tierra como en el cielo". Participamos de todo. No somos espectadores de todo lo que Dios está haciendo, sino que somos participantes "marcados con el sello que es el Espíritu Santo prometido. Éste garantiza nuestra herencia hasta que llegue la redención final del pueblo adquirido por Dios, para alabanza de su gloria" (Efesios 1.13-14). Pablo está por repetir este texto a la vez que nos orienta en la conducta apropiada para una vida de resurrección.

El Espíritu Santo es Dios presente con nosotros, convirtiéndonos en participantes personales de toda su obra, dándonos el poder de estar presentes en toda su obra. No existe nada en la creación, nada en la reconciliación, que esté "allí fuera" para admirar o "reservado" para ocasiones especiales, o para los favoritos de Dios. Todo en las Escrituras se puede vivir. Pero no en el sentido de una mercadería que podemos comprar y usar como queremos, ni tampoco en el sentido de un oficio que podemos adquirir y hacer con él lo que deseemos. El Espíritu Santo es la presencia activa de Dios, convirtiéndonos en vigorosos participantes, la creación y salvación de Dios respirando el Espíritu (el aliento de Dios: "el espíritu") en nuestras vidas de resurrección.

Esta vida, el vivir esta vida de resurrección en nuestros cuerpos, en nuestros hogares, en nuestros vecindarios, en nuestros lugares de trabajo, es la obra de Dios localizada y personalizada en la iglesia y en nosotros. Pero también posee una cierta calidad de anonimato divino. Es importante notar este callado anonimato. Cuando Dios nos lleva a esta vida de participación del Espíritu Santo, no lo convierte en un espectáculo. La justicia y santidad no consisten en caminar con las manos o zambu-

6 En esta carta a los efesios, el Padre (o Dios y Padre, o Dios): 33 veces; Jesús (o Jesucristo, o Cristo Jesús o Hijo): 21 veces; el Espíritu Santo (o Espíritu): 14 veces.

llirnos dando una vuelta de campanas desde un trampolín alto. Dios nos usa tal como somos para que demos testimonio de él: para servir, alabar, ayudar, sanar, cuidar y amar. No coloca un halo sobre nosotros para que todos perciban que Dios está vivo y presente y para asegurarse de que todos le den el crédito que se merece. Y Dios no parece avergonzado de entremezclarse en nuestras vidas, a veces indolentes y frecuentemente faltas de fe. No se distancia de nosotros para proteger su reputación.

* * *

Ayer, mi esposa y yo estábamos caminando por el bosque. De golpe vimos un águila que levantaba vuelo a sólo veinte pies de nosotros. El águila se había estado alimentando con el cadáver de un ciervo y se alejó tan pronto nos aproximamos. Pocas veces estuvimos tan cerca de un águila. Nos quedamos allí parados, totalmente impresionados con el enorme tamaño de sus alas. Casi no podíamos respirar de la emoción. El ave voló hacia la rama de un árbol, a una distancia que debe de haber considerado segura y nos miró con sospecha mientras vigilaba su cena. Nos sentimos muy honrados de ser incluidos en esa belleza salvaje de la creación en acción.

Esta mañana me pasé más o menos una hora leyendo y meditando en el relato de San Juan de la crucifixión y resurrección de Jesús: la historia de mi salvación. Sentí algo de nostalgia al recordar algunas de las personas que conozco, algunas ya fallecidas, que forman parte de esta misma historia. No es la primera vez que me siento abrumado al darme cuenta de que soy parte de esta manera de comprender con absoluta esperanza la salvación que yace en el centro de la historia.

Después del almuerzo, me dirigí a nuestro pueblo que queda a tres millas. Recogí las cartas en el correo, me detuve en la tienda para comprar una cebolla y un poco de yogurt, ingredientes para la ensalada que cenaremos esta noche y llené el tanque de gasolina en una estación de servicio Exxon. Vi y hablé con quince personas tal vez. La mitad de ellas las conozco por nombre y parte de su historia. Tres o cuatro de ellas van a mi misma iglesia. Nada "ocurrió". No escuché nada memorable. Pero hay algo que yo sé. Sé que la santidad y la justicia se están desarrollando en algunas de esas vidas, o quizás en todas. Conozco los detalles de algunas de ellas: creación vivida, salvación vivida.

Este es el contexto en el que Dios el Espíritu Santo vive la creación, viviendo la salvación en nosotros, cuerpo y alma, cuando vamos al trabajo, hacemos recados, saludamos a amigos y extraños. Esta obra del Espíritu Santo suele ser ignorada. Otras veces, la notamos y observamos con entusiasmo. Pero la mayoría de las veces no es así.

Un amigo, un erudito del Nuevo Testamento F. Dale Bruner, llama al Espíritu Santo "el miembro tímido de la Trinidad". Eso me parece correcto. El Espíritu es una presencia callada pero poderosa. La obra del Padre en la creación y la obra del Hijo en la salvación tienen una calidad kerigmática, llamativa, dramática que hacen que la plaza pública sea un lugar apropiado para considerarlas. Cuando la creación y la salvación están encarnadas por el Espíritu Santo en hombres y mujeres comunes y corrientes y en circunstancias ordinarias, estos hombres y mujeres y circunstancias comunes no figuran en la primera plana de los periódicos, pero no por eso dejan de ser poderosa y efectiva la obra de Dios. El adjetivo "tímido" en este contexto trinitario no tiene nada que ver con la timidez o la indecisión, sino que es una cautela correctamente emplazada contra toda expectativa de rimbombancia como evidencia del Espíritu.

* * *

La primera mención de Dios el Espíritu Santo en Efesios 1.13-14 es ahora retomada y repetida por Pablo en 4.30. Pero el entorno aquí es diferente. En el primer capítulo, el Espíritu Santo es la promesa de que toda la obra de Dios se va a concretar en nuestra vida, siendo el Espíritu Santo la garantía de que esta gran obra de redención se llevará a cabo en "el pueblo adquirido por Dios": *nosotros.*

Esta segunda mención en el capítulo cuatro repite del capítulo uno la naturaleza de la obra del Espíritu: que el Espíritu Santo es la garantía de que vamos a recibir una herencia redentora. Sin embargo, esta vez la precede una negación: "No agravien al Espíritu Santo de Dios". Esto nos llama la atención.

Hasta aquí, todos los imperativos morales y éticos establecidos por Pablo tienen que ver con la manera en que conducimos nuestra vida con los demás. Y todos ellos tienen la misma estructura: No hagan esto, *pero* hagan aquello. Primero una negativa, luego una afirmación. Pero este imperativo está solo. Todos los demás imperativos se dirigen a la manera en que nos comportamos con los demás; este está dirigido a nuestra conducta con Dios. Y es el único que no está suplementado por una afirmación.

Vale la pena que lo meditemos: "No agravien al Espíritu Santo de Dios". "Agraviar" es un verbo personal y relacional. Se nos orienta hacia conductas que proporcionan las condiciones adecuadas para crecer en Cristo, para desarrollar una vida madura. Estas conductas son formas que usa el Espíritu Santo para dar testimonio de las maneras en que Dios es Dios en el Padre y el Hijo, mediante la iglesia, al mundo. Las formas en sí son sólo formas: formas vacías. Es el Espíritu Santo el que suministra el contenido y la energía que llenan las formas para que ellas puedan convertirse en recipientes de justicia y santidad.

Si entendemos que las formas son reglas impersonales que podemos obedecer o transgredir sin ninguna consecuencia salvo lo que nos ocurre a nosotros, no parecemos conscientes de la realidad de que hay consecuencias profundamente personales en el Altísimo: el Espíritu de Dios sufre – *es agraviado.* Si tomamos las formas y las usamos acorde a nuestros propios términos (decir la verdad, trabajar con honestidad, compartir con los carenciados, ser amables, amar, etc.), las tomamos y usamos como el libreto para una actuación personal, estamos, en realidad, rechazando o ignorando o desechando al Espíritu. Estamos "agraviando" al Espíritu. En el mejor de los casos, somos descorteses. En el peor de los casos, estamos blasfemando, dándole la espalda al Espíritu, haciéndonos cargo de nuestra propia vida y tramando nuestra propia versión de la justicia y la santidad.

En todo esto, tenemos que darnos cuenta de que el Espíritu Santo es, sobre todo, cortés. No hay coerción, manipulación, violencia. El Espíritu Santo nos trata con dignidad, respeta nuestra libertad. El Espíritu Santo es la presencia potenciadora de Dios, y lo que potencia en nosotros una vida de bendición y salvación, una vida de resurrección. Sin ninguna duda, no es una vida de voluntad propia, una vida de superioridad moral, una vida que usa a Dios para obtener lo que quiere. Si vivimos acorde a esos términos y con esa mentalidad, estaremos sin duda agraviando al Espíritu.

Una cosa más. En algunos lugares en la iglesia hay considerables quejas sobre la ausencia del Espíritu. Estos críticos están seguros de que saben qué aspecto tendría que tener la presencia del Espíritu y protestan a los gritos por su supuesta ausencia. Ya están listos con estrategias para reclutar al Espíritu. Pero dado lo que sabemos de las Escrituras y la iglesia sobre la bien conocida afición del Espíritu al anonimato, y las garantías de Pablo de que ya hemos sido "marcados con el sello que es el Espíritu Santo prometido" (1.13 y 4.30), ¿no sería más sabio mirar a nuestro alrededor para buscar lo que se nos es dado ahora e ingresar en ello con alabanzas? Algunos han sugerido que esta costumbre de protestar por la ausencia del Espíritu y tratar de producir un avivamiento podría ser muy bien una forma más de "agraviar al Espíritu Santo de Dios"[7]. El Espíritu de Dios es la Guía esencial de nuestro espíritu.

---

7 Véase Markus Barth: *The Broken Wall* (Chicago: Judson Press, 1959), p. 70.

Capítulo 11

El amor y la adoración: Efesios 5.1-20

Por tanto, imiten a Dios, como hijos muy amados, y lleven una vida de amor, así como Cristo nos amó y se entregó por nosotros como ofrenda y sacrificio fragante para Dios.

EFESIOS 5.1-2

La resurrección me coloca en un mundo que no se contiene a sí mismo, sino que está abierto, tiene corrientes de aire, y los vientos de la eternidad soplan a través de él…

PAUL SCHERER: The Word God Sent

A esta altura, ya estamos ingresando en un ritmo profundamente trinitario en nuestra vida. Tenemos ahora conciencia de todas las maneras en que Dios es Dios y participamos en ello, lo cual significa que estamos practicando la resurrección. Pablo comenzó llevándonos a participar de la justicia y la santidad (Efesios 4.17-32). Ahora, en el capítulo cinco, es el amor y la adoración.

Hemos sido lanzados, bien lanzados, a una vida de participación en el ser y la obra de Dios el Padre y Dios el Hijo. Aquí no se trata de la "aplicación", una palabra que comúnmente se utiliza para indicar que nos involucramos en lo que Dios está haciendo. La "aplicación" parece sugerir que una vez que sabemos quién es Dios y qué es lo que hace, depende de nosotros asumir el control y poner las cosas en marcha. Nada podría ser más erróneo. Dios está completamente involucrado en nuestra participación como en su revelación y encarnación. Y su manera de hacerlo es mediante el Espíritu Santo.

Pablo ha construido una base sólida para poder comprender e ingresar en la manera exhaustiva en que Dios es Dios: la manera en que se revela como Padre (las glorias de la creación y el pacto); la manera en que Dios se da a conocer como Hijo (la salvación obtenida en Jesús y la comunidad redentora que es la iglesia); la manera en que Dios está presente en nosotros como Espíritu (la vida misma de Dios que recibimos en cantidad de dones que nos potencian para vivir la vida de Dios). En los capítulos 1-3 de Efesios, la manera en que Dios es Dios como Padre e Hijo cubre el horizonte. El Espíritu no está ausente, ¿cómo podría acaso estarlo? Todas las maneras en que Dios es Dios están implícitas en todo lo que Dios es, dice y hace.

Sin embargo, en 4.1-16, Pablo pasa de tratar sobre como Dios es y lo que hace a nuestra participación en quién es y qué hace. No es una transición en blanco y negro: siendo la primera parte todo acerca de Dios y la segunda parte, todo acerca de nosotros. No, hemos participado en esto con Dios desde el comienzo y Dios estará con nosotros hasta el final. La vida de Dios y la vida humana no son temas separados. La manera principal en la que participamos en quién Dios es en todas las particularidades de nuestro vivir, profundo, personal e inextricablemente en una relación, es la manera del Espíritu Santo.

Gracias a la manera en que Dios es con nosotros como Espíritu, sabemos que es posible vivir todo en Dios y acerca de Dios: él nos lleva a participar con él. Padre, Hijo y Espíritu Santo no son meramente verdades que debemos aprender y creer. Tenemos que vivirlas. La iglesia no es principalmente un lugar para la educación. Es un lugar, un campo de juego si les parece, para practicar a Dios, practicar la resurrección.

Pero primero otro "por tanto" como protección (Efesios 5.1). Por familiarizados que estemos con lo que implica vivir el llamado de Dios, por frecuentemente que nos involucremos en esas acciones, tenemos que mantener una atenta vigilancia, continuamente alimentando una conexión viva y orgánica entre el ser y la obra de Dios en la iglesia y el mundo y nuestro ser y nuestra obra en la iglesia y el mundo. No podemos dar nada por sentado. Todo lo que está involucrado en la práctica de la resurrección requiere vigilancia para que no nos desviemos por otro camino. Por cierto, no debe ser una vigilancia ansiosa, preocupada, paranoica, pero tiene que ser vigilancia al fin. En esta sección, encontraremos otro "así que" (5.7) antes de terminar de contender con este par de prácticas de la resurrección: el amor y la adoración.

Aquí, la protección consiste en sumergirnos deliberada y tranquilamente en los caminos de Dios antes de irnos por nuestra cuenta: "Por tanto, imiten a Dios…" No estamos estudiando a las disparadas para un examen que nos dará un certificado de buena conducta de resurrección o admisión en el cielo. Estamos absorbiendo en nuestra imaginación una manera de ser. Miramos lo que Dios hace, y luego lo hacemos a su manera. Como niños que aprenden su buen comportamiento de sus padres, imitemos a Dios, estemos con él. Leamos las historias de Abraham y Moisés, Josué y Caleb, Débora y Rut, David y Jonatán, Elías y la viuda de Sarepta, Jeremías y Pasur, Isaías y Acab, Amós y Amasías, Oseas y Gómer. Y Jesús. Sobre todo Jesús: Jesús y su madre, Jesús y Herodes, Jesús y Zaqueo, Jesús y Pedro, Jesús y Judas, Jesús y María Magdalena, Jesús y Cleofas. Nosotros marinamos nuestras oraciones y nuestra conducta en estas historias que revelan a Dios y sus caminos.

Librados a nosotros mismos, gran parte de lo que imaginamos que Dios es y qué es lo que hace es equivocado. Casi todo lo que nuestra cultura nos dice que Dios es y hace es equivocado. No completamente equivocado, por cierto, ya que hay una asombrosa cantidad de verdad y bondad y belleza entremezclada allí, pero lo suficientemente equivocado que si lo tragamos por entero, corremos el riesgo de contraer una "enfermedad mortal" (el diagnóstico de Kierkegaard). La revelación es una reorientación radical de la realidad: de la realidad de Dios, de la realidad de la iglesia, de la realidad del alma, de la realidad de la resurrección. Necesitamos sumergirnos continua y repetidamente en la revelación de Dios en las Escrituras y Jesús para protegernos de las mentiras del diablo. Son mentiras tan afables: mentiras que nos seducen con un sonrisa y nos distraen de la cruz de Cristo, mentiras que genialmente ofrecen mostrarnos como despersonalizar al Dios vivo para convertirlo en un ídolo que se ajuste a nuestro uso y control personal.

Por tanto, por tanto, "imiten a Dios". Observen cuidadosamente los caminos de Dios en el amor: "como Cristo nos amó" y los caminos de Dios en la adoración: como Cristo "se entregó por nosotros como ofrenda y sacrificio fragante para Dios" (5.1-2).

"LAS COSAS SE DERRUMBAN; EL CENTRO NO SE PUEDE SOSTENER..."

Los caminos de este mundo colocan un formidable escollo en nuestro camino que dificulta nuestra práctica del amor y la adoración. Es un mundo en el que ni el amor ni la adoración se destacan como algo creíble. Amar y adorar en los Estados Unidos de hoy, y no era diferente en el antiguo Éfeso y Roma y Atenas, es desechado por la cultura que lo arroja al cubo de basura de la irrelevancia. Si todo lo que deseamos hacer es cuidar el alma, el amor y la adoración están bien. Pero si deseamos aportar una diferencia al mundo, dar prosperidad a los pobres, paz a las naciones, comida a los hambrientos, cuidado a los enfermos, salud al medio ambiente, olvidémonos del amor y la adoración como maneras de lograrlo. Si seriamente deseamos hacer algo para corregir los males del mundo, tenemos que adoptar métodos probados, hacer algo que funcione, algo que sea efectivo.

La manera aprobada de hacer el bien en el mundo, acreditada por los "poderes" y sancionada por la práctica popular, son la educación, la tecnología, la propaganda y publicidad, la legislación y el dinero. Y, como último recurso, la guerra. Si no se pueden resolver los problemas de ninguna otra manera, vamos a la guerra. Es alarmante la manera en que el lenguaje bélico se filtra en nuestro vocabulario e imaginación. Luchamos contra el cáncer y por la libertad; lanzamos una guerra contra las drogas, contra la pobreza, por la paz. Esta última es la mayor de las ironías, ya que es un política de matar a la gente que se opone a la paz.

El poeta irlandés William Butler Yeats escribió en 1919 un poema que se cita con frecuencia llamado "La segunda venida" (The Second Coming) como una respuesta profética a un mundo repleto de odio y de guerras sangrientas. Era un mundo extremadamente educado, altamente tecnológico, relativamente próspero. Él observó como se hundía en un sumidero de mentiras y de violencia:

Las cosas se derrumban; el centro no se puede sostener;
La mera anarquía anda suelta por el mundo,
Se ha desatado una marea teñida de sangre, y en todas partes
La ceremonia de la inocencia es ahogada.

Este poema profetiza la destrucción del ciclo de dos mil años de cristianismo y el nacimiento de una nueva, violenta y bestial anti civilización, un nacimiento que contrasta de manera absoluta con el nacimiento de Jesús. Esta es la "segunda venida" de Yeats. En vez de "verán al Hijo del hombre venir sobre las nubes del cielo con poder y gran gloria" (Mateo 24.30) que Jesús prometió, la revelación de Yeats de la segunda venida es la bestia del apocalipsis, una "bestia brutal, su hora por fin ha llegado, que se inclina hacia Belén para nacer".

La "segunda venida" se ha convertido para muchos en el texto profético para una sociedad que como el juez en la parábola de Jesús "no teme a Dios ni tiene consideración de nadie" (Lucas 18.4). En los años desde que Yeats escribió esas palabras, la "marea teñida de sangre" se ha convertido en un tsunami de violencia social, política y sexual. ¿Es este el mundo donde la iglesia practica el amor y la adoración? La sola enormidad de la corrupción en la moral y la degradación del lenguaje hace que muchos pongan el amor y la adoración en la periferia de sus vidas y traten de sacar lo mejor de las cosas adoptando los métodos del mundo.

Pero esto es lo que me resulta interesante. Un mes después de que Yeats escribió "La segunda venida", nació su hija Ana en este mundo de "mera anarquía" que él había descrito como augurando un amargo destino. Tres años después, el escribe otro poema: "Una oración para mi hija" (A Prayer for My Daughter) que, a pesar de toda la evidencia opuesta que él había establecido en "La segunda venida", está repleto de esperanza. En su oración, él reconoce que su hija va a criarse en una época donde cunde la desesperación. Pero "si el centro no se puede sostener", ¿cómo puede este nacimiento, esta hija que está en su cuna, escaparse de la pesadilla retratada en la bestia que se mece donde Cristo había sido acunado? Yeats ruega ahora con un tierno amor y un sentido de reverencia y ceremonia que es adoración. Cuando más adelante ordena los poemas para su publicación, él coloca la oración por su hija directamente después de la profecía de la bestia inclinándose hacia Belén para nacer. Su poema de amor triunfa sobre su profecía de perdición. Los aparentemente frágiles caminos del amor y la adoración que articula Yeats en "Una oración para mi hija" suministran la esperanza de que la "arrogancia y el odio" de sus contemporáneos que hacían todo el bullicio —"un airado fuelle colmado de furiosos vientos"— no prevalecerían sobre la "inocencia radical" que él estaba orando a favor de su pequeña hija.

No estoy llamando a Yeats a prestar testimonio experto en un tribunal para defender el amor y la adoración de su detractores. Él no se identificaba como cristiano. Su espiritualidad era sobre todo una creación que él mismo había compuesto con ideas y mitos esotéricos. Pero lo encuentro útil como una voz en la plaza pública, alguien que da testimonio sobre lo indestructible del amor y la adoración, superando y teniendo un mejor desempeño que lo que un mundo que opta por el odio y la guerra arroja a nuestro paso cuando practicamos el amor y la adoración. Los hombres y mujeres que practican la resurrección no son ingenuos. La práctica alcanza su máxima expresión, después de todo, en la "marea teñida de sangre" desatada por la crucifixión. Las condiciones, o al menos las condiciones descritas en los medios de comunicación, nunca son propicias para la práctica de la resurrección.

Tres mil años antes de Yeats, un poeta hebreo, después de detallar las condiciones poco satisfactorias que lo dejaron tambaleando, cuenta cómo recuperó el equilibrio. Concluye su oración con unos versos pareados de reconexión:

> Con Dios obtendremos la victoria;
> ¡él pisoteará a nuestros enemigos!
> (Salmo 108.13)

Así es. El amor y la adoración en la práctica de la resurrección. Nadie que yo conozca cuestiona lo deseable del amor y la adoración.

Muy pocos, al menos en el camino cristiano, niegan su lugar en alguna que otra parte de su vida. Pero , ¿práctica? Aquí el consenso comienza a deshilacharse un poco. Tenemos que entenderlo bien.

El lenguaje del amor

El mandato a imitar a Dios, a amar de la misma manera que Dios ama, contiene tres formas gramaticales de la palabra "amor": como adjetivo, como sustantivo y como verbo. Se nos define como amados, hijos amados. Se nos ordena llevar una vida de amor. La palabra de acción de Pablo es "caminar" (peripateo), una clase de amor con los pies sobre la tierra. Y este amor es el tipo de amor que vemos expresado en las calles y veredas, en la historia verdadera, y que vemos relatado en la historia (la revelación) de Jesús, la clase de amor que experimentamos directamente en Jesús, que nos amó. Estas formas gramaticales cubren todas las bases: nuestra identidad bautismal como amados, la región del amor en que vivimos, nuestra experiencia de ser amados por Jesús.

Estas no son las maneras en que solíamos usar la palabra "amor". Si somos afortunados (y no todos lo somos), la primera vez que escuchamos la palabra es de boca de nuestros padres. Luego la usamos nosotros mismos con nuestros amigos de la infancia. Luego, como adolescentes, la usamos en nuestros torpes intentos de tener intimidad. Algunos pocos, aunque no la mayoría, le damos un sentido más serio a la palabra cuando la usamos al pronunciar nuestros votos matrimoniales. Pero no tardamos en usar la palabra al azar, abaratándola y dándole el vano sentido de "gustar": Amo estar al aire libre… ese vestido… esa película… ese equipo de fútbol… Es probable que la palabra "amor" sea la que más usamos para decir lo que nos gusta, lo que nos atrae, lo que anhelamos. En el uso común y corriente, carece de toda connotación teológica y reciprocidad personal.

Si deseamos recuperar la palabra para usarla en la práctica de la resurrección, tenemos mucho trabajo por delante.

El amor que practicamos en esta vida de resurrección se origina en Dios y sólo en Dios. Todo el amor se origina en el amor de Dios. El amor de Dios invade todas las expresiones de gracia del Padre, Hijo y Espíritu Santo. Es siempre personal, nunca impersonal; es siempre "en la tierra como en el cielo", jamás algo abstracto o sólo una idea: es siempre particular en cuanto a la persona y el lugar, nunca una turbia generalización.

* * *

Esto es algo que debemos insistir una y otra vez, ya que no existe probablemente ninguna otra palabra en el lenguaje que haya sido tan eviscerada de sus orígenes en el Padre, de su contenido de Jesús, y de la dinámica del Espíritu. Es quizás la palabra que más se usa para dar credibilidad a las mentiras. Y sin duda, quizás sea el estandarte bajo el cual se comete la mayor cantidad de tonterías.

"Te amo" es una frase que transforma nuestra vida, la profundiza, la salva. Dicha por Dios, lo es. Y dicha en el nombre de Dios, lo es. Pero cuando se le quita su origen y contenido en Dios, es una palabra hueca, trivializada, banalizada. Todos los años, el Día de San Valentín despliega un desfile de banalidades, exponiéndola públicamente. Los millones de hombres y mujeres que compran tarjetas de San Valentín colmadas de insípidos clichés, toneladas de cajas de bombones y extensos campos de rosas en un vano y fútil intento de disfrazar los intentos de decir "te amo" sin tener que realmente tomarse el trabajo de hacerlo.

Pero las cosas son aún peores. La palabra ha sido tan erotizada que aun cuando se la usa con las mejores intenciones y un corazón puro, dice lo completamente opuesto a lo que significa. Esta es una de nuestras mejores palabras, con la fragancia de las obras de la Trinidad, exhaustiva en cuanto a lo que implica para todos los hombres y mujeres de la tierra, fundamental para la práctica de la resurrección: tirada a la basura. La erotización del amor le quita todo, excepto los genitales y los apetitos de la carne, y reduce a la persona que ama y a la persona amada a meros consumidores de éxtasis. Y como con toda vida que esté dominada por la adquisición de algo, finalmente nos quita la posibilidad de ser alguien. Cuanto más obtiene una persona, tanto menos es. El "amor", la palabra más adecuada y compleja que tenemos para las relaciones, es abusada a tal punto que convierte a los personas en objetos. La palabra misma está arruinada y cuanto más la usamos, tanto más nos perjudica a nosotros y los demás. Las palabras tienen importancia: las palabras matan o dan vida. ¿Qué ocurre con el "amor"?

Es significativo que, inmediatamente después de presentar la práctica del amor, Pablo nos advierte sobre la corrupción del amor mediante la fornicación (Efesios 5.3-5). La fornicación es el amor reducido al sexo, el amor sin relación, el "amor" sin amor. La corrupción de lo mejor es lo peor. "Los lirios que fermentan huelen peor que los yuyos" es el comentario acerbo de Shakespeare. No es que haya nada de malo con el sexo. La prominencia de los Cantares en las Escrituras, una celebración muy exuberante del amor que comprende lo sexual en una intimidad santa y madura de dignidad y bondad, es la refutación más adecuada a todo intento, por más "espiritual" que sea, de asexuar el amor. Sin embargo, el amor reducido al sexo, despersonalizado para su consumo, sean cuales sean los placeres que se experimentan al principio, pronto se convierte en algo feo, desagradable que se degrada y finalmente destruye la intimidad. Cuando el "amor" sin amor se convierte en una epidemia, nos damos cuenta de que, al igual que Jesús, vivimos en medio de una "generación adúltera" (Mateo 12.39), y sabemos que tenemos que prepararnos para una difícil reorientación hacia la noción que Dios es amor, la manera en que Dios ama y la manera en que practicamos el amor en compañía de Dios.

* * *

Bernardo de Clairvaux, un cristiano del siglo doce, escribió un tratado llamado "Sobre el amor a Dios" en el que brinda consejos santos y juiciosos para comprender y practicar el amor en su propia cultura, la cual estaba tremendamente confundida también con el tema. Este era un siglo en que la erotización del amor era una epidemia en el mundo occidental. La epidemia aún cunde en nuestra época. Todo amor digno de su nombre llegó a identificarse como amor apasionado y se convirtió en un culto al amor cortesano. Lo buscaban los caballeros y lo cantaban los trovadores que tuvieron éxito en volver a definir todo el amor "real" como amor adúltero, o sea, el amor concebido como una conquista idealizada, no mutuamente relacional y personal sino que , por supuesto, completamente fuera de todo que incluyera a

Dios, Jesús y el Espíritu. Encontró también una expresión religiosa en la herejía de amor de los cátaros que envenenaron la comprensión y la práctica del amor en la iglesia cristiana.

Bernard de Clairvaux conocía bien esta cultura. Él reconocía que ella presentaba una amenaza mortal a la revelación cristiana del amor en Jesús y las Escrituras. Lo convirtió en un tema importante de sus escritos, sermones y obra pastoral para contrarrestar la infiltración de esta expresión tóxica del amor en la sociedad y la iglesia. Su obra más extensa fue un magnífico comentario sobre los Cantares. Dada la cultura adúltera y románticamente amorosa de la época, esto es significativo, ya que los Cantares son el testimonio bíblico más sexualmente explícito de la belleza, dignidad y relación mutua presentes en el amor creado y bendecido por Dios.

En su tratado más breve, Bernard describe los cuatro grados del amor. En el primer grado, "amarse a uno mismo por su propio bien", tratamos de manejar nosotros las cosas. Desarrollamos competencia para vivir, lo que los modernos llaman la "autoestima". Esto suena como algo muy bueno y recibe mucha afirmación de los demás. Pero la vida es demasiado compleja y nos arroja más de lo que podemos manejar. Limitados a la inadecuada competencia adquirida en el amor propio, tarde o temprano nos encontramos en las profundidades del abismo y le pedimos ayuda a Dios.

Esto nos lleva una transición al segundo grado: "amar a Dios por nuestro propio bien". Recurrimos a Dios por lo que él puede hacer por nosotros. Oramos. Buscamos las Escrituras. Aunque rara vez recibimos la respuesta que esperamos a nuestras oraciones, y aun cuando las Escrituras no terminan siendo el manual para resolver problemas que habíamos esperado, ocurren cosas buenas. Esta etapa puede durar mucho tiempo. Pero gradualmente, a medida que nos familiarizamos con los caminos de Dios, nuestras preocupaciones inmaduras y egoístas retroceden y comenzamos a reconocer y comprender a Dios tal como es, no como imaginábamos que era, y nos atrae lo que estamos descubriendo: la bondad esencial de Dios. Los márgenes de las listas diarias de lo que deseamos que Dios haga por nosotros comienzan a acumular garabatos y anotaciones en los márgenes de quien Dios es para nosotros. La agenda de Dios sigue estando allí, pero ahora no es lo único que está presente.

Ahora estamos en camino hacia la tercera etapa: "el amor de Dios por el bien de Dios". El amor evoluciona hasta convertirse en una íntima adoración. No amamos por lo que podemos obtener de Dios, sino por quien Dios es. Es una amor de abandono. Es la virgen que le dice a Dios: "Que él haga conmigo como me has dicho" (Lucas 1.38). Es Simón cuando ora: "Según tu palabra, Soberano Señor, ya puedes despedir a tu siervo en paz" (2.29). Es María cuando se sienta a los pies de Jesús entregándose a "sólo una cosa necesaria" (10.42). Es Isaías cuando dice en el templo: "Aquí estoy. ¡Envíame a mí!" (Isaías 6.8).

La cuarta etapa está ahora a sólo unos pocos pasos de distancia: "amarnos a nosotros mismos por causa de Dios". El amar más a Dios no nos hace ser menos. Por el contrario, el amor de Dios nos hace ser más. El amor de Dios no nos trata con condescendencia. El amor de Dios no nos trata con blandura. El amor de Dios por nosotros impregna nuestro amor por Dios. El amor maduro es recíproco. No quiere decir que seamos iguales que Dios, pero toda nuestra integridad como seres humanos se afirma en el amor de Dios. No reemplazamos las tres primeras etapas del amor, sino que las completamos.

* * *

Dios es amor. El amor es la esencia del ser de Dios. Los hombres y mujeres, creados a la imagen de Dios, son también, en esencia, amor. Para esto fuimos creados, personas que amamos, personas que recibimos amor. Cuando amamos alcanzamos nuestra máxima expresión como seres humanos, vivimos de la mejor manera, somos maduros. Todos, me animo a decir, sentimos en lo más profundo esta identidad esencial.

Pero esta es la suprema ironía: el amor es quienes somos, el amor es lo que deseamos, el amor es lo que deseamos practicar, pero es cuando amamos y somos amados que acumulamos la mayor cantidad de fracasos. En el amor, sufrimos repetidas decepciones. Nos damos cuenta de que somos tremendamente inadecuados.

Somos competentes en el colegio, sacamos buenas notas y mostramos nuestros diplomas para certificar nuestros logros intelectuales.

Podemos ser eficientes en el trabajo, obtener un mejor puesto, recibir un aumento de sueldo y adquirir una buena reputación como excelente médico, mecánico fiable, hábil abogado o granjero inteligente y trabajador. Podemos convertirnos en políticos competentes, ganar elecciones, trabajar para el bien público, promulgar leyes e inspirar una buena ciudadanía.

Pero la competencia en el amor nos esquiva. En la práctica del amor no se dan premios. No hay niveles de éxito. No hay títulos que afirmen lo que hemos logrado. Lo que ocurre entonces a menudo es que nos damos por vencidos. "Sí, me encantaría amar, amar bien, amar con fidelidad, amar con constancia, amar con todo mi corazón, mente y fuerza, pero debo reconocer que no sé hacerlo bien. Así que, ¿por qué no dejarlo a cargo de los amantes naturales y los santos? Yo haré lo que sé hacer bien: trabajar o ser hospitalario o cuidar de mi jardín o escribir o enseñar. Por cierto, haré todo lo posible por amar, pero no es mi don. Me atendré a cultivar la parcela de tierra que me ha sido dada".

Esto es por cierto comprensible. Pero algo no funciona. Lo que no funciona es que entendemos e interpretamos al amor como algo que hacemos y que, cuanto más lo hagamos y cuánto más nos dediquemos a hacerlo, tanto mejor lo haremos. Y cuando no puedo hacerlo mejor, vuelvo a hacer las cosas que sé hacer y que me traen afirmación. En otras palabras, entendemos que el amor es parte de todo lo demás que hacemos para mantener nuestro empleo, sustentar a nuestra familia, no ir a la cárcel y disfrutar lo más posible durante las vacaciones o los fines de semana.

En esto hay dos errores obvios. Primero, creemos que el amor es un talento que podemos mejorar o incluso perfeccionar, como jugar al golf. Segundo, creemos que es posible comprender el amor sin ningún contexto en la obra de Dios.

Cuando suponemos que el amor tiene que ver con decir lo correcto en el momento justo, nos equivocamos. No es así. El amor es tener una relación con Dios y nuestros semejantes, sin importar lo que digamos o hagamos o donde estemos. El amor es el lenguaje de relación por excelencia. También nos equivocamos cuando ignoramos sus orígenes en Dios. El amor comienza como un lenguaje teológico. Es un lenguaje que se usa en una relación atenta en la que escuchamos a Dios en toda la obra de revelación de la Trinidad y es una manera de ser en una relación atenta, afectuosa, en la que escuchamos a los demás tal cual son.

* * *

Hace años, tuve que pasar un examen de alemán en la universidad, pero no había tenido el tiempo suficiente para tomar el curso y aprenderlo correctamente. De modo que conseguí unas gramáticas y libros de lectura y traté de aprender el idioma sin ayuda de nadie. Cuando pensé que estaba preparado para el examen, fui a mi profesor y le dije que ya estaba listo. En ese departamento de la universidad se conducían informalmente los exámenes de idiomas. Mi profesor me llevó a su estudio, tomó un libro de un estante y me dijo: "Lee en alemán". Yo leí. Luego me dijo: "Traduce". Yo traduje. Era una gramática siríaca. Las gramáticas tienen un vocabulario limitado, así que la traducción me resultó fácil. Luego tomó otro libro, me lo dio y volvimos a repetir el mismo procedimiento. Yo pensaba que me estaba yendo bien. Entendía lo que estaba leyendo y me parecía que mi traducción era satisfactoria. Pero mi profesor estaba comenzando a fruncir el ceño, lo cual me daba una cierta aprehensión. Luego un tercer libro. Este era una historia egipcia. Lo abrí al azar y comencé a leer en la parte superior de la página. Y leí y leí y leí. Era una de esas oraciones interminables en alemán. En la mitad de la página, todavía no había llegado a un punto y había perdido toda conexión entre el sujeto y el verbo. Por fin, tuve que detenerme, tartamudeando. Él me interrumpió: "Sr. Peterson, ¿dónde aprendió usted su alemán?" Yo no deseaba decirle que lo había hecho en forma privada, ya que temía que él buscara áreas de ignorancia. Vacilé en responderle. Él continuó: "¿Qué idioma hablaba usted en su casa?" Yo le dije: "Un poco de noruego". ("Un poco" era una exageración, ya que apenas lo hablaban una vez al año durante la cena de Navidad mis tíos y tías y mi madre.) Él prosiguió: "Usted tiene un acento muy inusual. No puedo ubicarlo. Estoy intrigado por él". Luego se puso a hablar sobre los acentos, y se olvidó de pedirme que tradujera. Yo pasé el examen. Luego me enteré de que él se vanagloriaba de poder identificar acentos, un orgullo que me salvó de una caída.

Esta clase de cosas pasan todo el tiempo. Escuchamos una orden: "Vivan en amor". Apurados por hacerlo, leemos algunos libros al respecto y hacemos unas pocas preguntas. Cuando pensamos que ya dominamos el tema, ponemos todo lo aprendido en acción. Nos sentimos bastante bien. Pensamos que estamos haciendo bien las cosas. Dios escucha. Luego hay una vaga sensación de que las cosas no están yendo del todo bien: "¿Dónde aprendiste tu lenguaje del amor?" Resulta que lo hicimos en privado, solos. Y no para tener una relación con Dios y los demás, sino para pasar el examen solamente. Pero Dios se da cuenta de lo que estamos haciendo. Usamos las palabras correctas en el orden adecuado, pero algo no funciona bien con las inflexiones, los acentos, los ritmos. No son auténticos. No son personales. No es un lenguaje vivo, sino que es un lenguaje de "libros".

La iglesia es el lugar principal donde aprender este lenguaje del amor. Las condiciones aquí en la iglesia, a diferencia del mundo, son propicias y no interminables variaciones de fornicaciones y adulterios erotizados que se presentan como amor en el mundo, ni tampoco, para tomar una alternativa sin erotismo, una clase con un profesor distinguido que enseña sobre el amor, requiriendo ensayos, mientras nuestros escritorios están plagados de gramáticas y concordancias y diccionarios. En cambio, en la iglesia encontramos un grupo de gente que está dedicada a aprender el lenguaje en compañía de la Trinidad y en compañía de los demás. Esto no se aprende en los libros.

"Despiértate, tú que duermes"

El amor. Y la adoración. La orden "lleven una vida de amor" está respaldada por la manera en que Cristo nos amó y por la manera en que "se entregó por nosotros" (Efesios 5.2). Maduramos en el amor cuando ingresamos en un tiempo y lugar protegidos donde se nos puede volver a relatar la "maravillosa historia de Jesús y su amor", y estamos codo a codo con los hombres y mujeres que se toman en serio la práctica del amor de la manera en que Cristo ama. La iglesia en adoración es ese tiempo y lugar. La iglesia en adoración se sumerge en Jesús "como ofrenda y sacrificio fragante para Dios". Cuando adoramos, participamos en esa ofrenda y sacrificio y con el correr del tiempo, esa participación invade nuestra vida con el mismo amor con el que ama Cristo. En el acto de adoración, cultivamos una vida de amor en compañía de la Trinidad de amor, y en compañía de hombres y mujeres y niños que están allí con nosotros, todos practicando la resurrección.

Deseo usar el término "adoración" aquí en este contexto de Efesios para la adoración que emprendemos los cristianos cuando nos reunimos en un lugar de adoración como respuesta a una invitación: "Adoremos a Dios". La adoración también se usa para nombrar una actitud o respuesta interior de adoración delante de Dios. Como tal, puede llevarse a cabo bajo cualquier circunstancia, en cualquier lugar, en soledad o rodeados por otros, mientras escuchamos un cuarteto de cuerdas, o estamos en una playa concurrida mirando el atardecer, o estamos presentes con algunas otras personas en una sala de partos sintiendo una sagrada admiración cuando el bebé ingresa milagrosamente a este mundo. Pero en este contexto de Efesios, cuando alimentamos la práctica de la resurrección en la que crecemos para madurar en Cristo, deseo insistir en la adoración en común, la adoración en común con los demás: sentados o de pie en nuestro lugar en una congregación bajo condiciones que no sirven a nuestras necesidades o preferencias personales, sino que honran la prioridad de Dios: Dios que nos habla, Cristo que se entrega por nosotros, el Espíritu dando poder a nuestra vida. Cada hombre, mujer y niño en esa congregación es tratado con la dignidad propia de los hijos de Dios, quien nos amó primero.

* * *

El llamado a la adoración a la iglesia en Éfeso es breve y dominante:

"Despiértate, tú que duermes,
levántate de entre los muertos,
y te alumbrará Cristo".
(Efesios 5.14)

La adoración requiere toda nuestra atención. El crecer en Cristo involucra todo lo que está presente en nosotros y en nuestras relaciones. En la práctica de la resurrección, nos despertamos a lo que Cristo es y hace. Cuando permanecemos en ello, maduramos. Necesitamos toda la ayuda posible. La adoración congregacional es el lugar elegido para recibir esa ayuda. No es el único lugar, pero es el lugar donde la mayoría de los cristianos, en casi todos los siglos, en casi todos los países, han recibido la mayor cantidad de ayuda.

Jesús, la "ofrenda y sacrificio fragante para Dios" sujeta la adoración a las profundidades oceánicas del amor de Dios. Durante siglos, los hombres y mujeres de Israel habían estado trayendo fragantes ofrendas de cereales y corderos, incienso y toros, para sacrificarlos en los altares de Siquén y Hebrón, Betel y Berseba, altares en el tabernáculo del desierto y el templo de Jerusalén, ofrendas dadas generosamente a Dios en agradecimiento y arrepentimiento, expiación y reparación, por el pecado y el perdón. La adoración era la acción de un pueblo, una congregación que se reunía delante de Dios ofreciendo sacrificios, diversos sacrificios que proporcionaban cierto lenguaje tácito a todas las maneras en las que traían sus vidas fracasadas o necesitadas o agradecidas a Dios.

El centro de todos esos siglos de adoración, el acto de adoración que mantenía unidos todos esos altares y sacrificios y oraciones, era la semana de la Pascua que culminaba en la cena de Pascua. La cena anual de la Pascua era el acto de adoración que mantenía viva e intacta la memoria hebrea de la liberación de Dios de la tiranía egipcia y el don de salvación de una nueva vida. Durante más de mil años, esa adoración ha servido para mantener la identidad del pueblo hebreo como pueblo de Dios. La adoración de la Pascua era la historia de su salvación, pero no era sólo un relato: era la historia que se volvía a repetir cada vez que participaban en esa dramática recreación de su salvación, mientras comían y bebían la muerte y la resurrección.

Jesús reunió esos siglos de adoración —una "ofrenda y sacrificio fragante"— y los completó cuando convocó a sus doce discípulos para compartir una cena en celebración de la fiesta anual de la Pascua en Jerusalén. Jesús era el anfitrión. Lo que hizo y dijo en esa cena: "este pan es mi cuerpo, entregado por ustedes… esta copa es el nuevo pacto en mi sangre, que es derramada por ustedes"— transformó la cena de la Pascua en la Cena del Señor. Al día siguiente, él se convirtió en el cordero del sacrifico cuando fue crucificado en la cruz en Gólgota.

Esa Cena del Señor no tardó en convertirse en el acto determinante de adoración de la iglesia cristiana.

* * *

Cuando nos reunimos y adoramos, la iglesia hace otras cosas además de comer y beber la Cena del Señor. Entonamos "salmos, himnos y canciones espirituales… cantando y alabando al Señor con el corazón" (Efesios 5.19); bautizamos; leemos y predicamos y enseñamos la Palabra de Dios de las Escrituras; traemos ofrendas; realizamos servicios memoriales dando testimonio al día de la resurrección; bendecimos a hombres y mujeres cuando intercambian votos de fidelidad en ceremonias de matrimonio. Pero la Cena es el centro que sostiene a todo en adoración. Si no hay un centro, las "cosas se derrumban". La adoración se convierte en una "mera anarquía".

En la práctica de la resurrección, la adoración es fundamental para la práctica del amor. El amor no es un acto solitario: es relacional. El amor no es un acto general: es siempre local. El amor no se inicia o define a sí mismo: es siempre "como Cristo nos amó". De modo que, ¿cómo adquirimos una madurez en la práctica del amor que respete lo relacional, lo local y el camino de Cristo? Vamos a la iglesia y adoramos a Dios que "nos amó primero".

Los cristianos siempre lo han hecho. En la iglesia, en todos los continentes y a lo largo de veinte siglo de adoración, han proliferado formas y maneras de adorar a Dios. Las Escrituras no exigen ninguna en particular. Sin embargo, esto no significa que "todo vale", mientras que cada congregación hace lo que quiere y "que se arreglen los que quedan atrás".

Sabemos que el amor siempre corre el riesgo de ser desarraigado de su afianzamiento en Cristo (Efesios 3.17) y luego de ser erotizado hasta que ya es imposible reconocerlo como algo que pueda desarrollarse hasta alcanzar una vida madura. Las ilusiones románticas despersonalizan. La adoración también corre un continuo riesgo, pero el peligro de la adoración es el de convertirse en una mercancía para los consumidores que están buscando la mejor oferta de Dios y lo más actual de la moda espiritual. Pero el momento en que Dios o las cosas de Dios se empaquetan y publicitan como programas o principios o satisfacción, quedamos despersonalizados y se reduce nuestra capacidad de amar. En un lugar de adoración que vende bienes y servicios estampados con el logotipo de Dios, no son muchas las posibilidades de crecer hasta llegar a la plena y completa medida de Cristo. El lugar y momento dados para cultivar las condiciones apropiadas para una comprensión y un compañerismo en la práctica del amor ya no están disponible.

La mercantilización extensa de la adoración en los Estados Unidos ha marginado demasiadas iglesias como centros de orientación sobre cómo vivir una vida más efectiva para Dios. Lo mismo que la cultura secular le ha hecho al amor cuando lo convirtió románticamente en fornicación y la práctica del adulterio, lo ha hecho la cultura eclesiástica al promover maneras de adorar calculadas para atraer el gusto de los consumidores en el que el amor se redefine como "Oh, eso me gusta" o "Tengo que tener eso" o, de manera negativa como "No obtengo nada de eso".

* * *

Algunos piensan que es un escándalo que el amor y la adoración, las dos cosas más importantes que hacen los cristianos, las hagamos tan mal. No debería pues sorprendernos que la iglesia tenga una reputación tan turbia entre sus cultos detractores. Si los bancos fueran tan ineptos en su manejo del dinero como lo es la iglesia en su manejo del amor y la adoración, estarían cerrados en menos de una semana. Si los hospitales fueran tan poco profesionales en su cuidado de los enfermos, tratamiento de emergencias, administración de anestesia y supervisión de los partos como lo es la iglesia en el amor y la adoración, quebrarían al poco tiempo. Si los equipos de beisbol profesional cometieran tantos errores al interceptar, batear y arrojar la pelota como lo hace la iglesia en el amor y la adoración, estarían jugando delante de estadios completamente vacíos.

Pero hay otra manera de mirar esto. Es verdad que el amor y la adoración exigen lo mejor de nosotros, lo mejor creado y redimido de nosotros. Pero esto no puede ser alcanzado por un esfuerzo individual determinado. En todas las operaciones de la Trinidad está Dios. De acuerdo con esto, la iglesia está en todas las particularidades de sus miembros. Todo los detalles involucrados en el amor y la adoración requieren una relación personal con los demás, con la familia y los amigos y los vecinos —respondiendo, recibiendo, dando— y con el Padre, Hijo y Espíritu Santo —también respondiendo, recibiendo y dando. Ninguna parte del amor y la adoración puede ser aislada, alejada de las complejidades de las relaciones y llevada a un laboratorio, estudiada, dominada y luego, habiendo sido purificada de todos los contaminantes y ambigüedades, llevada de regreso a la vida diaria para su uso. Jamás estoy a cargo del amor y la adoración, sino que siempre participo en relaciones de múltiples dimensiones.

Hay que crecer mucho para comenzar siquiera a sentirse cómodo con estas prácticas. El adquirir algo siquiera cercano a la competencia no es una opción. Estas no son prácticas en las que podamos especializarnos y convertirnos, mediante capacitación y disciplina, en expertos, alcanzando algunos quizás una posición de talla mundial. En el amor y la adoración no hay eventos olímpicos.

También encontramos esto. La iglesia tiene hombres, mujeres y niños en su comunidad en todos los niveles de madurez e inmadurez. Es como si una orquesta sinfónica tuviera principiantes y maestros tocando uno al lado del otro, el primer violinista sentado junto a una niña de diez años que ni siquiera sabe aún cómo afinar las cuerdas. La iglesia no es un centro de artes interpretativas para el amor y la adoración.

Y luego esto. Todos los detalles en la práctica del amor y la adoración son susceptibles a la perversión y el sacrilegio. No hay vacunas para la gripe contra el pecado. Hay muchas más maneras de pecar contra el amor que yendo a la cama con Betsabé. Hay muchas otras maneras de pecar contra la adoración que bailando alrededor de un vellocino de oro.

Al escribir todo esto, no tengo ninguna intención de dar el visto bueno a la mediocridad o encogerme de hombros frente a la dejadez. En lo que insisto es que si deseamos abrazar una iglesia verdaderamente formada por el Espíritu, tenemos que aceptar condiciones complicadas y desagradables —la complejidad de las relaciones interpersonales y trinitarias, los muchos niveles de madurez e inmadurez, la siempre presente vulnerabilidad de todos al pecado— a partir de lo cual se forma. Estas son las condiciones en las que obra el Espíritu Santo. Si tomamos la iglesia en serio y deseamos participar en lo que está haciendo el Espíritu Santo, estas son las condiciones. Mejor que nos acostumbremos a ellas.

* * *

El lugar donde por lo general adoramos es el santuario de una iglesia: un lugar consagrado para la adoración de Dios y diseñado para sumergirnos en el mundo de la revelación de Dios mediante lo que escuchamos y vemos en palabra y sacramento. El momento que apartamos para ello es, por lo general, los domingos. Es el día que funde el séptimo día hebreo de la creación del descanso del Sabbat con el primer día cristiano de la resurrección de Jesús. La frecuencia usual es semana a semana.

La adoración cristiana nos orienta hacia una exhaustiva realidad a la que le han dado forma Dios el Padre, Dios el Hijo y Dios el Espíritu Santo. Es una realidad que incluye todo lo que se ha llevado a cabo en los seis días anteriores y todo lo que se llevará a cabo en los siguientes seis días. Todo lo que vemos y todo lo que no vemos. Todas las operaciones de Dios que nos hacen ser quienes somos, que forman día a día una vida de salvación eterna en nosotros, que colocan la semana de trabajo en el contexto más amplio de la semana de trabajo de Dios, que hacen posible que participemos en una vida de santidad y amor a la misma vez que lavamos la ropa, arreglamos máquinas, vendemos mercadería, enseñamos física cuántica y sembramos trigo. Es una orden importante. Ninguna congregación lo hace a la perfección. Algunas ni siquiera lo intentan. Pero a pesar de todos los fracasos y semifracasos, estoy convencido de que todo aquel que preste atención y discierna la obra del Espíritu en la congregación —¿acaso me atrevo a decir en cualquier congregación?— obtendrá al menos un vistazo de la adoración que da testimonio de "la alabanza de su gloria".

El llamado a la adoración nos despierta a la realidad de lo que está ocurriendo en nosotros y todo a nuestro alrededor: "Despiértate, tú que duermes, levántate de entre los muertos, y te alumbrará Cristo" El mundo está vivo con Dios: ¡Miren! ¡Escuchen! ¡Eleven sus corazones! ¡Vengan y coman!

En los actos de adoración, el Espíritu Santo se internaliza en nosotros y nos convierte en participantes "íntimos" de la obra de creación del Padre y la obra de salvación del Hijo. En el acto de adoración, nos alejamos adrede de nuestro mundo laboral con sus tareas y responsabilidades y relaciones, asumimos un postura de no hacer nada: sentados, arrodillados, uniendo nuestras manos en oración, elevando nuestros brazos en alabanza, e invitamos al Espíritu Santo a que forme en nosotros la vida de amor y santidad que hace que seamos uno con el Padre y el Hijo lo cual, estamos seguros, es algo que el Espíritu está más que dispuesto a hacer. Nosotros no tenemos que hacer nada, al menos no de la manera en que estamos acostumbrados a hacer las cosas. Pero tenemos que estar presentes, atentos, receptivos. Deseamos participar de lo que Dios está haciendo. Deseamos que Dios sea parte de lo que estamos haciendo nosotros: "Ven, Espíritu Santo". Deseamos salir del lugar de adoración con un andar más ligero —aún presentes, atentos, receptivos— con una bendición sobre la cabeza y obediencia en nuestros pasos.

La madurez cristiana no es un asunto de hacer más por Dios; es Dios que hace más en nosotros y a través de nosotros. La inmadurez está plagada de deseos de ser importantes alimentados por nuestra ansiedad. La madurez está plenamente contenta de perseguir una vida de obediente humildad. La adoración cristiana es un acto voluntario de corregir las proporciones, las prioridades, de yo trabajar para Dios a Dios trabajando en mí, lo cual es el Espíritu Santo.

Evelyn Underhill era una mujer inglesa laica profundamente educada y devota que, como muchos de nosotros, tenía dificultades con la iglesia. Pero después de mucho pensar y reflexionar, ella escribió esto: "La Iglesia es un 'servicio esencial" como la Oficina de Correos, donde siempre habrá algunos funcionarios irritantes e inadecuados detrás del mostrador y siempre sentiremos la tentación de dejar que nos exasperen". Pero, a la larga, ella superó a los funcionarios "irritantes" y llegó a esta conclusión: "Siento que la práctica regular, constante y sumisa de la adoración colectiva es de suma importancia para construir la vida espiritual… no hay suficiente cantidad de lectura y oración solitaria que equivalga a la humilde inmersión en la vida y adoración de la iglesia".

* * *

Pablo usa un par de afirmaciones contrastantes para concentrar nuestra atención en exactamente qué es lo que está y no está involucrado en la adoración: "No se emborrachen con vino… al contrario, sean llenos del Espíritu" (Efesios 5.18). El vino y el Espíritu contrastan como formas de adoración. En el mundo asiático de Éfeso, una de las formas prevalecientes de adoración se centraba en el dios Dionisio. La adoración dionisíaca empleaba danzas y música excitante que producían un arrebatado éxtasis. Dionisio era el dios del vino. La intoxicación con vino combinada con danzas y música era el método adoptado para conseguir el estado de entusiasmo anhelado (literalmente "el dios interior"). Pablo señala estas ebrias y desenfrenadas orgías a la vista de todo el mundo en Éfeso y las contrasta con lo que ocurre durante la adoración cuando los cristianos son "llenos del Espíritu". No es la "mera anarquía" de las ebrias danzas, sino más bien la dulce armonía cuando cantan y alaban al Señor con el corazón (5.19).

El libertinaje maníaco asociado con el culto a Dionisio establece un fuerte e inolvidable contraste con la belleza de los cantos, las melodiosas armonías, entendiendo que es la obra del Espíritu lo que se expresa en cada congregación que adora. Esta es la iglesia que adora cuando bebemos hasta saciarnos del Espíritu de Dios. Escuchamos la lectura de la Palabra de Dios y su predicación, y una vez más entendemos de qué se trata; recibimos la vida de salvación comiendo y bebiendo la Cena del Señor, su "ofrenda y sacrificio fragante para Dios" y recuperamos nuestro enfoque en Jesús. Nos encontramos a nosotros mismos en el canto y la acción de gracias, en los saludos y las oraciones, frescamente renovados por el Espíritu para practicar la resurrección en compañía de la Trinidad.

No somos adecuados para vivir una vida de amor por nuestra propia voluntad o recursos. El poner más esfuerzo no logra ningún resultado. Tenemos que ingresar en el Espíritu. Dios nos da su Espíritu para vivir la vida de Dios en nosotros y se nos reorienta alrededor del centro que nos da sostén. Cuando salimos de la iglesia, despedidos con una bendición, corremos menos peligro de vernos intimidados por la "bestia escabrosa que se arrastra hacia Belén para nacer".

CAPÍTULO 12

El hogar y el lugar de trabajo: Efesios 5.21-6.9

Sométanse unos a otros, por reverencia a Cristo.

EFESIOS 5.21

El cielo en lo ordinario…

GEORGE HERBERT: "PRAYER" en The Temple

Ahora Pablo nos traslada al terreno del hogar, los lugares más inmediatos donde practicamos la resurrección. Primero, el lugar donde vivimos juntos íntimamente en nuestros hogares como esposos y esposas, y como padres e hijos: la cocina donde preparamos la comida y comemos, el dormitorio, donde dormimos y hacemos el amor, la sala de estar, donde recibimos a nuestros invitados y disfrutamos de la compañía mutua (Efesios 5.21-6.4). Luego avanza a los lugares donde nos relacionamos día tras día como amos y siervos, empleadores y empleados, dueños y trabajadores: nuestras granjas y mercados, escuelas y canteras, construyendo caminos y edificando casas (6.5-9).

Pablo ya estableció una extensa base para poder entender la minuciosidad con la que penetra el Espíritu Santo nuestro ser con la vida y presencia misma de Dios en cada detalle de nuestra vida. No hay nada en Dios que no podamos vivirlo. No hay nada en la creación, nada en la salvación que sea remoto o irrelevante a nuestra persona, la gente con la que vivimos y la gente con la que trabajamos. Cada cosa, por pequeña que sea, en el evangelio de Jesucristo está aquí para vivirla, para expresarse en nuestro cuerpo, para añadirse al músculo y hueso de nuestra vida ordinaria.

Si alguna vez pensábamos que el mundo que nos rodea está dividido en lo secular y lo sagrado y que la tarea de los cristianos es especializarnos en lo sagrado, mientras toleramos lo secular, ya no podemos pensar así: "Dios amó tanto el mundo…" (Juan 3.16). Y si alguna vez pensábamos que las ideas y las acciones a nuestra disposición cada día están organizadas en una jerarquía ascendente partiendo de las tareas inconsecuentes del hogar y los empleos para recibir un cheque semanal hasta llegar a la cima de la estratégicamente importante obra del reino donde los cristianos "reales" deciden el orden de prioridad de lo estratégico, ya no podemos pensar de esa manera. Jesús invirtió ese concepto cuando dijo: "Por tanto, el que se humilla como este niño será el más grande en el reino de los cielos… Pero si alguien hace pecar a uno de estos pequeños que creen en mí, más le valdría que le colgaran al cuello una gran piedra de molino y lo hundieran en lo profundo del mar" (Mateo 18.4, 6).

* * *

Aún así, a pesar de la inequívoca claridad de nuestras Escrituras y Jesús en estos asuntos, dejamos a menudo que las grandes ideas, los majestuosos panoramas de la salvación, las grandes visiones de la obra de Dios en el mundo y las grandes oportunidades de tener un impacto en el nombre de Jesús nos disuadan de tomar con seriedad evangélica lo ordinario y poco glamoroso. La persona que está dotada de carisma, de extraordinarios dones motivacionales y con energía empresarial puede tener la tendencia a alejarse del tedio de lo cotidiano para dedicarse a lo importante, lo visionario, lo influyente —las verdades eternas— de una manera que es magnética y virtualmente irresistible.

Pero cuando cedemos a ese impulso, las consecuencias son desastrosas y virtualmente garantizan una adolescencia perpetua. Y la gente con la que pasamos la mayoría del tiempo, nuestra familia y compañeros de trabajo, es la más afectada por nuestra inmadurez. Los hombres y mujeres que son aclamados por el público son especialmente vulnerables. Demasiados líderes prominentes de iglesias y gobiernos, empresas y universidades, escritores y artistas del mundo del espectáculo, son penosamente infantiles y un fracaso en sus relaciones íntimas. Nunca parecen percibir "la caña quebrada... la mecha que apenas arde" (Isaías 42.3).

Por lo tanto, es comprensible que Pablo, cuando nos conduce al segmento del hogar en esta exhaustiva presentación de Efesios de lo que implica la vida madura en Cristo, toma los aspectos menos atractivos de la práctica de la resurrección en nuestros hogares y lugares de trabajo. Las grandes cosas que hacemos por Dios son maravillosas. Pero en cierto sentido, las pequeñas cosas son más maravillosas aún. Kathleen Norris en sus poemas y memorias insiste en mantener nuestra atención en lo local: "son las tareas diarias, los actos cotidianos de amor y adoración que sirven para recordarnos que la religión no es una búsqueda estrictamente intelectual... la fe cristiana es una manera de vida, no una fortaleza impenetrable de ideas; no es una filosofía; no es una lista de creencias".

Borriobula-Gha

En su novela Casa desolada, Charles Dickens escribe una exposición larga, detallada y devastadora de una casta de personas que se pasa la vida absorta en grandes ideas y causas, sobre todo en la búsqueda de justicia y los asuntos legales que esto conlleva, viviendo todo el tiempo en una obstinada ignorancia o indiferencia a la verdadera gente involucrada. En los principios de la novela, Dickens nos presenta a la señora Jellyby, una inolvidable reencarnación de los hombres y mujeres de todos los siglos que, por así decirlo, comienzan a leer Efesios, pero jamás completan la carta; nunca llegan al capítulo cinco.

La señora Jellyby es una representante tragicómica del considerable número de cristianos que abren sus Biblias y comienzan a leer la carta de Pablo a los efesios. Cuando se detienen a recuperar el aliento al final de la primera oración prolongada (Efesios 1.3-14) —¡esa oración de 201 palabras en griego que no se detiene y que conforma una espléndida poesía teológica!— ya están atrapados.

La elocuencia de Pablo, el hechizo caleidoscópico de la permutación trinitaria de la creación y Cristo y la iglesia, los colma de energía. Pero al final del capítulo cuatro, comienzan a sentirse agitados. Notan que las maravillosas metáforas comienzan a ser reemplazadas por imperativos poco atractivos. Sienten que la poesía se está convirtiendo en una prosa insulsa. Saben que ya poseen lo sustancial del mensaje de Pablo y están impacientes por comenzar la gloriosa práctica de la resurrección. Muy persuasivo. Jamás lo habían escuchado decir de esa manera: ¡vivir "para la alabanza de su gloria"!

Cierran el libro. Jamás leen los capítulos cinco y seis. Pero han abandonado la lectura demasiado pronto.

* * *

A la señora Jellyby la conocemos a través de los ojos y oídos de una joven llamada Esther Summerson. Ella acompaña a dos primos, Richard y Ada. Ellos han sido puestos al cuidado de la Sra. Jellyby en Londres para el hospedaje de la pensión completa de una noche. Al día siguiente, los primos se habrán de reunir con la firma de abogados de Jarndyce y Jarndyce, quien se está ocupando sus complejos asuntos legales.

La Sra. Jellyby no está allí para darles la bienvenida, de modo que entran solos a la casa. Ellos se abren camino lo mejor que pueden a través de una casa repleta de niños Jellyby, desaseados y apenas vestidos, en un caos de suciedad y desorden, accidentes y desatención. Cuando encuentran por fin a la Sra. Jellyby, descubren que es una mujer diminuta, regordeta y amable con bonitos ojos, que "tenía la extraña costumbre de que siempre parecían estar contemplando algo en la distancia… como si no pudiera ver nada más cercano que África". Ella tenía "tenía abundante cabellera, pero estaba demasiado ocupada con sus deberes para con los africanos como para cepillársela". Nos enteramos de que la Sra. Jellyby es una mujer entregada a proyectos filantrópicos cristianos. Su pasión actual es el África, cultivando café y evangelizando a los nativos de Borriobula-Gha en la margen izquierda del Níger y estableciendo allí un asentamiento de doscientas familias. Todas las habitaciones de la casa están cubiertas de basura: "no sólo muy desordenado, sino muy sucio". Pero la Sra. Jellyby se comporta en todo momento con una "dulce sonrisa".

Ella se presenta a los tres jóvenes que habrán de ser sus invitados para la cena y la noche, diciéndoles: "Ustedes me encuentran, digo, queridos míos, muy ocupada, como de costumbre, pero espero que me disculpen. En estos momentos el proyecto africano ocupa todo mi tiempo. Me hace entrar en correspondencia con organismos públicos, así como con particulares deseosos del bienestar de su especie en todo el país… Esto requiere de todas mis energías, las pocas que tengo, pero eso no es nada, con tal de que salga adelante, y cada día que pasa estoy más segura del éxito".

Esther informa que la cena está servida. "Cenamos un bacalao excelente, un trozo de rosbif, un plato de chuletas y un pudin, cena magnífica si hubiera estado algo cocinada, pero todo estaba casi crudo. Durante toda la cena, que fue larga debido a accidentes tales como que el plato de patatas se hallara por equivocación en la carbonera, la señora Jellyby mantuvo su buen humor. Nos contó muchas cosas interesantes acerca de Borriobula-Gha y sus indígenas, y recibió tantas cartas que vimos cuatro sobres caídos al mismo tiempo en la salsera… Estaba ocupadísima, y no cabía duda de que, como nos había dicho, ella estaba completamente dedicada a la causa".

Dickens tituló este capítulo de comedia sobre la Sra. Jellyby y la misión africana en Borriobula-Gha "Una filantropía telescópica". Sería mucho más cómico si tales condiciones no se repitieran con tanta frecuencia en la comunidad cristiana. Pero desgraciadamente, ocurre con asiduidad: la práctica de la resurrección, el corazón mismo de la vida de la iglesia, es derrochada en causas incorpóreas y proyectos en lugares lejanos por hombres y mujeres que no le dan ni tiempo ni atención ni contacto a lo que está ocurriendo en sus hogares y lugares de trabajo. Estos hombres y mujeres, esta considerable progenie de la Sra. Jellyby, están totalmente absortos en hacer planes, reunir ayuda y suscitar entusiasmo por lo que es una obra evangélica dramática, romántica y desafiante, y muy lejana. Demasiado lejana para una participación personal y directa. Entretanto, estas personas están demasiado ocupadas para ocuparse de la gloriosa práctica de la resurrección del cuidado de sus propios hijos y de mantener limpias sus casas en el tedio de lo ordinario.

* * *

El hogar y el lugar de trabajo nos sumergen en detalles específicos en los que tenemos relaciones y deberes específicos, ya sea el tomar un destornillador para ajustar la bisagra de una puerta o contestar la pregunta de un niño o esposo o compañero de trabajo con respecto a la hora del día. Lo que ocurre en el hogar y el lugar de trabajo no puede ser generalizado. No tiene nada de abstracto. Todo tiene un nombre. Todos tienen un nombre. Todo está al alcance de la mano. Y todo y todos están siempre en un contexto laboral en relación con virtualmente todo y todos los demás. Nada ni nadie en el hogar o lugar de trabajo es un objeto de arte en un museo que contemplamos alejado de todo lo demás.

Ernest Hemingway hace que uno de los personajes de una de sus novelas hable por él cuando escribe: "Siempre me avergonzaron las palabras sagrado, glorioso y sacrificio, y la expresión en vano. Las palabras abstractas tales como gloria, honor, valentía, o sagrado me resultan obscenas junto a los nombres concretos de pueblos, el número de calles, los nombres de ríos, los números de los regimientos y las fechas". Hemingway le enseñó a toda una generación de americanos a sospechar de las palabras "grandes", de los sustantivos necios que no tienen textura ni cuerpo en el vecindario.

Y eso es lo que Pablo está haciendo aquí. Al redondear las maneras en que el Espíritu Santo obra haciendo que las "incalculables riquezas de Cristo" (Efesios 3.8) estén personalmente presentes para que podamos participar, es significativo que termina insistiendo en que prestemos una cuidadosa atención a lo que se está llevando a cabo en la familia y el lugar de trabajo. La práctica de la resurrección comienza en la casa y lugar de trabajo. Y nunca pasaremos a un terreno más elevado que éste. Las palabras grandes están aún allí, y nos mantienen en una relación de oración y fe con las glorias que se despliegan extravagantemente delante de nosotros, pero la práctica nos sumerge en la gente con nombre, tareas específicas, las cosas de todos los días.

* * *

Pablo nos conduce paso a paso hacia la vida de participación en la resurrección de Jesús, nos lleva hacia la madurez, nos familiariza con los detalles involucrados en el vivir para la "alabanza de su gloria". Nos advierte que no caigamos nuevamente en antiguas presuposiciones o prácticas (a "no vivir más como los paganos") sino a cultivar una respuesta pronta y cortés ("no agravien al Espíritu Santo de Dios") mientras el Espíritu introduce justicia y santidad en nuestra vida (5.17-32). Pablo repasa los elementos básicos del amor y la adoración que suministran las prácticas centrales de las relaciones personales y la adoración de la congregación a medida que nos sentimos a gusto en la iglesia, generando un apetito ("sean llenos del Espíritu") por recibir todos los dones de Dios para vivir para "la alabanza de su gloria" (5.1-20).

Sentimos un movimiento hacia arriba, hacia adentro, hacia Dios. Se acelera nuestra anticipación. Nos encontramos "cantando y alabando al Señor con todo el corazón, dando siempre gracias a Dios el Padre por todo, en el nombre de nuestro Señor Jesucristo" (5.20). Esto se pone cada vez mejor. No podemos esperar. Qué cosas maravillosas habrá a la vuelta de la esquina. Estamos listos para el siguiente nivel de gloria en los cielos. ¿Qué será lo próximo en esta vida formada por el Espíritu Santo?

Bueno, escuchen, esto es lo que sigue: "Sométanse unos a otros…" (5.21), seguido por una inmersión en los detalles de la vida en familia y las relaciones en el trabajo. Si estábamos esperando algo cósmico, esto es como si nos cerraran la puerta en las narices.

* * *

¿Presiente Pablo que hay semillas de fantasías de Borriobula-Gha que yacen latentes en todos nosotros, a la espera de las condiciones favorables para germinar? ¿Acaso ha conocido a personas que sueñan que la obra del Espíritu es la de rescatarnos del aburrimiento de lo doméstico y de aliviarnos para que no tengamos que vivir por el sudor de nuestra frente, dándonos una visión de la "obra" que ha de hacerse en Borriobula-Gha? ¿Es ésta la razón por la que antes de terminar de presentarnos el obrar del Espíritu, él hace que Dios esté presente y activo entre nosotros, viviendo allí donde estemos, para asegurarse de que nuestros pies estén firmemente plantados sobre la tierra que nos es inmediata, o sea, nuestra casa y lugar de trabajo? Pienso que sí.

"ALA A ALA Y REMO A REMO"

"Sométanse unos a otros, por reverencia a Cristo" (Efesios 5.21) es la oración principal en la práctica de la resurrección en el hogar y el lugar de trabajo. La siguen ocho "unos a otros" característicos con los que todos lidiamos en el curso de la vida diaria, seis de ellos en el hogar, dos de ellos en el lugar de trabajo.

No maduramos a solas. La madurez, especialmente si ha de ser para "llegar a la plena y completa medida de Cristo", sólo se logra en relación con los demás, con personas con nombre, no con cualquiera de esas doscientas familias en Borriobula-Gha cuyos nombres nunca hemos escuchado y jamás reconoceríamos aun cuando así fuera. Tampoco pueden ser personas cuidadosamente escogidas, personas que muy naturalmente nos agradan o admiramos. Comenzamos con personas que están allí sin que las hayamos elegido —nuestros padres primero, y luego nuestros hijos— y personas a las que estamos comprometidos aun a pesar de las circunstancias cambiantes "en carencia y en abundancia, en felicidad y en dolor, en enfermedad y en salud, mientras ambos vivan". Y nuevamente, en este comienzo, "todos los santos". La iglesia se niega a individualizar nuestra identidad, se niega a ponernos a cargo de nuestro crecimiento, pero insiste en que somos "miembros de su cuerpo" y "sujetos los unos a los otros". El lenguaje de la familia (hermanos y hermanas, padres y madres) se usa coherentemente en la iglesia para darnos responsabilidad e intimidad con aquellos con los que no estamos emparentados por sangre. Jesús nos dio nuestro texto cuando extendió al máximo sus relaciones familiares y las nuestras, señalando a sus seguidores y diciendo: "Aquí tienen a mi madre y a mis hermanos" (Mateo 12.49).

Cada una de las ocho designaciones del hogar y lugar de trabajo de Pablo se refiere a un rol que está más o menos culturalmente definido. Una mujer que se cría en un hogar coreano budista tiene una experiencia diferente de los roles de los niños, esposos y esposas y padres y madres que una mujer que se cría en un hogar católico italiano. Un joven en los barrios pobres de Detroit que nunca conoció a su padre tiene una experiencia totalmente distinta de la vida en familia que alguien que vive en la granja de su familia en Kansas con su mamá y su papá y siete hermanos, junto con sus abuelos en la granja aledaña. Los roles laborales se experimentan en maneras radicalmente opuestas en un kibutz israelí y en una planta de empaque de carne en Chicago.

Los detalles culturales presentes en el hogar y el lugar de trabajo son inmensamente complejos, como bien sabemos todos por experiencia, siendo algunos de ellos extremadamente dolorosos. No faltan expertos que nos ofrecen consejos e instrucciones sobre las relaciones matrimoniales y crianza de los niños. Existe una extensa iniciativa de análisis económico y programático referente a los asuntos de administración del liderazgo y satisfacción laboral. Obviamente, no es poca la preocupación en el mundo o la iglesia en lo que atañe a la vida en nuestros hogares y lugares de trabajo.

La mayoría de la gente tiene un hogar. La mayoría de la gente va a trabajar. Pero dada la amplia variedad de culturas en las que se forma la vida en el hogar y trabajo, ¿cómo es posible que Pablo nos diga la manera de encarar la práctica de la resurrección en nuestros diversos entornos y culturas?

Salvo algunas pocas consideraciones generales, vemos de inmediato que no lo hace. Pablo no nos da recomendaciones o consejos detallados. No nos entrega un consejo oficial "cristiano" sobre cómo criar a nuestros hijos o llevarnos bien con nuestro esposo o esposa. Lo que hace es reemplazar la manera en que entendemos nuestros roles culturalmente definidos con un rol definido por Cristo. Cada aspecto de nuestra familia y trabajo está redefinido en relación con Cristo en vez de serlo en relación a nuestra crianza como esposos; esposos con las esposas, niños con sus padres, padres con sus hijos, esclavos con sus amos, amos con sus esclavos.

La frase repetida que redefine quiénes somos en todas las complejidades del hogar y lugar de trabajo es "como al Señor" (nueve veces) y "en el Señor" (dos veces): once frases que vinculan la manera en que entendemos nuestro rol, no según la cultura, sino de acuerdo con Cristo. Una identificación final coloca a esclavos y amos como pares bajo el "mismo Amo", sin que importe cómo lo percibe la cultura. El "mismo Amo" —o sea, Cristo— redondea nuestros nuevos roles asignados ahora en dirección a Cristo en un total de doce.

Sin excepciones, la manera en que Pablo nos capacita para entendernos a nosotros mismos en relación con los que vivimos y trabajamos es como al Señor o en el Señor o bajo un Amo común. En la práctica de la resurrección ya no entendemos nuestros roles comparándolos con algún modelo tomado de la cultura, sino que siempre, sin excepciones, con Cristo. La vara de medición para la madurez para el cristiano es "la plena y completa medida de Cristo".

Si tomamos en serio la práctica de la resurrección, tenemos que hacerlo en compañía del Cristo resucitado. Prestamos atención a las maneras en que Jesús perdonó, amó, tocó a los leprosos, recibió a los extraños, oró por sus amigos. Nosotros sabemos mucho acerca de los métodos de Jesús. La resurrección no es una verdad dogmática que pasamos toda la vida tratando de entender. La resurrección no es una conducta que podamos perfeccionar mediante cuidadosas técnicas ascéticas. La resurrección es una práctica en la que nos involucramos cuando "confiamos y obedecemos, no existe otra manera", cuando el Espíritu, "la Presencia de Dios que nos da poder" nos da la vida de la Trinidad que habita en nosotros, en el nombre de Jesús.

* * *

La letanía de enlaces (como… así como… así mismo) con respecto al lugar que ocupa Cristo en la formación de nuestros roles en la familia y en el trabajo nos sujeta a la exhortación de Pablo: "Sométanse unos a otros, por reverencia a Cristo" (Efesios 5.21). Ambas partes de la oración: "sométanse unos a otros" y "por reverencia a Cristo" son radicalmente contraculturales, pero sólo cuando se los combina. Separados, pierden toda su potencia.

"Sométanse unos a otros". La madurez no es como un régimen de escultura física en el que levantamos pesas para fortalecer los músculos al máximo, y luego, de vez en cuando, nos paramos delante de un espejo para examinar nuestro progreso. La madurez no es un estado solitario; es relacional. La madurez no se concreta alcanzando nuestro máximo potencial por nuestros propios medios; es lograr el máximo de las relaciones personales. No lo logramos siendo más fuertes que los demás, dominándolos, ya sea emocional como físicamente. No nos imponemos a los demás, sino que ingresamos a su vida compartiendo nuestras debilidades así como nuestras virtudes. Ingresamos en la vida de la otra persona, pero no lo hacemos por la fuerza. El "someterse" implica una acción mutua.

Los americanos no estamos acostumbrados a esto. Nos criamos en una cultura agresivamente competitiva. Nos medimos con los demás, ya sea en la educación, las competencias atléticas, los salarios, la popularidad, la moda, la apariencia o el desempeño. Nos enseñan a competir desde la cuna. Cuando evaluamos a la gente que nos rodea como ganadores o perdedores, lo reflejamos.

Hay muchos ambientes en los cuales el espíritu competitivo saca a relucir nuestras mejores virtudes. Pero son muchas, quizás aún más, las ocasiones en que sale a relucir lo peor. Y el ambiente en el que sale a relucir lo peor en nosotros es la familia. Si los miembros de una familia compiten unos con otros —esposos y esposas, padres e hijos, hermanos y hermanas— se socava toda intimidad. Sólo podemos alcanzar la madurez en las familias si nos "sometemos unos a otros". Pero no es tarea fácil lograrlo. Las aptitudes competitivas son mucho más fáciles de lograr que las de sumisión. La madurez es un arte. El hogar es el ambiente principal en donde la adquirimos.

El lugar de trabajo le sigue a continuación como el ambiente en el que el espíritu competitivo prolonga la inmadurez. Pero la dinámica de la competencia es más sutil en el lugar de trabajo, donde las relaciones personales no son tan íntimas como en la familia. Los elementos de la competencia en los asuntos de productividad y desempeño son obviamente útiles. Sin embargo, se requiere discernimiento para que la competencia no despersonalice al trabajador hasta convertirlo en una mera función. Casi todo el trabajo se lleva a cabo en conjunto con los demás y, si ha de ser realizado correctamente, requiere amabilidad e interacción mutua. Si el trabajador es identificado solamente con su tarea, si el empleador funciona exclusivamente en un rol impersonal, el lugar de trabajo se convierte en un desierto emocional y espiritual.

Y cuando el espíritu competitivo ingresa en la iglesia, es un verdadero desastre.

"Por reverencia a Cristo" es la frase que acompaña a "sométanse unos a otros" y suministra las condiciones de trabajo necesarias para que florezca el "someterse". Sin reverencia a Cristo, es muy poco probable que el "someterse unos a otros" ocurra en el hogar o lugar de trabajo. Sin "reverencia a Cristo", el consejo a "someternos" nos reduce a felpudos.

Reverencia: la palabra que usa Pablo es "temor" (phobos) —"por temor a Cristo". El "temor al Señor" es la frase más común de las Escrituras hebreas para aludir a una actitud de vida apropiada, a nuestra réplica para responder adecuadamente a la palabra de Dios y sus caminos. La frase habitual "temor al Señor" que Pablo aprendió en Deuteronomio e Isaías, Proverbios y Salmos, la convierte ahora en el "temor a Cristo".

La mayoría de los traductores le sacan el filo a la palabra "temor" de Pablo parafraseándola como "reverencia", "respeto" o "sobrecogimiento". Esto se comprende cuando la intención es evitar connotaciones de terror u horror o pánico, pero probablemente es mucho lo que sacrifican. Lo que se pierde es el "miedo y temblor" (Kierdegaard) que provienen de un encuentro con lo sagrado. No podemos domesticar a Dios; no lo podemos reducir a algo con lo que nos sentimos cómodos. Un Dios sin un sagrado misterio no es un Dios que podamos adorar de rodillas, sino un ídolo barato que usamos cuando lo necesitamos.

Así como el "someterse unos a otros" es algo difícil de encontrar en el mundo competitivo de los Estados Unidos, la "reverencia a Cristo" que suministra el cordón umbilical para vivir en sumisión es difícil de encontrar en la cultura americana de irreverencia. Es probable que seamos los orgullosos propietarios de la mentalidad más plenamente irreverente de la historia. Los americanos como un todo tienen un mínimo sentido de lo sagrado.

El temor reverencial, o la reverencia temerosa, es una actitud o disposición que reconoce la presencia de lo sagrado. Yo me pongo de pie o me arrodillo o me inclino delante de alguien o algo que es más y mejor que yo. Comienza con la zarza ardiente, cuando nos quitamos las sandalias. Continúa e invade nuestras relaciones cuando reconocemos y reverenciamos a Cristo en cada hombre y mujer que conocemos.

La reverencia es de una cierta manera inexplicable una respuesta al misterio sagrado. Por consiguiente, nunca podremos entender adecuadamente o definir qué es exactamente lo sagrado. El temor sagrado posee energía. Nos atrae a algo que nos supera. No podemos "elaborar" la reverencia. No podemos "desearla". No podemos crearla. El elemento particular que nos hace poner de rodillas en reverencia o que silencia nuestras palabras no está en nosotros.

La reverencia abre en nosotros la capacidad de crecer, de llegar a ser más de lo que somos: a madurar. El temor al Señor abre nuestro espíritu, nuestra alma, para que podamos llegar a ser lo que aún no somos. Si no poseemos reverencia, estamos atascados en cualquiera que sea el nivel de conocimiento o conducta o percepción que hayamos alcanzado en ese momento.

Sin un temor cultivado, "por reverencia a Cristo", inevitablemente desarrollamos costumbres de irreverencia y somos responsables de la enfermedad pandémica de "nada más que". Un feto no es nada más que un saco de protoplasma. Un caballo no es nada más que la fuerza para arrastrar un arado. Un Rembrandt no es nada más que pinceladas sobre una tela. Un niño no es nada más que un estorbo. Una mujer no es nada más que una cara bonita. Una comida no es nada más que un conjunto de vitaminas y calorías sobre un plato. Un hombre no es nada más que un futuro asegurado.

O, en los ambientes del hogar y el lugar de trabajo, de los cuales ya se ha escapado todo el misterio, la esposa no es nada más que "la pequeña mujer", el esposo no es nada más que "mi hombre", el dueño no es nada más que "el jefe", el trabajador no es nada más que "la ayuda". Son palabras sin intimidad. Palabras sin contenido humano, sólo roles o funciones.

Este es un detalle que considero interesante. En el capítulo cuatro, cuando Pablo habla de la iglesia como un cuerpo del que Cristo es la cabeza y nosotros, las partes, él lo describe anatómicamente como todo un cuerpo que "crece y se edifica en amor, sostenido y ajustado por todos los ligamentos, según la actividad propia de cada miembro" (Efesios 4.16). En unas oraciones antes, Pablo nos había dicho que el Espíritu Santo trae dones a nuestra vida "para perfección de los santos, para la obra del ministerio" (4.12, RVA).

En el Nuevo Testamento, la palabra "perfeccionar", kartartismos, aparece únicamente aquí. Es un término médico. El venerable médico griego Galeno la usaba para indicar el encajar las articulaciones que se habían dislocado. Deriva del verbo kartartidzo, que aparece varias veces en el Nuevo Testamento en diversos contextos: para remendar o arreglar las redes (Mateo 4.21), para capacitarse para una tarea (Lucas 6.40), para encuadrar el caos previo a la creación hasta convertirlo en un universo viable (Hebreos 11.3), siendo todas estas variaciones de la restauración o creación de una condición de bienestar o integridad (artios)

Un cuerpo está unido por sus articulaciones. Si lo que está "sostenido y ajustado por todos los ligamentos" (4.16) está "desarticulado" o rígido a causa de una testarudez artrítica, o inflamado por el orgullo, el cuerpo no funciona como es debido. Pablo nombra ocho "articulaciones" principales en el cuerpo de Cristo, seis en el hogar (esposas, esposos, padres, madres, hijos, padres) y dos en el lugar de trabajo (amos y esclavos, correspondiendo a los empleadores y trabajadores en nuestros lugares de trabajo). En el cuerpo de Cristo, son las articulaciones entre los miembros de la familia y los trabajadores lo que mantiene el cuerpo funcionando, en buen estado, "saludable" para vivir para "la alabanza de su gloria". Si las articulaciones entre los miembros de la familia o los trabajadores en su empleo no funcionan, si no tienen la flexibilidad necesaria para un buena coordinación, el cuerpo no está "sano" porque las partes no calzan entre sí.

* * *

De las diversas relaciones que nombra Pablo en el hogar y el lugar de trabajo, es el matrimonio entre esposos y esposas de lo que más se ocupa. No existe ninguna otra relación más compleja y difícil y exigente que esta, ni tampoco más satisfactoria y grata y placentera. Los parecidos entre el matrimonio y la iglesia son muchos. Pablo les saca el máximo provecho cuando nos lleva simultáneamente a las maneras que entendemos y en las que participamos en el matrimonio y la iglesia.

El matrimonio y la iglesia están compuestos por relaciones que son un ataque frontal al individualismo tanto en la sociedad como en la iglesia: el pecado del individualismo, el pecado de querer hacer lo que yo quiero con Dios, lo que yo quiero con mi esposa, lo que yo quiero con mis hijos. Si la madurez, el crecer en Cristo, insiste sobre todo en las relaciones —las relaciones de confianza y adoración con Dios, las relaciones de justicia y amor con los demás— el observar y meditar sobre lo que ocurre en el matrimonio es una manera excelente de adquirir discernimiento y desarrollar hábitos del corazón que corren paralelos a lo que ocurre en la iglesia.

Robert Frost escribió un poema sobre el matrimonio. En el poema hay una imagen llamativa que siempre me pareció pertinente tanto a la iglesia como al matrimonio. Frost escribió este poema en celebración de la boda de su hija. El poema observa que la intimidad del matrimonio otorga una libertad no "principalmente para ir donde queremos", sino una clase diferente de libertad, "una rapidez, no con apuro", para vivir juntos en una coordinación elegante, natural, rítmica: "ala a ala y remo a remo".

Las relaciones íntimas dentro del "solo cuerpo" del esposo y la esposa en el matrimonio no son estáticas sino dinámicas, en una mutualidad constante, rápida y en movimiento: "ala a ala y remo a remo". Las relaciones íntimas dentro del "solo cuerpo" de la cabeza y los miembros de la iglesia no son estáticas, sino dinámicas, en una mutualidad constante, rápida y en movimiento: "ala a ala y remo a remo".

* * *

Obviamente, Pablo está interesado en el matrimonio como el entorno principal de la vida donde el Espíritu Santo trae amor y justicia, amor y canto, la manera en que hablamos y la manera en que perdonamos en la práctica de la resurrección. Él le presta una total atención. Sabe cuán importante y complejo es, y cuán exigente y difícil. Margaret Miles, en una rigurosa discusión que insiste en el ascetismo fundamental que proporciona la familia y el matrimonio para una madurez encarnada, no sólo conceptual, presenta el testimonio de Clemente de Alejandría, quien "consideraba que el matrimonio era una ardua disciplina espiritual; él veía la vida del celibato como un lujo en comparación con las exigencia de la vida en el mundo, las preocupaciones del hogar y las responsabilidades de la crianza de los hijos".

Pero Pablo, con el matrimonio como trasfondo, está aún más interesado en la iglesia como el principal entorno de vida donde el Espíritu Santo hace madurar en nosotros las operaciones de Dios. En esta sección de Efesios (5.22-32), Pablo une a la iglesia y el matrimonio de diversas maneras, pero su última palabra es la iglesia: Esto [el matrimonio] es un misterio profundo; yo me refiero a Cristo y a la iglesia" (5.32). El matrimonio es un misterio, cómo el esposo y la esposa pueden "someterse unos a otros, por reverencia a Cristo", experimentando el matrimonio como el camino hacia la madurez en amor y santidad. Pero en comparación, la iglesia es un mayor misterio aún como el camino hacia la madurez en una vida de amor y santidad: Cristo la cabeza y los cristianos el cuerpo, "ala a ala y remo a remo".

ENTREMEDIO

Nosotros no vemos gran parte de lo que la iglesia es: todas las operaciones de la Trinidad como Padre, Hijo y Espíritu Santo. Tampoco vemos las "regiones celestiales" o "el sello que es el Espíritu Santo prometido". Y nadie ha logrado hasta ahora tomar una fotografía de "todas las cosas bajo sus pies" o de la destrucción del "muro de enemistad que nos separaba".

Sin embargo, a la misma vez, simultáneamente con todo esto "que no vemos", sin intentarlo siquiera, sin la ayuda de un microscopio o telescopio, vemos mucho cuando miramos a la iglesia. Vemos hombres, mujeres y niños que son bautizados: vecinos que conocemos por nombre que comen y beben el cuerpo y la sangre de Cristo en la Cena del Señor; amigos con los que compartimos un picnic tres días atrás en un concierto al aire libre que ahora escuchan la lectura y predicación de las Escrituras. Vemos a un hombre en oración —suponemos que está orando, ya que tiene la cabeza inclinada— que apenas la semana pasada arregló la defensa abollada de nuestro automóvil, y allí está la mujer que diagnosticó mi cáncer y que hizo los arreglos para mi radiación hace apenas un año, que ahora está tocando el órgano.

En asuntos de iglesia, nada de lo que vemos aparte de lo que no vemos es iglesia. Y nada de lo que no vemos aparte de lo que vemos es iglesia. No hay una iglesia invisible. No hay una iglesia visible. Lo invisible y lo visible son inherentes ambos a la iglesia. No hay iglesia sin Dios, a quien "nadie lo ha visto nunca" (Juan 1.18). No hay iglesia sin la "multitud tomada de todas las naciones, tribus, pueblos y lenguas; era tan grande que nadie podía contarla" (Apocalipsis 7.9) que podemos ver.

La iglesia es el terreno donde se pone en escena todo lo que ocurre entre el cielo (invisible) y la tierra (visible).

* * *

"Entremedio" es una palabra que he descubierto que es esencial para entender a la iglesia. No fui yo quien la descubrió: me la dio Martín Buber. Buber era un alemán judío que se pasó toda la vida escribiendo y enseñando cómo vivir una vida de integridad y santidad en las condiciones específicas dadas por las épocas en que vivimos. Estaba muy involucrado en todo lo que informaban los periódicos de su época: la política, la economía y la guerra; los campos de concentración nazis y los hornos que mataron a seis millones de sus hermanos judíos; el movimiento sionista que trabajó incansablemente para encontrar una patria para los judíos desplazados y marginados. Obligado a dejar Alemania, Buber emigró a Palestina en 1938. Él participó en la formación de la nueva nación de Israel y fue profesor de su nueva universidad.

Yo menciono todo esto, su participación profunda y compleja en los masivos acontecimientos públicos y sociales que cambiaron radicalmente el aspecto del mundo en el que vivimos, porque él escribió un libro en el que jamás dijo una sola palabra sobre los violentamente catastróficos acontecimientos de su época pero, al final resulta que lo que él escribió tenía y aún tiene que ver con ellos. I and Thou(Yo y tú) es un libro sobre lo invisible, algo que no se puede ver, una relación, un "entremedio". El libro no fue noticia en la época en que lo escribió. Durante muchos años, fue casi tan invisible como los invisibles sobre los que escribió.

La semilla de la cual germinó el libro es Dios, como Dios se nombró a sí mismo frente a Moisés junto a la zarza ardiente en Madián hace más de tres mil años (Éxodo 3.13-14). Para muchos, y sin duda para mí, este es un libro definitivo para recuperar una base bíblica para entender la naturaleza y significado de la presencia invisible de Dios en medio de todo lo que ocurre a nuestro alrededor, un "todo" que en ese tiempo en Europa incluía en su mismo centro el intento de exterminación del pueblo judío y su Dios, seguido por una aceleración sin precedentes de una industria tecnológica y de comunicaciones despersonalizada. Aún hoy, este libro continúa emitiendo una enorme energía, una energía que no ha mermado en los noventa años desde su publicación.

El libro surgió de una frase de tres palabras (en hebreo): eyeh asher ehyeh. Cuando Dios le habla a Moisés junto a la zarza ardiente en Madián y Moisés le pregunta su nombre, la respuesta que obtiene no es un nombre. Un nombre es un sustantivo. Identifica y ubica, objetiva. Lo que Moisés escucha desde la zarza es un verbo: "Yo soy... soy sólo quien soy... estoy aquí... estoy presente". El verbo en hebreo es el verbo básico "ser" (hayah) dicho en primera persona. "Yo soy", y luego repetido "yo soy". YO SOY EL QUE SOY. "Yo soy" duplicado. "Yo soy" dicho con énfasis. Yo estoy presente. Yo soy Presencia. El "nombre", que no es un nombre, de Dios se vocaliza en inglés como Yahweh. Buber lo traduce: "Yo estoy allí como quien sea que esté allí". Luego elabora: (Yo soy) aquello que revela... (Yo soy) aquello que tiene su ser aquí, nada más. La fuente eterna de fortaleza fluye, el toque eterno está esperando, la voz eterna resuena, nada más".

No podemos convertir a Dios en un objeto: Dios no es algo que podamos nombrar. No podemos convertir a Dios en una idea; Dios no es un concepto que podamos discutir. No podemos usar a Dios para crear o hacer; Dios no es un poder que podamos aprovechar.

Esto suena simple, y sin duda lo es. Pero a ninguno de nosotros nos agrada demasiado. Tenemos una larga historia de hacer que Dios se ajuste a nuestra imagen y de usarlo para nuestros fines. Moisés, seguido por una larga serie de profetas hebreos, hizo todo lo que pudo para liberarnos de ideas o actitudes o prácticas que nos impiden dejar que Dios sea Dios según sus propios términos, no según los nuestros. Jesús es la última palabra al respecto.

Pero dada nuestra preferencia pertinaz de que Dios se ajuste a nuestros términos, no a los suyos, tenemos que tomar repetidos cursos sobre Moisés y la zarza, Elías en la cueva, Isaías en el templo. Martín Buber es un testigo irresistible en esta extensa tradición profética hebrea. Yo y tú es una vital recuperación sostenida y detallada de Dios como el Dios que se revela a sí mismo: Dios no como una cosa o idea o poder, sino como Presencia frente a la cual sólo nos cabe estar presentes.

* * *

En el núcleo de su libro, Buber desarrolla un vocabulario de tres pares de palabras unidas por guiones: yo-ello, ellos-nosotros y yo-tú. Ninguno de estos pronombres en pareja puede ser cortado por la mitad para ser comprendido a solas, separado de la palabra que lo acompaña. Sólo puede existir en una combinación, unido con un guión. Las parejas de palabras son esenciales a las relaciones humanas pero, por extensión, se convierten inevitablemente en relaciones con Dios.

Yo-ello: Esta es la relación que niega y luego destruye las relaciones. Yo-ello convierte al otro en un objeto, una cosa. Y ello es una persona despersonalizada. El otro es algo que experimentamos o usamos. El otro está allí para que yo haga con él lo que quiero. Yo no le presto atención a un ello. Le digo lo que quiero, lo que pienso de él. Me divierto con él como una novedad, una experiencia. No converso con él. No existe correspondencia entre nosotros: ninguna. La persona yo-ello no conoce la reciprocidad. "Cuando dice tú, lo que quiere decir es: ¡tú, mi capacidad de usarte!"

Nosotros-ellos: El mundo está dividido en dos, los hijos de la luz y los hijos de la oscuridad. Esta es una manera conveniente de pensar acerca del mundo, porque si algo funciona mal, no hay duda de que es por "ellos". Desaparecen las complejidades. De repente, todo está ordenado. Hay cabras y ovejas, y las ovejas por la propia naturaleza de las cosas van a triunfar, ¿o acaso no fue eso lo que dijo Jesús? Nosotros-ellos han siempre atraído a los demagogos, y los demagogos atraen a las grandes multitudes. Esto, de hecho, endemonia a todos los que no piensan o sienten como nosotros. Ellos pueden ser una nación, religión, raza, familia, partido político o equipo.

Yo-tú: Esta es la palabra básica en una vida vivida correctamente, una vida vivida en una relación personal. "Yo-tú sólo se puede decir con todo el alma. La concentración y fusión en un solo ser no puede ser nunca algo logrado por mí, ni tampoco puede ser algo logrado sin mí. Yo requiero un tú para llegar a ser, para convertirme en yo, yo digo tú. Toda la vida real es encuentro".

No hay humanidad sin relaciones. "En el principio hay relación". Lo recíproco es parte de la naturaleza misma de todo lo que es. Una persona "se convierte en un yo a través de ti".

Los guiones en yo-ello y nosotros-ellos son marcas de separación, aislamiento y, finalmente, desolación. El guión en yo-tú marca un "entremedio", una relación dinámica del espíritu entre las personas.

Yo-ello convierte a las personas en cosas de modo que yo las pueda controlar o descartar o ignorar. Es la palabra básica que es particularmente atractiva cuando compramos y vendemos, pero se infiltra en todos los sectores de la vida. Cuando se infiltra en nuestra congregación, los hombres y mujeres con los que adoro y trabajo se convierten en objetos. En vez de ser personas a quienes, por encima de todo, amo, ya sea por afecto natural (esposo, niños, amigos) o por el mandato de Cristo ("ama a tu prójimo como a ti mismo"), gradualmente, ellos se convierten en una función. Bajo la presión de "obrar para Cristo" o "llevar adelante la misión de la iglesia", comenzamos a tratar a nuestros parientes y compañeros de trabajo como si fueran partes de una maquinaria y no partes de un cuerpo. Desarrollamos un vocabulario que trata más a hombres y mujeres y niños como un problema que tenemos que resolver o como recursos para ser utilizados que como participantes en un misterio sagrado. Desarrollamos un extenso vocabulario de yo-ello para facilitar la despersonalización: "activos y pasivos", "hombres o mujeres clave", "disfuncional", "material de liderazgo", "peso muerto". El amor, la relación que nos han ordenado, le cede el camino a las consideraciones de eficiencia interpretadas por abstracciones: planes y programas, objetivos y visiones, estadísticas de evangelización y estrategias de misiones.

Nosotros-ellos convierte a los demás en enemigos. Es la palabra básica que endemonia a los demás. Es prominente en las guerras militares y religiosas, en los conflictos políticos y las batallas ideológicas. Anula el lengua como manera de decir la verdad.

* * *

No podemos vivir en aislamiento, desconectados, independientes de los demás. La vida es demasiado compleja. La trama de la vida es demasiado complicada. Para nosotros, hay algo más que nosotros mismos.

No es que no lo intentemos. Tratamos de vivir con un "ello-Dios", un Dios del que podemos hablar todo lo que queremos pero a quien jamás escuchamos como un tú y a quien nunca nos dirigimos como tú. Tratamos de vivir manteniendo una distancia de los demás, incluyendo a Dios. Tratamos de vivir indiferentes a todo el cosmos que brinda las condiciones apropiadas para respirar y comer y beber. Tratamos de vivir sin una iglesia que nos mantenga en un lugar donde escuchamos con obediencia al Dios que habla, nutridos por la vida de Jesús que se da a sí mismo en la santa comunión, recibiendo los dones de su Espíritu mientras nos llama a participar en su amor y la comunidad de su amor.

La vida sólo existe de manera relacional. Todo está conectado. Dios es Dios sólo relacionalmente: Padre, Hijo y Espíritu Santo. Dios crea sólo relacionalmente. Dios existe sólo relacionalmente. Dios da sólo relacionalmente. La iglesia es una reunión de cristianos bajo las condiciones de las relaciones de Dios. Efesios es una inmersión en esa capacidad de relación.

Nosotros fuimos concebidos en un acto de relación: una concepción seguida por un aprendizaje de nueve meses de total intimidad en el vientre. No somos nosotros a solas. Tenemos nuestro origen en la relación entre nuestros padres. Después de dejar el vientre materno, la vida es bastante fácil durante un par de años. Se ocupan de nuestras necesidades: comida y calor y afecto. Cuando somos amamantados, somos una solo persona con nuestra madre. Somos una sola persona con nuestro padre cuando cabalgamos sobre sus hombros. Nuestros hermanos nos divierten, jugando y riéndose con nosotros. Pero al poco tiempo comenzamos a explorar las ilusiones de arreglarnos a solas, de conseguir lo que nosotros queremos, de imponer nuestra voluntad a los demás. Los yuyos del yo-ello comienzan a cubrirnos. Las grietas del pecado comienzan a aparecer en las intimidades del yo-tú. Si no las controlamos, la desintegración nos deja sin un tú. Pablo lo llama "muertos en sus transgresiones y pecados" (Efesios 2.1).

Es una cosa rara y verdaderamente penosa: las primeras víctimas entre los que partieron por el camino hacia la madurez, equipados para "edificar el cuerpo de Cristo" (4.12) son las personas más cercanas a nosotros.

* * *

La transición es silenciosamente malévola. Comenzamos como participantes de esta rica herencia de la iglesia y nos sentimos llamados a algo que va más allá y que es más intenso que el ser simplemente "cristianos": tenemos una obra que llevar a cabo. Nos encontramos en posiciones de liderazgo y responsabilidad dentro de la iglesia, reclutando gente, consiguiendo aliados, logrando la conformidad de la oposición, motivando a los aletargados e inscribiendo nuevos participantes para garantizar el éxito de un proyecto o programa diseñados para "la gloria de Dios". Pero no hay Dios en ello. Los cónyuges e hijos pasan a un segundo plano. Dios puede, teóricamente, ser más importante que nuestros compañeros de trabajo (los "amos y esclavos"). Pero el Dios que nombramos ha perdido en ello su deidad. Bajo el despotismo de la proliferación del ello, el yo continúa soñando que está al mando de todo, administrando los programas, lanzando las visiones y trayendo el reino.

Martin Buber es implacable. Muestra cuán fácil y común es tratar a la gente y a Dios como un ello en vez de un tú. También muestra qué horrible es, ya que convierte lo que Dios ha creado como una comunidad humana con la intención de "someterse unos a otros, por reverencia a Cristo" en un desierto despersonalizado de roles de importancia propia y funciones impersonalmente eficientes. No importan cuán importantes sean los roles y funciones, se ha cometido un sacrilegio.

El arca y la tumba

Wayne Roosa, profesor de historia del arte en la Universidad Bethel en St. Paul, en un brillante texto de crítica del arte, llama la atención al Arca del Pacto de Israel como una manera de prestar atención "En medio de las relaciones". Sus ideas refuerzan lo que forma parte de la práctica de la resurrección.

El arca, colocado en el centro mismo del santuario en el desierto, suministraba un foco visible para la adoración de Dios. Era una caja rectangular, similar a un féretro, de 4 pies 2 pulgadas de largo y 30 pulgadas de ancho y de altura, cubierta de oro. La tapa del arca se llamaba el propiciatorio. Tenía en cada uno de los extremos un querubín con las alas desplegadas. Pero el propiciatorio no era un asiento. Era un espacio vacío, un hueco, definido por las alas extendidas de los ángeles como la presencia de Dios en el trono, Jehová. Jehová "que reina entre los querubines" (Salmo 80.1). Jehová: Dios que se ha revelado a sí mismo frente a Moisés como Presencia, Dios que ha liberado a su pueblo de la esclavitud egipcia, Dios que le ha hablado a su pueblo en truenos desde el Sinaí, Dios que los ha alimentado con codornices y maná en su camino por el desierto hacia Canaán. Dentro del arca estaban las tablas que contenían las Diez Palabras, su estatuto de salvación.

El foco y función del arca era un espacio vacío marcado por los querubines: no había nada que ver, nada que escuchar, nada que tocar. Pero no era un vacío incompleto sino, más bien, un vacío que era plenitud: "la plenitud de aquel que lo llena todo por completo" (Efesios 1.23). "Yo soy el que soy; estoy aquí, presente delante de ti; y tú estás presente delante de mí". El "yo soy el que soy" junto a la zarza ardiente es completado por Jesús en su letanía de siete partes en el Evangelio de San Juan de los "yo soy" que incluye "yo soy la resurrección y la vida": todas las maneras en que Jesús es Dios presente delante de nosotros como un entremedio. No podemos ver algo que está entremedio: no podemos ver una relación. Una relación es la ausencia de ello de modo que tú puedas ser dado y recibido. En esta vida, hay mucho que hacer. Pero cuando de lo que se trata es de vivir, las relaciones son un elemento básico. No es nada que digamos y escuchemos, veamos o hagamos, sino un acto de mutualidad, reciprocidad, un entremedio: yo y tú, tú y yo. Sólo los participantes necesitan inscribirse.

El espacio entre los querubines es inaudible, invisible: nada se conjura allí, no hay nada que controlar o manipular. Es una nada que contiene plenitud. El vacío no es un vacío. Está formado por el elemento más básico: el aire, ruach en hebreo, pneuma en griego, spiritus en latín y Geist en alemán. En inglés tenemos diferentes palabras para ello: aliento, viento, la invisibilidad que hace que la vida sea posible, que literalmente anima, da vida. En inglés cuando hablamos del medio de las relaciones, usamos por lo general la palabra "espíritu". Pero "espíritu" en inglés ha perdido el contacto con su raíz metafórica como el aire que respiramos y el viento que sopla. Necesitamos recordar: el espíritu/aire es el material del que se forman las palabras como el aire que la garganta, laringe, dientes, lengua, labios y pulmones transforman en palabras. No podemos ver el aire. No podemos escucharlo. No podemos extender la mano para tocarlo. Pero bajo ciertas circunstancias, nuestros sentidos pueden detectar ciertas cosas de manera única. Cuando ocurren ciertos cambios en la presión atmosférica, el aire se mueve y podemos sentir la brisa. Podemos contraer los pulmones y soplar nuestra mano y verificar la realidad del aire. Después de una lluvia, si la temperatura es la adecuada, ciertos cambios químicos liberan el aroma acre del ozono en el aire. Cuando sopla el viento, podemos ver los resultados en el movimiento del aire que mueve las hojas de los árboles, hace volar los barriletes y permite navegar a los veleros.

Si necesitamos todavía más verificación de la realidad del aire invisible, todo lo que tenemos que hacer es contener el aliento y dejar de respirar. Pronto nos pondremos azules y sabremos con todo el cuerpo que no hay vida sin respirar, sin tomar aire. Si no hay aire en nuestros pulmones, morimos.

El espíritu —viento, aire, aliento— suministra la metáfora más penetrante de la vida. El espíritu es la invisibilidad que da vida a todo lo que es visible, lo interno que anima a todo lo que es externo, aquello sin lo cual nada tiene vida.

El espíritu habita el "entremedio" invisible, la condición en la que tienen lugar las relaciones, la invisibilidad que proporciona reciprocidad. El elemento más característico de nuestra humanidad, nuestra capacidad de relacionarnos, ocurre en el espacio intermedio como espíritu. No podemos ver las relaciones. Sólo podemos ver o participar en lo que ocurre en el vacío, lo eterno, la profundidad indecible delimitada por las alas de los querubines.

Otro término para el entremedio es "misterio". El misterio está fuera de nuestro control. Un individuo no puede crear misterio. Hay algo más allá o diferente que aquello que podemos controlar o contribuir. Pablo dice que la relación entre un esposo y su esposa es un misterio y luego, de inmediato, lo vuelve a aplicar a Cristo y la iglesia (Efesios 5.32). Para ingresar en el misterio, tenemos que someternos, ser humildes frente a lo que es diferente o más que nosotros. La condición previa para comprender el misterio es el no aferrarse a las cosas, lo que los alemanes llaman Gelassenheit, la inactividad relajada de receptividad.

* * *

El Espíritu es Dios en relación: una relación con él mismo como Padre, Hijo y Espíritu Santo en unidad, y relación con nosotros cuando da y nosotros recibimos a Dios. Dios es Dios sólo en relación. Sólo podemos conocer y estar con Dios en una relación. Dios no se presenta delante de nosotros como una idea que podemos meditar. Dios no se presenta delante de nosotros como una experiencia que podemos saborear. Dios no se presenta delante de nosotros como un poder que podemos usar. Dios se presenta delante de nosotros sólo en una relación. Si escogemos estudiar a Dios como estudiaríamos filosofía o astronomía, o si emprendiéramos la tarea de experimentar a Dios como si fuera un safari en el África, o si usáramos a Dios para cambiar el mundo para mejor o para convertirnos en santos, nunca conoceremos nada sobre Dios. sólo podemos recibir a Dios en la mutualidad en la que él nos recibe a nosotros. Dios no nos convierte en cosas, no nos trata como objetos o recursos o piezas interesante de la humanidad que coloca en exposición en algo así como un zoológico para que los visitantes puedan contemplar y ver "lo que Dios ha forjado". Tampoco convertimos nosotros a Dios en una cosa, despersonalizándolo y convirtiéndolo en una idea o fuerza o argumento.

Dios sólo se revela a sí mismo como yo-tú.
Sólo conocemos a Dios como yo-tú.
Yo sólo te conozco como yo-tú.
Tú sólo me conoces como yo-tú.

El espacio vacío en que se lleva a cabo la relación, marcada por el guión, no está vacío para nada, sino que está lleno de Presencia. La Presencia no es un objeto que podamos medir, ni una idea que podamos discutir, ni un recurso que podamos usar. Es una relación, un abrazo, un encuentro: entre tú y yo. Sin un yo, no puede existir un tú. Sin un tú, no puede haber un yo. El espíritu es el entremedio invisible donde nace y madura una relación.

No tomemos a nadie a la ligera, especialmente en la familia y lugar de trabajo, donde es fácil dar por sentado a la gente. Digamos "tú" y no "oye tú". Un amigo me hizo esta sugerencia: "¿Piensas acaso que la tumba vacía de la resurrección es un eco del propiciatorio del arca? Esos dos ángeles con "ropas resplandecientes" (Lucas 24.4) que dieron testimonio de la tumba vacía como evidencia de la resurrección, ¿podrían ser una alusión a los dos querubines que marcaban el vacío que es plenitud en el arca?"

Jamás se me había ocurrido eso antes. Estoy intrigado. Todavía sigo pensando en ello.

Capítulo 13

Las artimañas del diablo y la armadura de Dios: Efesios 6.10-17

Por último, fortalézcanse con el gran poder del Señor. Pónganse toda la armadura de Dios para que puedan hacer frente a las artimañas del diablo... oren en el Espíritu... Tíquico les contará todo.

EFESIOS 6.10-11, 18, 21

La primera artimaña del diablo es convencernos de que no existe.

BAUDELAIRE

Las últimas palabras: Pablo se está yendo, se está despidiendo. Su tono es fresco, casi prosaico. Dada la seriedad de lo que tiene por delante la iglesia cristiana: oposición y persecución, con los consecuentes peligros del desaliento y la deserción y el martirio, nos asombra que el lenguaje esté totalmente libre de toda cosa que indique ansiedad o pánico. Pablo no levanta la voz. No es una retórica cargada de adrenalina, como la que usan los líderes militares cuando preparan a sus tropas para ir al frente de batalla. No suena para nada como las charlas alentadoras de los entrenadores en los vestuarios antes del partido de "dar el todo por el todo".

El barón Friedrich von Hügel, uno de los maestros que con más sabiduría nos guía hacia una vida de obediencia perseverante en pos de Jesús, solía decir que nada se logra jamás con una estampida: "las estampidas y los pánicos no tienen uso terrenal".[1] La energía indisciplinada es inútil, o peor que inútil. Cuando se usan las tácticas del miedo en las comunidades cristianas para motivar una vida de confianza en Dios y amor de nuestros semejantes, los hábitos de madurez no tienen jamás la oportunidad de desarrollarse. Cuando la iglesia reduce sus sermones y enseñanzas a eslóganes y clichés, abandona las ricamente sutiles complejidades que unen todas las partes de nuestra vida en una integridad flexible y plena de gracia. Los cristianos que se dejan seducir para emprender los atajos prometidos que les permitirían alcanzar una gratificación instantánea que circunvala el camino de la cruz, finalmente se dan cuenta de que tales gratificaciones se han convertido en adicciones que los incapacitan para mantener relaciones maduras en la casa, lugar de trabajo y congregación.

"Manténganse firmes"

Ante todo, "manténganse". Pablo repite este concepto cuatro veces: "para que puedan *hacer frente*" (Efesios 6.11), "para que puedan *resistir*" (v. 13), "hasta el fin *con firmeza*" (v. 13) y "*manténganse* firmes" (v. 14). Firmes. Resistan. Permanezcan de pie. No permitan que nada los distraiga. No contemplen cada nueva oferta o publicidad o programa que les aparezca en el camino. Manténganse firmes.

Tenemos que mantenernos firmes en este lugar de bendición que ahora habitamos. ¿Qué podemos esperar añadir a las innumerables bendiciones que nos ha otorgado Dios? ¿Nos damos acaso cuenta de cuán excepcional es todo esto y qué refrescante es ser simplemente bendecidos? ¿Y, ni más ni menos que por *Dios*? En un mundo que nos enfrenta con exigencias, críticas, malos entendidos, falta de confianza, manipulaciones, rivalidades, obtener y gastar, mentiras y seducciones, ¿existe acaso algo como esto: una bendición pura e incondicional? Quédense quietos y absórbanlo.

---

[1] Baron Friedrich von Hügel: *Selected Letters 1896-1924,* ed. Bernard Holland (New York: E. P. Dutton, 1933), p. 147.

Permanezcan firmes en la iglesia que Dios nos ha dado, este obsequio de un lugar y una comunidad donde tenemos fácil acceso a la revelación de las Escrituras y a Jesús y a compañeros en alabanza y sufrimiento. Tenemos mucho que aprender para asimilar adecuadamente esta revelación. Esta es una palabra *viva*: sigan escuchando. Y continúen abrazando esta iglesia con su profundo don de hospitalidad, donde una y otra y otra vez se nos invita a la Mesa para comer y beber la vida del Señor en la compañía de sus amigos. No estamos acostumbrados a esto. Para los vendedores en las tiendas, somos clientes; para nuestros médicos y consejeros, somos problemas que resolver. Para los inescrupulosos somos víctimas que explotar. De otra manera, somos extraños que eludir. Afortunadamente, hay muchas excepciones, pero la indiferencia protectora, individualizada y distante cultivada ampliamente en nuestra sociedad nos agota el espíritu y nos reduce a la nada. ¿Se dan cuenta de cuán raras son están claras revelaciones y continua hospitalidad de la iglesia? No tomemos por sentado los dones. Saquemos el máximo partido de ellos.

Mantengámonos firmes en el Espíritu. El Espíritu es Dios en una relación: por medio del Espíritu, nuestro espíritu ingresa en una relación con Dios y los demás. Dios es Presencia: por medio de su Espíritu, nuestros espíritus están presentes frente a la Presencia. No acepten nada de segunda mano, nada usado. Estamos inmersos en un mundo de dones, de dones del Espíritu. Nuestra vida está compuesta de dones, dones dados y recibidos. Un obsequio es siempre recíproco. Sin recibir, no hay obsequio; sin dar, no hay obsequio. Un obsequio retenido no es un obsequio. Y hasta que no es recibido, un obsequio no se convierte en obsequio. La gracia es otra palabra para este intercambio exhaustivo y continuo entre todas las operaciones de la Trinidad en nosotros, que luego practicamos con los demás: la práctica de la resurrección.

Pero los hábitos del pecado corroen nuestra capacidad de vivir en relación con los demás. Nuestras viejas costumbres de pecado se ven diariamente reforzadas por un mundo que desea mantener a Dios al margen de todo y a las demás personas apartadas o sujetadas con una correa, bajo nuestro control. Es difícil escapar de esta corriente tormentosa tan contaminada con los pescados muertos de la despersonalización. ¿Recuerdan la mano extendida de la que se tomaron? Los sacó del río casi ahogados y escupiendo agua. Ustedes se plantaron en el suelo macizo y comenzaron a respirar el aire limpio del espíritu, del Espíritu. Tardaron un rato en darse cuenta de lo que estaba pasando: recibir, en vez de poseer; dar, en vez de obtener; mirar a los demás a los ojos y aprender su nombre, en vez de tratar a la gente como si no fueran personas, ¡lo cual es tanto más fácil!

Ustedes se dieron cuenta de que necesitaban muchísima ayuda. Aún la necesitan. Y aquí está: esta comunidad de hombres y mujeres a la que se han unido para practicar una vida de relación, una vida espiritual de recibir y dar, mediante adoración y plegarias y misericordia. A esta altura, ustedes se han dado cuenta de que muchos de ellos no lo saben hacer muy bien. Pero esto no es algo tan negativo, ya que, de otra manera, ustedes se sentirían intimidados. Pero, ¿a dónde irían para encontrar compañeros dispuestos a probar? Ocupen su lugar junto a estas personas en esta compañía trinitaria.

* * *

El mensaje a los efesios es una sólida orientación para toda la iglesia cristiana en las condiciones que Dios ha creado en Cristo, mediante el Espíritu, para vivir una vida de creciente madurez en Cristo. Este es un lugar confiable donde estar de pie. Este es un terreno sólido. Las condiciones aquí son favorables para crecer "hasta que lleguemos a la plena y completa medida de Cristo". Manténganse firmes.

Nosotros vivimos en una cultura de publicidad en la que continuamente somos asediados por nuevos productos. Esta es una cultura de obsolescencia planificada. Nada está diseñado para perdurar. Con el fin de mantener sana a la economía se nos condiciona para responder a lo más novedoso como lo mejor: un automóvil nuevo, la última moda en cuestiones de ropa, el modelo más avanzado de computadora, la novela de mayor venta que se acaba de publicar, la dieta milagrosa que acaban de descubrir. Apenas acabamos de comprar o probar algo nuevo, que ya nos lanzamos a la siguiente cosa. Pronto nos aburrimos y nos alejamos de lo que acabamos de comprar o del libro que ni terminamos de leer o de la iglesia a la que nos unimos hace sólo dos meses. Sin descanso, nos asolan toda clase de cosas altamente especializadas o abundantemente presupuestadas que buscan nuestra atención. A un ritmo vertiginoso, lo "más novedoso" se ve superado por otro aún "más novedoso".

Cuando esta mentalidad de lo novedoso se infiltra en la iglesia, comenzamos a buscar lo más nuevo en Dios, lo último en adoración, lo último en enseñanza, el mejor predicador de la ciudad. La búsqueda de nuevas iglesias es una epidemia en los Estados Unidos. Cuando se expande la religión como novedad, se reduce la madurez. Un hecho bien establecido y verificado es que el seguir a Jesús no es una actividad propia de los consumidores. La oración no es una técnica que podemos aprender como si fuera una destreza: sólo podemos penetrar en ella como una persona en una relación. El amor no puede ser mejorado con alhajas o cruceros exóticos; requiere sumisión y sacrificio y reverencia.

Pablo nos había ya advertido que cuando nos damos el gusto de disfrutar de las novedades espirituales, perpetuamos nuestra adolescencia: "Así ya no seremos niños, zarandeados por las olas y llevados de aquí para allá por todo viento de enseñanza… más bien… *creceremos*" (Efesios 4.14-15). Ajústense los cinturones de seguridad. Mantengan el equilibrio. Manténganse firmes.

"LAS ARTIMAÑAS DEL DIABLO"

Como seguidores de Jesús, vivimos en un mundo hostil. Nos damos cuenta, como Moisés, que somos extranjeros "en tierra extraña" (Éxodo 18.3). Pero no es siempre sencillo localizar o nombrar al enemigo. Pablo lo reconoce: "la batalla que libramos no es contra gente de carne y hueso" (Efesios 6.12). Entonces, ¿quiénes son estos enemigos incorpóreos? ¿Fantasmas? No realmente.

Hasta ahora, Pablo no ha dicho mucho sobre estos enemigos invisibles. Ha usado los términos "todo gobierno y autoridad, poder y dominio" (Efesios 1.21) en contraste con el gobierno de Jesús en "las regiones celestiales" (1.20). Mencionó, casi de paso, "el que gobierna las tinieblas" (2.2). Habló de "la enemistad que nos separaba" que fue derribada por Jesús "mediante la cruz" (2.14, 16). Nos advirtió que no le demos "cabida al diablo" (4.27). Utilizó la frase "los días son malos" para explicar la época en que vivimos (5.16).

Sin embargo, Pablo nos ha dado sobre todo una detallada exposición de la importancia y asombrosa presencia de Dios en este mundo, quien creó la iglesia como una manera de proporcionar testimonio y representación a su presencia y nos llamó a vivir "ala a ala y remo a remo" con él, tanto en lo que él es como en lo que él hace. En sus últimas palabras a los efesios, Pablo es más agudo, más explícito y más expansivo en cuanto al enemigo. Luchamos "contra las artimañas del diablo… contra poderes, contra autoridades, contra potestades que dominan este mundo de tinieblas, contra fuerzas espirituales malignas en las regiones celestiales" (6.11-12).

Como pueblo de Dios, tenemos una larga historia de confrontación y peligros frente al enemigo. La gente que odia a Dios expresa su enemistad contra el pueblo de Dios. la historia del pueblo de Dios, Israel, está salpicada de enemigos con nombre, con armaduras y equipados con espadas y jabalinas y carros: especialmente Egipto. El Salmo 83 proporciona una letanía colorida y extensa de la gente que está *en contra* del pueblo de Dios: "los campamentos de Edom" y los ismaelitas, Moab y los agaritas, Guebal y Amón y Amalec, los de Filistea "y los habitantes de Tiro", Asiria, "los descendientes de Lot", Madián, Sísara y Jabín, Oreb y Zeb, Zeba y Zalmuna (Salmo 83.6-11). Cada uno de estos nombres suscita recuerdos de guerra y violencia.

Pero la lista de enemigos de Pablo posee una naturaleza distinta: poderes, autoridades, potestades cósmicas, fuerzas espirituales malignas (6.12). Aquí no encontramos nombres que evoquen historias. ¿Con qué estamos lidiando? ¿Con *quién* estamos lidiando? "Malignas" (*ponerias*), la última palabra de la lista de Pablo es una variante de la misma palabra utilizada en la última petición del Padrenuestro: "líbranos del mal" (*ponerou*). ¿De qué nos estamos cuidando? ¿De qué necesitamos liberación? Necesitamos liberación del mal que no tiene aspecto maligno, del mal que probablemente no reconozcamos como maligno.

Hay muchas cosas en este mundo que la gente hace que están mal y que se ven mal. Pablo ha mencionado algunas de ellas: fornicación, hurto, dureza de corazón, libertinaje, impureza, lujuria, falsedad, palabras malignas, amargura, ira, discusiones, calumnias, malicia. No nos explica por qué están mal, no nos advierte de ellas, simplemente nos dice que no las hagamos. Ellas son fácilmente identificables. "No" es una oración completa. Los mandamientos esculpidos en piedra de la ley mosaica nombra a diez de ellas. Nuestros antepasados expusieron los siete pecados "mortales" para guiar nuestra conducta moral. Más o menos sabemos dónde estamos en relación con estos males, estos pecados. Cuando los cometemos podemos confesarlos y arrepentirnos, ser absueltos y perdonados. No es sencillo y a menudo hay complicaciones y ramificaciones, pero todo está expuesto. Tenemos padres que nos guían, pastores y ministros que nos instruyen y oran por nosotros, leyes que nos protegen de los demás, castigos que disuaden la conducta delictiva, y un enorme y complejo sistema judicial que mantiene el delito bajo control: la policía y los militares, jueces y abogados, guardias de seguridad y sistemas de vigilancia, cárceles y prisiones.

Los pecados no son ningún misterio; bueno, casi todos. Les ponemos nombres y nos ocupamos debidamente de ellos. Por supuesto, no todo es blanco y negro, pero en general, sabemos con qué estamos lidiando.

Pero es mucho más lo que anda mal en el mundo que la suma total de lo que nombramos como pecado y pecados. Hay un mal que es imposible atribuírselo a un individuo o grupo de individuos. Hay un mal que rara vez tiene el aspecto de mal. Este mal no tiene nada que ver con caricaturas de historietas de demonios con tridentes o dragones que respiran sulfuro. Unos años antes de escribir esta carta, Pablo les había advertido a los cristianos corintios que no fueran engañados por el mal que tiene la apariencia de ser bueno. Y no meramente bueno, sino resplandecientemente bueno: "Satanás mismo se disfraza de ángel de luz" (2 Corintios 11.14).

Ahora, con los efesios, Pablo comienza su lista de los enemigos que podemos ver o tocar (no de "carne y hueso") con el título "las artimañas del diablo" (Efesios 6.11). Pablo usa la misma palabra en 4.14, donde se traduce "artimañas engañosas". Las artimañas del diablo; artimañas engañosas. Hay enemigos —enemigos de Dios, enemigos de la iglesia, enemigos del pueblo de Dios, enemigos de cada hombre, mujer y niño que sigue a Jesús— enemigos allí fuera que no podemos ver, que no tienen una forma que podemos reconocer y nombrar como maligna. Pablo nos llama a prestar atención al mal que, de hecho, tiene el aspecto de bien.

En la palabra *artimañas*, hay una clave que indica cómo ingresa el diablo de manera subrepticia a nuestra vida. Las *artimañas* del diablo. La palabra en griego es *methodias*: los métodos, la *manera* en que hace el diablo las cosas. Nosotros no podemos ver un método, una manera: sólo vemos lo que se logra. Si produce de manera eficiente lo que deseamos, lo aceptamos de todo corazón. El diablo se esconde dentro del método mismo. Si el producto final es algo que consideramos bueno, no nos importa la manera en que lo conseguimos. Si la manera en que conseguimos que la gente compre algo tiene éxito y ellos lo compran, no nos damos cuenta de que la manera en que lo hicimos era una mentira (propaganda). Si la manera en que conseguimos que alguien haga algo beneficia a la sociedad, no nos damos cuenta de que se logró a través de la manipulación y despersonalización. El mal del método está oculto en los beneficios de la meta alcanzada.

Comparemos esto con Jesús, que nos dijo: "Yo soy el camino, la verdad y la vida" (Juan 14.6). Jesús no nos engaña, no usa artimañas para conseguir que lo sigamos. Es todo uno: el camino, la verdad y la vida. Es un todo orgánico: el camino y la verdad y la vida: todo visible, personal, a la luz, *revelado*. Sin embargo, esto no es así con el diablo, donde todo es abstracto, impersonal, disfrazado de bien: el mal oculto en un método que no podemos percibir.

* * *

Los cuatro ítems del listado de Pablo, que se resumen con frecuencia usando la traducción "principados y potestades", son esta clase de mal: el mal que no tiene el aspecto de mal; el mal que está disfrazado de luz; el mal que tiene la apariencia de bien, pero que destruye, silenciosa e invisiblemente, la vida de la gente. No sabemos en qué consisten exactamente estas "potestades", su esencia. Sólo reconocemos el mal a través de sus funciones: deshumanizante, lidiando con la muerte, alienante. ¿Dónde buscamos este mal sin rostro, sin sangre, tan difícil de detectar?

Mark Barth articula el consenso de la iglesia cuando nos lleva a buscar los principados y potestades en "aquellas instituciones y estructuras por medio de las cuales se administran los asuntos terrenales y los ámbitos invisibles"[2]. Debido al anonimato que proporcionan a la gente que se ocupa de ellas, y las oportunidades que ofrecen para ejercitar un poder impersonal, las instituciones brindan un terreno fértil para el mal. No es que las instituciones sean en sí malignas, sino que suministran una cobertura para las "fuerzas espirituales malignas". La complicidad humana está involucrada aquí y allá, pero rara vez en todas partes, aunque sin embargo está dispersa por toda la estructura mucho antes de que por fin se reconozcan, si es que así sucede, los efectos acumulativos del mal. Cuanto más grande la institución y cuánto más cuidado se tenga de las relaciones públicas para mantener su reputación a favor del bien (gobernando el país, ganando dinero, administrando justicia, organizando la religión, cuidando a los enfermos, etc.), tanto más oculto está el mal y tanto más difícil detectarlo y hacer algo con respecto a él.

El erudito en la iglesia cristiana que ha dedicado más tiempo para pensar y analizar la manera en que las instituciones brindan una base anónima para esta clase de mal es Jacques Ellul, un sociólogo francés[3]. La mayoría de las personas involucradas en estas instituciones, a veces todas, no tienen idea de la acumulación y propagación del mal en sus lugares de trabajo. ¿Cómo podrían? El mal está disfrazado de bien. Los muchos libros de Ellul nos brindan un estudio exhaustivo de los poderes y de la manera en que los poderes se instalan insidiosamente en las instituciones establecidas para hacer el bien y luego las usan para encubrir el mal. Dadas las buenas intenciones en la base de las instituciones y los beneficios constantes que otorgan a la sociedad, el mal suele pasar desapercibido, al menos hasta que Ellul y algunos otros que piensan como él entran en escena.

Ellul es un buen detective. Le presta especial atención a la manera en que el dinero, el lenguaje y la tecnología, todas estas cosas son

---

2 Markus Barth: *Ephesians 1–3,* The Anchor Bible, vol. 34 (Garden City, NY: Doubleday, 1974), p. 174.

3 Uno de los primeros libros entre los muchos de Ellul y el más básico es *The Presence of the Kingdom,* trad. Olive Wyon (Colorado Springs: Helmers and Howard, 1989 [publicado inicialmente como *Presence au Monde Moderne* en 1948 por Editions Roulet]).

buenas en sí, pueden convertirse, sin que nadie se dé cuenta, en mal cuando se las institucionaliza en empresas, gobiernos, los medios de comunicación, las escuelas, iglesias y otras estructuras sociales, políticas y culturales. El bien básico del dinero se convierte en el dios Mammon; el bien básico del lenguaje es reducido a las mentiras de la propaganda; el bien básico de la tecnología es despersonalizado y convertido en un mundo sin relaciones.

William Stringfellow, un abogado que comenzó trabajando con los pobres en una misión al este de Harlem, recogió las ideas de Ellul y las desarrolló en un contexto americano: "se ha desatado entre los principados de esta sociedad un proceso institucional despiadado, de proliferación y consumo propio que asalta, desalienta, derrota y destruye la vida humana"[4].

"Toda la armadura de Dios"

De modo que, el mundo es peligroso. Nuestra vida corre peligro. Esta vida de práctica de la resurrección está seriamente amenazada. El crecer en Cristo está bajo ataque. ¿Quién es y dónde está el enemigo? Nos encontramos en medio de un atolladero de artimañas del diablo, de sus engaños difíciles de detectar. ¿Qué hacemos? La respuesta obvia se divide en dos categorías: nos hundimos en las arenas movedizas de la paranoia, vivimos en pánico, nunca seguros de dónde proviene el mal o cómo va a mostrarse, haciendo todo lo posible para mantenerlo a distancia; o unimos nuestras fuerzas a los demagogos, moralistas y defensores de la pureza para vilipendiar, armar cruzadas, definirnos por aquello a lo que nos oponemos, y vivir una vida de espiritualidad negativa. Por supuesto, hay muchos que no se unen ni a un lado ni al otro, sino que tratan de llevarse lo mejor posible con los demás en una especie de fláccida complacencia, una inofensiva tibieza propia de Laodicea.

Pero existe otro camino: ni vivir en la defensiva, ni en la ofensiva, sino mantenernos firmes como cristianos, actuando y creyendo quiénes somos en Cristo, ni en pánico frente al enemigo, ni en una cruzada en contra de él. Esta es la manera que presenta Pablo en Efesios.

---

4 William Stringfellow: *An Ethic for Christians and Other Aliens in a Strange Land* (Waco, TX: Word Books, 1973), p. 93.

Somos llamados a concretar y cultivar nuestra identidad única como hombres y mujeres que viven bajo el señorío de Cristo en la familia de Dios que es la iglesia. Somos testigos de una manera única y revelada de vida en la práctica de la resurrección: la resurrección no como una doctrina abstracta o "verdad", no como una estrategia o programa, sino como personalmente encarnada en Jesús y ahora en nosotros.

Pablo nos da muestras representativas de los elementos que conforman esta vida. Son seis: verdad, justicia, paz, fe, salvación y la palabra de Dios. En contraste con las "artimañas del diablo", ninguno de estos seis elementos es una manera de *hacer* las cosas. No se suman para convertirse en un plan o programa. Es imposible lograrlos a solas, de manera autónoma. Son dones y sólo pueden ser mantenidos como dones en actos de entrega. Sólo pueden existir encarnándose en los seres humanos con otros seres humanos en actos de vida: *siendo.* Nada es impersonal. No buscamos el significado de estas palabras en un diccionario. No son habilidades espirituales que perfeccionamos. Tenemos todo un libro de historias que le dan sustancia a estos seis términos en las vidas de Abraham, Isaac, Jacob, José, Moisés, Josué, Samuel y David, Elías y Eliseo, Isaías y Amós, Jeremías y Habacuc, Esdras y Nehemías, María y Elisabet, Juan el Bautista y Simón, Pedro y Jacobo y Juan, Pablo y Bernabé. Uniéndolas a todas, encontramos las seis palabras encarnadas en Jesús, que es "el camino, la verdad y la vida" (Juan 14.6), quien vino "para dar su vida en rescate por muchos" (Mateo 20.28).

* * *

Vinculando cada uno de estos términos con un ítem de orden militar, Pablo refuerza nuestra sensación de peligro. Esto es enteramente bíblico. El Apocalipsis de Juan es la imagen más exhaustiva de las dimensiones apocalípticas en las que estamos involucrados —¡en las que está involucrado *Dios*!— al lidiar con el pecado y el diablo: la enemistad establecida entre la serpiente y la mujer (Génesis 3.15) y la guerra que irrumpe en los cielos (Apocalipsis 12.7). El rotular cada uno de los seis aspectos de la práctica de la resurrección con un ítem de la armadura nos ayuda a darnos cuenta de que la vida en Cristo no está compuesta de cualidades pasivas. Por lo contrario, cada una de ellas forma un campo de participación en la obra de redención de Cristo. Las palabras no son la descripción de una tarea a partir de la cual improvisamos una estrategia para luego implementarla lo mejor posible. Nosotros *somos* las armas. *Quienes somos* toma precedencia sobre lo que hacemos.

Jacques Ellul insiste en que esta vida de resurrección tiene que ser vivida en este mundo, pero, a la misma vez, insiste en que el cristiano "no debe actuar de la misma manera que todos los demás. Él tiene un rol que desempeñar en este mundo que nadie más podría cumplir". Esta función se define de tres maneras (estoy abreviando y parafraseando a Ellul):

Ustedes son la sal de la tierra (Mateo 5.13).

Ustedes son la luz del mundo (Mateo 5.14).

Yo los envío como ovejas en medio de lobos (Mateo 10.16).

La sal de la tierra es una alusión precisa a Levítico 2.13, donde se nos dice que la sal es una señal del pacto entre Dios e Israel. Lo que Jesús está pues diciendo es que el cristiano es una señal visible del nuevo pacto en Cristo Jesús. De modo que es esencial que los cristianos *sean* realmente esta señal, permitiendo así que los demás vean este pacto. Si no, ¿cómo pueden saber los demás hacia dónde se dirigen ellos y este mundo?

La luz del mundo elimina la oscuridad, separa la vida de la muerte, le da significado y dirección a la historia. Esto lo suple la presencia de la iglesia. El cristiano es un testigo de la salvación que él o ella representan.

Como ovejas en medio de lobos. Jesucristo es el Cordero de Dios que quita el pecado del mundo. Pero todos los cristianos son tratados como su Amo. No son ovejas porque sus acciones o sacrificios tengan un efecto purificador en el mundo. "En el mundo todos quieren ser un 'lobo', y nadie es llamado a actuar el rol de 'oveja". Sin embargo, el mundo no puede *vivir* sin este testimonio vivo de sacrificio. Es por eso que los cristianos deben tener cuidado de no ser 'lobos', o sea, gente que trata de dominar a los demás"[5].

Marva Dawn continúa esta penetración profética de la cultura contemporánea de los Estados Unidos (incluyendo la cultura de nuestra

[5] Ellul: *The Presence of the Kingdom*, pp. 8-11.

iglesia) en un torrente de conferencias, sermones y libros. Ella es uno de los testigos de mayor valor y discernimiento al exponer las "artimañas del diablo". Es especialmente útil y puntual cuando elabora la interpretación de Ellul de las "ovejas" de Jesús para luego demostrar lo que ella denomina "Dios como tabernáculo y la teología de la debilidad"[6].

* * *

Las seis metáforas militares en Efesios 6.10-20 —el cinturón, la coraza, el calzado, el escudo, el casco y la espada— agudizan la sensación de peligro y elevan la urgencia apocalíptica involucrada en la batalla entre la luz y la oscuridad, entre Dios y el maligno. Esta es una guerra seria, una guerra en el cielo. Las huestes de Jehová y hasta el último de los "soldados cristianos" son llamados a la batalla. Las metáforas se aseguran de que jamás, ni por un solo momento, nos olvidemos de que es una *batalla* que requiere nuestra completa participación.

Pero, a la misma vez, las metáforas de Pablo se aseguran de que no las interpretemos como algo que está en nuestro exterior, algo que podemos ponernos y sacarnos, algo que podemos hacer o no. G. K. Chesterton observa con toda exactitud que los cristianos, en relación con todo lo que funciona mal a nuestro alrededor, son o crustáceos o vertebrados. Los crustáceos tienen el esqueleto en la parte de afuera: los vertebrados tienen el esqueleto en su interior. Los crustáceos son sólidos por fuera, blandos por dentro. Los vertebrados son blandos y vulnerables por fuera y sólidos por dentro. No es difícil reconocer cuál es la forma más elevada de vida: el crustáceo cristiano o el vertebrado cristiano. La armadura de Dios es la encarnación, la interiorización de la vida de la Trinidad —verdad, justicia, paz, fe, salvación, palabra de Dios— Cristo en nosotros, la esperanza de gloria.

La armadura se redefine en términos de quienes somos, no de lo que hacemos. Y, ¿quiénes somos? Por empezar, como el Cordero de Dios y las "ovejas de su pradera" (que somos nosotros) no somos dominantes, no somos agresivos. En la práctica de la resurrección, las metáforas no son militares en absoluto. La práctica de la resurrección

6 Marva J. Dawn: *Powers, Weakness, and the Tabernacling of God* (Grand Rapids: Eerdmans, 2001), pp. 35-71.

es un estilo de vida completamente pacifista, pero nunca pasivo. La violencia, ya sea verbal o física, es algo inadmisible. Es también, dado "todo el propósito de Dios" (Hechos 20.27), algo inconcebible. Pero somos demasiados los que arrastramos los pies durante mucho tiempo. En una cultura que idealiza la guerra y la promociona como una "cruzada contra el mal", no es fácil escuchar la clara palabra de Dios al respecto. Evidentemente, el arrastrar los pies no es mantenernos firmes contra las "fuerzas malignas".

La "armadura de Dios" no tiene nada que ver con matar o vencer al opositor mediante la fuerza. Si las armas que nos son dadas no nos convierten en pacifistas, al menos presentan una severa prohibición al uso de lenguaje combativo. Con la armadura de Dios interiorizada, no profundizaremos nuestra paranoia acobardándonos de temor o demonizando a nuestra oposición. Las seis "armas" no son armas externas. La práctica de la resurrección es un estilo de vida que no es violento en absoluto, ni defensivo, ni combativo. Jesús no usó "las artimañas del diablo" para derrotar al diablo. Tampoco lo podemos hacer nosotros. El mal sólo puede ser vencido convocando a los principados y poderes intimidatorios como aliados.

* * *

Uno de los mayores obstáculos que tenemos que superar antes de ponernos la armadura de Dios para luchar en contra de "las artimañas del diablo" —y, una vez que nos la hemos puesto, *mantenerla* colocada— es que, a menudo, parece que no ganamos terreno y menos aún, triunfamos. Al final del día, miramos atrás y no podemos ver que las armas de la verdad, justicia, paz, fe, salvación y la palabra de Dios hayan hecho ninguna diferencia. Si esto persiste durante meses, o incluso años, podemos perder la paciencia y tomar una o dos armas que parecerían lograr un cambio. La propaganda, por ejemplo, logra a menudo resultados en mucho menos tiempo que la verdad o la palabra de Dios. El dinero hace que las cosas ocurran de manera mucho más efectiva que la justicia y la salvación. La tecnología es mucho más eficiente en cuestiones de comunicación y organización que el amor paciente. La violencia obliga a que haya un cambio delante de nuestros propios ojos mientras que la paz y la alabanza y la fe parecen ser quimeras que emergen de vanas ilusiones.

En tales momentos, tenemos que reingresar en la revelación de Dios en las Escrituras y en Jesús y leer de manera contemplativa, o sea, de una manera paciente, lenta, *escuchando* lo que ocurre y ha estado ocurriendo desde el comienzo de la creación.

En particular, es útil escuchar de una manera nueva al testimonio de hombres y mujeres con sabiduría que se han pasado la vida en las complejidades y dificultades de esforzarse sin descanso para dar visibilidad a la presencia del reino de Dios en esta "presente oscuridad" (Efesios 6.12).

Martin Buber tiene un testimonio de sabiduría. Durante toda la inexorable secularización de Europa y las horrendas atrocidades del Holocausto, él mantuvo un testimonio fiel que conservó presente la esperanza de sus antepasados hebreos a lo largo del siglo veinte y más: "Las victorias verdaderas ocurren lenta e imperceptiblemente, pero sus efectos tienen un largo alcance. En el centro de atención, nuestra fe que Dios es el Señor de la historia puede aparecer como algo ridículo; pero hay algo secreto en la historia que confirma nuestra fe"[7].

Y Herbert Butterfield, profesor de historia moderna en la Universidad de Cambridge, estudió y escribió en detalle sobre la manera en que la fe cristiana le dio presencia a los caminos de Dios en nuestra historia. En el contexto en el que observamos que la iglesia nunca ha podido dominar los demonios de la violencia y la corrupción y la decadencia en luchas frontales, nos da un franco consejo: "Tomemos al diablo por la retaguardia, y sorprendámoslo con una dosis de esas virtudes más suaves que serán un veneno para él. Al menos, cuando el mundo está en los extremos, la doctrina del amor se convierte en la máxima medida de nuestra conducta"[8].

En suelo americano, Dorothy Day se pasó la vida generosamente suministrando comida y techo a los pobres. La terrible pobreza que

---

[7] Martin Buber: *I and Thou,* trad. Walter Kaufmann (New York: Charles Scribner's Sons, 1970 [publicado por primera vez en 1923 como *Ich und Du*]), pp. 238-39.

[8] Herbert Butterfield: *International Conflict in the Twentieth Century* (New York: Harper and Brothers, 1960), p. 98.

asolaba a nuestro país en la Gran Depresión la estimuló a abogar por los indigentes y marginados de la Ciudad de Nueva York. Su vida y escritos generaron Casas de Hospitalidad en ciudades de todo el país. Su actividad periodística, basada en su participación directa en las calles, guetos y barrios bajos, publicada en el periódico semanal que ella había fundado: *The Catholic Worker*, mantuvo un testimonio cristiano sin violencia, compasivo, inteligente y osado durante la peor de las épocas. Ella trabajó toda su vida en pobreza y oscuridad, activamente opuesta por el gobierno y gran parte de la opinión pública, pero a través de todo, ella mantuvo una vida de resurrección obstinadamente practicada entre los "más pequeños" de sus hermanos (Mateo 25.40).

"Oren en el Espíritu en todo momento"

El consejo de ponerse 'toda la armadura de Dios" y mantenerse firmes contra las "fuerzas malignas" llega a su fin en una advertencia de orar. "Oren", junto con su sinónimo "ruegos", se usa seis veces aquí como sustantivo o verbo.

En términos generales, Efesios es una revelación de la iglesia como el don de Dios que nos proporciona las condiciones necesarias para crecer hasta alcanzar la madurez en Cristo, que es la cabeza de la iglesia. El mensaje comienza con una oración que brota del escrito como un pozo artesiano (Efesios 1.1-23). Luego la oración penetra bajo la tierra como un río subterráneo profundo dentro de la iglesia que mantiene llenos los acuíferos. A mitad de camino, las aguas vuelven brevemente a la superficie (3.14-21). Pero, a lo largo de la carta, nos damos cuenta de que todos los sustantivos y verbos, toda la sintaxis y partes del discurso han sido regados por las fuentes artesianas de la oración. Este mensaje que nos guía para crecer en Cristo en compañía de la iglesia se desarrolla en una comunidad de oración. "Todo lo que la epístola tiene que decir sobre la fe y la vida está envuelto en forma de oración. Se lo dice a Dios y a los efesios a la misma vez en una oración solemne, dignificada y devota"[9].

Ahora, a medida que el mensaje llega a su fin, la oración vuelve nuevamente a la superficie: "Oren en el Espíritu en todo momento"

[9] Markus Barth: *The Broken Wall* (Chicago: Judson Press, 1959), p. 29.

(6.18). La oración no es sólo "decir oraciones", aunque también lo es. Al crecer para llegar a la madurez, la oración es el lenguaje que subyace y envuelve cada vez más todo nuestro lenguaje. Pablo les escribió a los romanos que cuando oramos, por espontánea y brevemente que sea —"¡Abba! ¡Padre!", por ejemplo— el Espíritu de Dios está en esa oración (Romanos 8.15-16). Y aun cuando no sabemos cómo orar, e incluso cuando no sabemos que *estamos* orando, el Espíritu en nuestro interior está orando "con gemidos que no pueden expresarse con palabras" (Romanos 8.26).

No todas las oraciones son conscientes. No todas las oraciones pueden ser identificadas como oraciones. La oración es el lenguaje que subyace y, a veces, sale a la superficie en todo nuestro lenguaje cuando crecemos en Cristo. Casi todos nosotros oramos mucho más de lo que creemos. No es que la oración no requiera atención y cuidado delante de Dios. Lo que ocurre es que no requiere un talento especial. El poner un mayor esfuerzo en la tarea no brinda ayuda alguna.

Estamos ingresando en un mundo del lenguaje en el que el texto es la Biblia y la iglesia es la escuela de lenguaje. Pero no siempre, quizás casi nunca, nos suena o nos parece o lo sentimos como algo "religioso". La oración es el lenguaje más congruente con la práctica de la resurrección. Como en el aprendizaje de cualquier idioma, el estar en compañía de aquellos que lo usan proporciona la mejor manera de aprenderlo. Sin darnos cuenta, adquirimos fluidez en nuestro lenguaje materno mucho antes de concurrir a la escuela, por el solo hecho de que nos hablan y hablamos con nuestros padres y hermanos y niños del vecindario. Cuando estamos en compañía de Moisés y sus historias, David y sus salmos, los sermones de Isaías, nuestro Señor mismo en sus parábolas y oraciones, pastores y ministros que nos lideran en la adoración común de la iglesia entonando himnos con Wesley y Watts, estamos orando y aprendiendo a orar aun cuando no estemos conscientes de ello.

* * *

La plegaria y "oración por todos los santos" (Efesios 6.18) mantienen alejada a la oración de las generalizaciones vagas y una excesiva preocupación con uno mismo. Esto no significa que las generalizaciones y el yo sean inapropiados en la oración, pero las relaciones particulares con nombre y apellido nos mantienen concentrados en las maneras cotidianas en que practicamos la resurrección: con responsabilidad y participación, actuando con amor, "bondadosos y compasivos unos con otros" (4.32). Estamos en una comunidad de hombres y mujeres bautizados, "los santos" cuyos nombres conocemos, hermanos y hermanas en Cristo. Las relaciones humanas requieren que nos mantengamos alerta y perseverantes. Comencemos con estos santos, con la gente con la que tenemos, en Cristo, más cosas en común, y *luego* avancemos hacia el exterior. El hecho de que muchos de ellos no se comporten o tengan el aspecto que pensamos que deberían tener los santos, no es un asunto que debería preocuparnos. Es siempre mucho más fácil orar por gente que no conocemos y con la que no tenemos que lidiar todos los días que orar por las personas que son parte de nuestra congregación y nuestro hogar. Pero no somos maestros de escuela que Dios ha asignado para que mantengan el orden, establezcan normas y exijan obediencia. Nuestra tarea es practicar con ellos la resurrección. Y la oración es la manera más personal y evangélica de hacerlo.

* * *

Y luego, Pablo dice dos veces, "oren también por mí" (Efesios 6.19-20). Pablo no es más autosuficiente que los efesios. Pablo no vacila en pedir ayuda a los demás. Muchos de nosotros preferiríamos estar en la posición de sólo ayudar a los demás, de orar por ellos en vez de pedirles que oren por nosotros. El pedir ayuda es admitir nuestra falta de capacidad para realizar la tarea que tenemos por delante. El pedir ayuda revela debilidad. También expone lo imposible de alcanzar el ideal: "Todo lo puedo en Cristo que me fortalece" (Filipenses 4.13). Pero yo tengo la sensación de que el "yo puedo…" de Pablo es más como "*nosotros* podemos…" "Oren también por mí… Oren para que yo…"

El pedir ayuda nos mantiene a todos en un mismo nivel. Cuando pedimos oración somos compañeros en la vida de peregrinaje de la iglesia.

El pedir oración también hace que la oración sea inmediata, personal, local y honesta. De todas las formas de lenguaje, la oración corre el mayor peligro de convertirse en un cliché. Un cliché es una palabra o frase que puede ser, literalmente, correcta y verdadera a la vez, pero cuyo significado personal y relacional ha desaparecido. Esta es una tremenda ironía. El lenguaje de la oración es la manera más íntima y personal de hablar y escuchar a Dios y a nuestros semejantes, pero también, en cierta manera, es el más exigente, ya que requiere que estemos presentes, atentos, *allí.* Cuando alejamos las palabras de la oración de lo personal (ya sea con Dios o con otra persona), no hay oración. Una oración cliché no es oración. Las palabras ocultan un vacío. Pero esto no suele ocurrir cuando les exponemos nuestras necesidades a los demás y les pedimos: "Oren también por mí".

* * *

Un buen amigo mío se estaba yendo de su congregación por unos meses para tomarse un período sabático. Él había sido el pastor que organizaba a la gente y, después de nueve años juntos, las relaciones eran muy íntimas. Pero los nueve años habían sido también muy intensos y exigentes. El período sabático renovaría sus fuerzas. Había una señora mayor en la congregación que oraba con él cada domingo antes del culto y que continuaba orando por él entre bastidores durante toda la semana. A menudo le enviaba notas con oraciones. En este último domingo, después del culto, cuando él se estaba preparando para un retiro de diez días ella le entregó una nota que incluía lo siguiente:

"Pastor, si usted no puede leer esto por todas las otras cosas que tiene que hacer, no hay problema. No está bien que yo no le haya dicho que el domingo fue un día muy bueno. Su sermón fue realmente apropiado y usted se tomó el tiempo de ayudar a todos a vincular el primer sermón con lo que seguía. Yo no presté mucha atención, porque estaba muy concentrada en orar por usted. Sólo deseaba que pasara esa hora de una manera tal que yo pudiera luego recapacitar en ella y sentirme bien. Usted lo logró y espero que se sienta bien por ello. Creo que todos los demás también se sintieron bien. Sus honestos comentarios sobre la manera en que usted se sentía fueron una parte genuina de su cariño por todos. Ninguno de nosotros tiene que preguntarse jamás qué estaba usted sintiendo REALMENTE. Lo sabemos.

"Ahora, mi hijo, vaya con Dios que lo ama y le habla a usted a solas o junto con su hermosa familia. Yo espero que habrá más de una experiencia que le cambiará la vida a lo largo de los siguientes meses. Estoy ansiosa de conocer al nuevo Hans. Todos estaremos orando por usted, su familia y su iglesia. Dios estará con todos nosotros, durante todo el camino. Mi afecto…"

Varios meses después del regreso del pastor, ella falleció. Parte del recuerdo de ella en lo que él escribió en el boletín de noticias de la iglesia, para que la congregación la recordara, fue un segmento de su carta, que él colocó en el contexto del "oren también por mí" de Pablo.

Cada vez que le pedimos a alguien que ore por nosotros, la iglesia se fortalece y madura. Nosotros crecemos.

"TÍQUICO LES CONTARÁ TODO"

Existe un solo nombre personal en la carta a los efesios: Tíquico. Me llama la atención que la primera vez que se lo nombra a Tíquico es en Hechos en conexión con Éfeso (Hechos 20.4). Algunos años de escribir esta carta a los efesios, Pablo había predicado en Éfeso. Su sermón había suscitado un disturbio en la ciudad. Pablo y siete de sus compañeros, uno de los cuales era Tíquico, se fueron. Regresaron a Macedonia atravesando el mar Egeo, yendo luego a Jerusalén. Ahora, al final de su vida, Pablo está prisionero en Roma. Después de escribir esta carta a los efesios, probablemente la última, Pablo la envía a Éfeso en manos de Tíquico, quien había compartido anteriormente esa aventura con él.

No es la primera vez que Pablo envía a Tíquico a representarlo; se lo cita también en otras tres cartas (Colosenses 4.7; 2 Timoteo 4.12 y Tito 3.12). No sabemos nada más de Tíquico, pero su nombre aquí proporciona un toque personal, haciéndonos conscientes de que lo que Pablo ha escrito proviene de años de vivir en comunidades con personas con nombre y apellido que estaban siendo formadas por el Espíritu en congregaciones eclesiásticas, que adoraban y prestaban testimonio de la vida del evangelio, esta vida en el "reino de Cristo" (Efesios 5.5), en ciudades y pueblos específicos en el imperio romano del primer siglo.

Una de las características sobresalientes de las cartas de Pablo es la cantidad de nombres personales que aparecen en sus páginas: ochenta en total. Algunos de esos ochenta, como el nombre Tíquico, se repiten en más de una carta. Cada uno de esos ochenta nombres vincula el mensaje del evangelio a un hombre o mujer en particular que está creciendo en Cristo, practicando la resurrección mientras trabaja para ganarse la vida, criando una familia, ocupándose de cualquier condición política o económica que pueda afectar su vida. Cada una de las palabras escritas en estas páginas ha sido *vivida*, no sólo escrita o predicada o enseñada o discutida, sino vivida en condiciones propias del mundo real con todos los factores que esas condiciones implican.

La iglesia es el don de una comunidad de cristianos en la cual ensayar y orientarnos hacia la práctica de la resurrección. No es nunca una abstracción, jamás anónima, nunca un problema que tenemos que resolver, nunca un ideal romántico sobre el cual fantasear. Los ensayos y la orientación se llevan a cabo de diversas maneras, pero nunca alejados de las conversaciones entre Dios, que se revela a sí mismo en Jesús, y hombres y mujeres con nombre y apellido, comenzando por Tíquico.

"Tíquico les contará todo". Pablo desea que su mensaje a los efesios sea entregado y recibido en el contexto en el cual fue escrito, coloquialmente: "todo" lo que le ocurre a Pablo, todo lo que está ocurriendo en la congregación en Roma, la manera en que los acontecimientos políticos en Roma afectan a la congregación de creyentes, quizás habladurías y saludos de conocidos y amigos, historias del trayecto.

La iglesia es más que sermones y sacramentos, teología y liturgia, estudios bíblicos y reuniones de oración, actas del comité y declaraciones de objetivos. Hay nombres, comidas, charlas triviales, nacimientos, muertes. Estamos *nosotros.* La conversación es la forma que asume el lenguaje cuando las personas de la Trinidad y las personas de la congregación están en la misma habitación. El "todo" que Tíquico tendrá que contarles a los efesios no es ninguna parte insignificante de lo que significa ser iglesia. Y ustedes y yo *somos* Tíquico.